문학동네

일러두기

＊이 책은『원불교교서』(원불교출판사, 2014)에 수록된 '대종경'을
  새로이 펴낸 것이다.

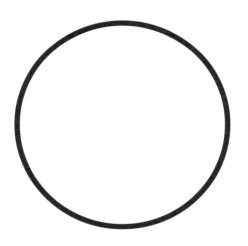

물질이 개벽되니

정신을 개벽하자

처처불상處處佛像
사사불공事事佛供

무시선無時禪
무처선無處禪

동정일여動靜一如
영육쌍전靈肉雙全

불법시생활佛法是生活
생활시불법生活是佛法

一圓은 法身佛이니 宇宙萬有의 本源이요 諸佛諸聖의 心印이요 一切衆生의 本性이다。

因果報應의 信仰門　　　　**眞空妙有의 修行門**

四恩　　　　　　　　　　　三學
天地恩 父母恩 同胞恩 法律恩　精神修養 事理硏究 作業取捨

四要　　　　　　　　　　　八條
自力養成 智者本位 他子女教育 公道者崇拜　信 忿 疑 誠 不信 貪慾 懶 愚

偈頌
有는 無로 無는 有로 돌고 돌아 至極하면 有와 無가 俱空이나 俱空 亦是 具足이라。

報恩即佛供　　　　　　　　動靜間不離禪
處處佛像 事事佛供　　　　無時禪 無處禪

教理圖

차례

제1 서품序品 _009

제2 교의품教義品 _027

제3 수행품修行品 _059

제4 인도품人道品 _107

제5 인과품因果品 _149

제6 변의품辨疑品 _169

제7 성리품性理品 _195

제8 불지품佛地品 _209

제9 천도품薦度品 _227

제10 신성품信誠品 _251

제11 요훈품要訓品 _263

제12 실시품實示品 _275

제13 교단품教團品 _301

제14 전망품展望品 _335

제15 부촉품附囑品 _361

대종경大宗經 해제 | 김경일 교무 _373

제1 서품序品

1 원기圓紀 원년 사월 이십팔일(음 3월 26일)에 대종사大宗師 대각大覺을 이루시고 말씀하시기를 "만유가 한 체성이며 만법이 한 근원이로다. 이 가운데 생멸 없는 도道와 인과 보응되는 이치가 서로 바탕하여 한 두렷한 기틀을 지었도다".

2 대종사 대각을 이루신 후 모든 종교의 경전을 두루 열람하시다가 금강경金剛經을 보시고 말씀하시기를 "석가모니불釋迦牟尼佛은 진실로 성인들 중의 성인이라" 하시고, 또 말씀하시기를 "내가 스승의 지도 없이 도를 얻었으나 발심한 동기로부터 도 얻은 경로를 돌아본다면 과거 부처님의 행적과 말씀에 부합되는 바 많으므로 나의 연원을 부처님에게 정하노라"

하시고, "장차 회상會上을 열 때에도 불법으로 주체를 삼아 완전무결한 큰 회상을 이 세상에 건설하리라" 하시니라.

3 대종사 말씀하시기를 "불법은 천하의 큰 도라 참된 성품의 원리를 밝히고 생사의 큰일을 해결하며 인과의 이치를 드러내고 수행의 길을 갖추어서 능히 모든 교법에 뛰어난 바 있느니라".

4 대종사 당시의 시국을 살펴보시사 그 지도 강령을 표어로써 정하시기를 "물질이 개벽開闢되니 정신을 개벽하자" 하시니라.

5 대종사 처음 교화를 시작하신 지 몇 달 만에 믿고 따르는 사람이 사십여 명에 이르는지라 그 가운데 특히 진실하고 신심 굳은 아홉 사람을 먼저 고르시사 회상 창립의 표준 제자로 내정하시고 말씀하시기를 "사람은 만물의 주인이요 만물은 사람의 사용할 바이며, 인도는 인의가 주체요 권모술수는 그 끝이니, 사람의 정신이 능히 만물을 지배하고 인의의 대도가 세상에 서게 되는 것은 이치의 당연함이어늘, 근래에 그 주체가 위位를 잃고 권모술수가 세상에 횡행하여 대도가 크게 어

지러운지라, 우리가 이때에 먼저 마음을 모으고 뜻을 합하여 나날이 쇠퇴하여가는 세도世道인심을 바로잡아야 할 것이니, 그대들은 이 뜻을 잘 알아서 영원한 세상에 대회상 창립의 주인들이 되라".

6 대종사 앞으로 시방세계十方世界 모든 사람을 두루 교화할 십인일단十人一團의 단 조직방법을 제정하시고 말씀하시기를 "이 법은 오직 한 스승의 가르침으로 모든 사람을 고루 훈련할 빠른 방법이니, 몇억만의 많은 수라도 가히 지도할 수 있으나 그 공력은 항상 아홉 사람에게만 들이면 되는 간이한 조직이니라" 하시고, 앞서 고르신 구인 제자로 이 회상 최초의 단을 조직하신 후 "이 단은 곧 시방세계를 응하여 조직된 것이니 단장은 하늘을 응하고 중앙은 땅을 응하였으며 팔인 단원은 팔방을 응한 것이라, 펴서 말하면 이 단이 곧 시방을 대표하고 거두어 말하면 시방을 곧 한 몸에 합한 이치니라" 하시니, 단장에 대종사, 중앙에 송규宋奎, 단원에 이재철李載喆 이순순李旬旬 김기천金幾千 오창건吳昌建 박세철朴世喆 박동국朴東局 유건劉巾 김광선金光旋이러라.

7 대종사 회상 창립의 준비로 저축조합을 설시하시고, 단

원들에게 말씀하시기를 "우리가 시작하는 이 사업은 보통 사람이 다 하는 바가 아니며 보통 사람이 다 하지 못하는 바를 하기로 하면 반드시 특별한 인내와 특별한 노력이 있어야 할 것인바 우리의 현재 생활이 모두 가난한 처지에 있는지라 모든 방면으로 특별한 절약과 근로가 아니면 사업의 토대를 세우기 어려운 터이니, 우리는 이 조합의 모든 조항을 지성으로 실행하여 이로써 후진에게 창립의 모범을 보여주자" 하시고, 먼저 금주 금연과 보은미報恩米 저축과 공동 출역出役을 하게 하시니라.

8 대종사 길룡리吉龍里 간석지의 방언防堰 일을 시작하사 이를 감역하시며, 제자들에게 말씀하시기를 "지금 구인은 본래 일을 아니하던 사람들이로되 대회상 창립 시기에 나왔으므로 남다른 고생이 많으나 그 대신 재미도 또한 적지 아니하리라. 무슨 일이든지 남이 다 이루어놓은 뒤에 수고 없이 지키기만 하는 것보다는 내가 고생을 하고 창립을 하여 남의 시조가 되는 것이 의미 깊은 일이니, 우리가 건설할 회상은 과거에도 보지 못하였고 미래에도 보기 어려운 큰 회상이라, 그러한 회상을 건설하자면 그 법을 제정할 때에 도학과 과학이 병진하여 참문명세계가 열리게 하며, 동動과 정靜이 골라 맞

아서 공부와 사업이 병진되게 하고, 모든 교법을 두루 통합하여 한덩어리 한집안을 만들어 서로 넘나들고 화하게 하여야 하므로, 모든 점에 결함됨이 없이 하려 함에 자연 이렇게 일이 많도다".

9 단원들이 방언 일을 진행할 때에 이웃 마을의 부호 한 사람이 이를 보고 곧 분쟁을 일으키어 자기도 간석지 개척원을 관청에 제출한 후 관계 당국에 자주 출입하여 장차 토지소유권 문제에 걱정되는 바가 적지 아니한지라 단원들이 그를 깊이 미워하거늘, 대종사 말씀하시기를 "공사중에 이러한 분쟁이 생긴 것은 하늘이 우리의 정성을 시험하심인 듯하니 그대들은 조금도 이에 끌리지 말고 또는 저 사람을 미워하고 원망하지도 말라. 사필귀정事必歸正이 이치의 당연함이어니와 혹 우리의 노력한 바가 저 사람의 소유로 된다 할지라도 우리에 있어서는 양심에 부끄러울 바가 없으며, 또는 우리의 본의가 항상 공중을 위하여 활동하기로 한 바인데 비록 처음 계획과 같이 널리 사용되지는 못하나 그 사람도 또한 중인 가운데 한 사람은 되는 것이며, 이 빈궁한 해변 주민들에게 상당한 논이 생기게 되었으니 또한 대중에게 이익을 주는 일도 되지 않는가. 이때에 있어서 그대들은 자타의 관념을 초월하고 오직 공

중을 위하는 본의로만 부지런히 힘쓴다면 일은 자연 바른 대
로 해결되리라".

10 하루는 이춘풍李春風이 와서 뵈오니, 대종사 말씀하시
기를 "저 사람들이 나를 찾아온 것은 도덕을 배우려 함이어
늘, 나는 무슨 뜻으로 도덕은 가르치지 아니하고 이같이 먼저
언堰을 막으라 하였는지 그 뜻을 알겠는가". 춘풍이 사뢰기
를 "저 같은 소견으로 어찌 깊으신 뜻을 다 아오리까마는 저
의 생각에는 두 가지 이유가 있는 듯하오니, 첫째는 이 언을
막아서 공부하는 비용을 준비하게 하심이요, 다음은 동심합
력으로 나아가면 이루지 못할 일이 없다는 증거를 보이시기
위함인가 하나이다". 대종사 말씀하시기를 "그대의 말이 대
개 옳으나 그 밖에도 나의 뜻을 더 들어보라. 저 사람들이 원
래에 공부를 목적하고 온 것이므로 먼저 굳은 신심이 있고 없
음을 알아야 할 것이니, 수만 년 불고하던 간석지를 개척하여
논을 만들기로 하매 이웃 사람들의 조소를 받으며 겸하여 노
동의 경험도 없는 사람들로서 충분히 믿기 어려운 이 일을 할
때에 그것으로 참된 신심이 있고 없음을 알게 될 것이요, 또
는 이 한 일의 시始와 종終을 볼 때에 앞으로 모든 사업을 성
취할 힘이 있고 없는 것을 알 수 있을 것이요, 또는 소비절약

과 근로작업으로 자작자급하는 방법을 보아서 복록福祿이 어디로부터 오는 근본을 알게 될 것이요, 또는 그 괴로운 일을 할 때에 솔성率性하는 법이 골라져서 스스로 괴로움을 이길 만한 힘을 얻을 수 있을 것이니, 이 모든 생각으로 이 일을 착수시켰노라".

11 방언 일이 준공되니 단원들이 서로 말하기를 "처음 시작할 때에는 평지에 태산을 쌓을 것같이 어려운 생각이 들더니, 이제 이만큼 되고 보니 방언은 오히려 쉬운 일이나 앞으로 도道 이룰 일은 얼마나 어려울꼬" 하는지라, 대종사 들으시고 말씀하시기를 "그대들이 지금은 도 이루는 법을 알지 못하므로 그러한 말을 하거니와, 알고 보면 밥 먹기보다 쉬운 것이니 그 넉넉하고 한가한 심경이 어찌 저 언 막기같이 어려우리오. 그대들이 이 뜻이 미상하거든 잘 들어두었다가 공부 길을 깨친 뒤에 다시 생각하여보라".

12 길룡리 옥녀봉玉女峰 아래에 이 회상 최초의 교당을 건축할 때, 대종사 그 상량에 쓰시기를 "사원기일월梭圓機日月 직춘추법려織春秋法呂"라 하시고 또 그 아래에 쓰시기를 "송수만목여춘립松收萬木餘春立 계합천봉세우명溪合千峰細雨鳴"이라 하

시니라.

13 대종사 구인 단원에게 말씀하시기를 "지금 물질문명은 그 세력이 날로 융성하고 물질을 사용하는 사람의 정신은 날로 쇠약하여, 개인·가정·사회·국가가 모두 안정을 얻지 못하고 창생의 도탄이 장차 한이 없게 될지니, 세상을 구할 뜻을 가진 우리로서 어찌 이를 범연히 생각하고 있으리오. 옛 성현들도 창생을 위하여 지성으로 천지에 기도하여 천의天意를 감동시킨 일이 없지 않나니, 그대들도 이때를 당하여 전일한 마음과 지극한 정성으로 모든 사람의 정신이 물질에 끌리지 아니하고 물질을 사용하는 사람이 되어주기를 천지에 기도하여 천의에 감동이 있게 하여볼지어다. 그대들의 마음은 곧 하늘의 마음이라 마음이 한번 전일하여 조금도 사가 없게 되면 곧 천지로 더불어 그 덕을 합하여 모든 일이 다 그 마음을 따라 성공이 될 것이니, 그대들은 각자의 마음에 능히 천의를 감동시킬 요소가 있음을 알아야 할 것이며, 각자의 몸에 또한 창생을 제도할 책임이 있음을 항상 명심하라" 하시고, 일자와 방위를 지정하시어 일제히 기도를 계속하게 하시니라.

14 원기 사년 팔월 이십일일(음 7월 26일)에 생사를 초월

한 구인 단원의 지극한 정성이 드디어 백지혈인白指血印의 이적으로 나타남을 보시고, 대종사 말씀하시기를 "그대들의 마음은 천지신명이 이미 감응하였고 음부공사陰府公事가 이제 판결이 났으니 우리의 성공은 이로부터 비롯하였도다. 이제 그대들의 몸은 곧 시방세계에 바친 몸이니, 앞으로 모든 일을 진행할 때에 비록 천신만고와 함지사지陷之死地를 당할지라도 오직 오늘의 이 마음을 변하지 말고, 또는 가정 애착과 오욕五欲의 경계를 당할 때에도 오직 오늘 일만 생각한다면 거기에 끌리지 아니할 것인즉, 그 끌림 없는 순일한 생각으로 공부와 사업에 오로지 힘쓰라" 하시고, 법호法號와 법명法名을 주시며 말씀하시기를 "그대들의 전날 이름은 곧 세속의 이름이요 개인의 사사 이름이었던바 그 이름을 가진 사람은 이미 죽었고, 이제 세계 공명公名인 새 이름을 주어 다시 살리는 바이니 삼가 받들어 가져서 많은 창생을 제도하라".

15 대종사 말씀하시기를 "이제는 우리가 배울 바도 부처님의 도덕이요, 후진을 가르칠 바도 부처님의 도덕이니, 그대들은 먼저 이 불법의 대의를 연구해서 그 진리를 깨치는 데에 노력하라. 내가 진작 이 불법의 진리를 알았으나 그대들의 정도가 아직 그 진리 분석에 못 미치는 바가 있고, 또는 불교

가 이 나라에서 여러 백 년 동안 천대를 받아온 끝이라 누구를 막론하고 불교의 명칭을 가진 데에는 존경하는 뜻이 적게 된지라 열리지 못한 인심에 시대의 존경을 받지 못할까 하여, 짐짓 법의 사정 진위를 물론하고 오직 인심의 정도를 따라 순서 없는 교화로 한갓 발심 신앙에만 주력하여왔거니와, 이제 그 근본적 진리를 발견하고 참다운 공부를 성취하여 일체중생의 혜복慧福 두 길을 인도하기로 하면 이 불법으로 주체를 삼아야 할 것이며, 뿐만 아니라 불교는 장차 세계적 주교가 될 것이니라. 그러나 미래의 불법은 재래와 같은 제도의 불법이 아니라 사농공상을 여의지 아니하고, 또는 재가 출가를 막론하고 일반적으로 공부하는 불법이 될 것이며, 부처를 숭배하는 것도 한갓 국한된 불상에만 귀의하지 않고, 우주만물 허공법계를 다 부처로 알게 되므로 일과 공부가 따로 있지 아니하고, 세상일을 잘하면 그것이 곧 불법 공부를 잘하는 사람이요, 불법 공부를 잘하면 세상일을 잘하는 사람이 될 것이며, 또는 불공하는 법도 불공할 처소와 부처가 따로 있는 것이 아니라, 불공하는 이의 일과 원을 따라 그 불공하는 처소와 부처가 있게 되나니, 이리된다면 법당과 부처가 없는 곳이 없게 되며, 부처의 은혜가 화피초목化被草木 뇌급만방賴及萬方하여 상상하지 못할 이상의 불국토가 되리라. 그대들이여! 시대가 비록 천만 번 순환하나 이같은 기회 만나기가 어렵거늘 그대들은 다행히 만났으며, 허다한 사람 중에 아는 사람이 드물거늘 그대들은 다행히 이 기회를 알아서 처음 회상의 창립주가 되었나니, 그대들은 오늘에 있어서 아직 증명하지 못할 나의 말일지라도 허무하다 생각하지 말고, 모든 지도에 의하여 차차 지내가면 멀지 않은 장래에 가히 그 실지를 보게 되리라".

16 대종사 말씀하시기를 "불교는 조선에 인연이 깊은 교로서 환영도 많이 받았으며 배척도 많이 받아왔으나, 환영은 여러 백 년 전에 받았고 배척받은 지는 오래지 아니하여, 정치의 변동이며 유교의 세력에 밀려서 세상을 등지고 산중에 들어가 유야무야중에 초인간적 생활을 하고 있었으므로 일반 사회에서는 그 법을 아는 사람이 적은지라, 이에 따라 혹 안다는 사람은 말하되 산수와 경치가 좋은 곳에는 사원이 있다고 하며, 그 사원에는 승려와 불상이 있다고 하며, 승려와 불상이 있는 데 따라 세상에 사는 사람은 복을 빌고 죄를 사하기 위하여 불공을 다닌다 하며, 승려는 불상의 제자가 되어 가지고 처자 없이 독신생활을 한다 하며, 삭발을 하고 검박한 옷을 입으며, 단주를 들고 염불이나 송경을 하며, 바랑을 지고 동령을 하며, 혹 세속 사람을 대하면 아무리 천한 사람

에게라도 문안을 올린다 하며, 어육주초魚肉酒草를 먹지 아니한다 하며, 모든 생명을 죽이지 아니한다 하나, 우리 세상 사람은 양반이라든지 부자라든지 팔자가 좋은 사람이라면 승려가 아니 되는 것이요, 혹 사주를 보아서 운명이 좋지 못하다는 사람이나 혹 세간사에 실패하고 낙오한 사람들이 승려가 되는 것이라 하며, 승려 중에도 공부를 잘하여 도승이 되고 보면 사람 사는 집터나 백골을 장사하는 묘지나 호풍환우呼風喚雨나 이산도수移山渡水하는 것을 마음대로 한다고도 하지마는, 그런 사람은 천에 하나나 만에 하나가 되는 것이니, 불법이라는 것은 허무한 도요 세상 사람은 못하는 것이라 하며, 우리는 경치 찾아서 한 번씩 놀다 오는 것은 좋다고 하며, 누가 절에 다닌다든지 승려가 된다든지 하면 그 집은 망할 것이라 하며, 시체를 화장하니 자손이 도움을 얻지 못할 것이라 하여, 불법을 믿는 승려라면 별다른 사람같이 알아왔느니라. 그러나 승려들의 실생활을 들어 말하자면 풍진세상을 벗어나서 산수 좋고 경치 좋은 곳에 정결한 사원을 건축하고 존엄하신 불상을 모시고, 사방에 인연 없는 단순한 몸으로 몇 사람의 동지와 송풍나월松風蘿月에 마음을 의지하여, 새소리 물소리 자연의 풍악을 사면으로 둘러놓고, 신자들이 가져다주는 의식으로 걱정 없이 살며, 목탁을 울리는 가운데 염불이나 송경도 하고 좌선을 하다가 화려하고 웅장한 대건물중에서 나와 수림 사이에 소요하는 등으로 살아왔나니, 일반 승려가 다 그러한 것은 아니나 거개가 이와 같이 한가한 생활, 정결한 생활, 취미 있는 생활을 하여왔느니라. 그러나 이와 같은 생활을 계속하여오는 동안에 부처님의 무상대도는 세상에 알려지지 못하고 승려들은 독선기신獨善其身의 소승小乘에 떨어졌나니 이 어찌 부처님의 본회本懷시리오. 그러므로 부처님의 무상대도에는 변함이 없으나 부분적인 교리와 제도는 이를 혁신하여, 소수인의 불교를 대중의 불교로, 편벽된 수행을 원만한 수행으로 돌리자는 것이니라".

17 대종사 이어서 말씀하시기를 "부처님의 무상대도는 한량없이 높고, 한량없이 깊고, 한량없이 넓으며, 그 지혜와 능력은 입으로나 붓으로 다 성언하고 기록할 수 없으나, 대략을 들어 말하자면 우리는 모든 중생이 생사 있는 줄만 알고 다생이 있는 줄은 모르는데, 부처님께서는 생사 없는 이치와 다생겁래多生劫來에 한없는 생이 있는 줄을 더 아셨으며, 우리는 우리 일신의 본래 이치도 모르는데 부처님께서는 우주만유의 본래 이치까지 더 아셨으며, 우리는 선도와 악도의 구별이 분명하지 못하여 우리가 우리 일신을 악도에 떨어지게 하

는데 부처님께서는 자신을 제도하신 후에 시방세계 일체중생을 악도에서 선도로 제도하는 능력이 있으시며, 우리는 우리가 지어서 받는 고락도 모르는데 부처님께서는 중생이 지어서 받는 고락과 우연히 받는 고락까지 아셨으며, 우리는 복락을 수용하다가도 못하게 되면 할 수 없는데 부처님께서는 못하게 되는 경우에는 복락을 다시 오게 하는 능력이 있으시며, 우리는 지혜가 어두웠든지 밝았든지 되는대로 사는데 부처님께서는 지혜가 어두워지면 밝게 하는 능력이 있으시고, 밝으면 계속하여 어두워지지 않게 하는 능력이 있으시며, 우리는 탐심貪心이나 진심瞋心이나 치심癡心에 끌려서 잘못하는 일이 많이 있는데 부처님께서는 탐진치에 끌리는 바가 없으시며, 우리는 우주만유 있는 데에 끌려서 우주만유 없는 데를 모르는데 부처님께서는 있는 데를 당할 때에 없는 데까지 아시고 없는 데를 당할 때에 있는 데까지 아시며, 우리는 천도天道 인도人道 수라修羅 축생畜生 아귀餓鬼 지옥地獄의 육도六途와 태란습화胎卵濕化 사생四生이 무엇인지 알지도 못하는데 부처님께서는 이 육도사생의 변화하는 이치까지 아시며, 우리는 남을 해하여다가 자기만 좋게 하려 하는데 부처님께서는 사물을 당할 때에 자리이타自利利他로 하시다가 못하게 되면 이해와 생사를 불고하고 남을 이롭게 하는 것으로써 자신의 복락

을 삼으시며, 우리는 현실적으로 국한된 소유물밖에 자기의
소유가 아니요, 현실적으로 국한된 집밖에 자기의 집이 아니
요, 현실적으로 국한된 권속밖에 자기의 권속이 아닌데, 부처
님께서는 우주만유가 다 부처님의 소유요 시방세계가 다 부
처님의 집이요 일체중생이 다 부처님의 권속이라 하였으니,
우리는 이와 같은 부처님의 지혜와 능력을 얻어 지니고 중생
제도하는 데에 노력하자는 바이니라”.

　　18 대종사 또 말씀하시기를 “과거의 불교는 출세간 생활
을 본위로 하여 교리와 제도가 조직이 되었으므로, 세간 생활
하는 일반 사람에게는 모든 것이 잘 맞지 아니하였으며, 세간
생활하는 신자는 주가 되지 못하고 객과 같이 되었으므로 그
중에서 특수한 사업과 특별한 공부를 한 사람이 있다면이어
니와, 그렇지 못한 보통 신자는 출세간 공부하는 승려와 같이
부처님의 직통 제자로나 불가의 조상으로 들어가기가 어렵게
되었으며, 또는 종교라 하는 것은 인간을 상대로 한 것인데,
인간이 없는 산간에 교당을 두었으니 세간 생활에 분망한 사
람들이 어느 여가에 세간을 벗어나서 그 가르침을 받을 것이
며, 또는 일반 사람이 배우기도 어렵고 알기도 어려운 숙어와
명사로 경전이 되어 있으므로 유무식·남녀·노소를 망라하여

가르쳐주기가 어렵게 되었으며, 의식생활에 있어서도 사농공상의 직업을 놓아버리고 불공이나 시주나 동령으로써 생활을 하였으니 어찌 대중이 다 할 생활이며, 결혼에 있어서도 출세간 공부인에게는 절대로 금하게 되었으며, 예법에 있어서도 여러 가지 형식 불공만 밝히고 세간 생활에 대한 예법은 밝히지 아니하였으니 어찌 그 생활이 또한 넓다 할 것인가. 그러므로 우리는 재가와 출가에 대하여 주객의 차별이 없이 공부와 사업의 등위만 따를 것이며, 불제자의 계통에 있어서도 재가 출가의 차별이 없이 할 것이며, 수도하는 처소도 신자를 따라 어느 곳이든지 설치할 것이며, 경전도 그 정수를 가려서 일반 대중이 다 배울 수 있도록 쉬운 말로 편찬할 것이며, 출가 공부인의 의식생활도 각자의 처지를 따라 직업을 갖게 할 것이며, 또는 결혼도 각자의 원에 맡길 것이며, 예법도 번잡한 형식 불공법을 다 준행할 것이 아니라 사실불공을 주로 하여 세간 생활에 적절하고 유익한 예법을 더 밝히자는 것이니라. 또는 출가를 하는 것도 특수한 경우를 제외하고는, 유년기에는 문자를 배우게 하고, 장년기에는 도학을 배우며 제도사업에 노력하게 하고, 노년기에는 경치 좋고 한적한 곳에 들어가 세간의 애착·탐착을 다 여의고 생사대사를 연마하면서 봄과 가을에는 세간 교당을 순회하여 교화에 노력하고, 여름과 겨울에는 다시 수양생활을 주로 하여서, 이와 같이 일생 생활에 결함된 점이 없게 하자는 것이며, 이 교리 이 제도를 운전하는 기관에 있어서도 시대와 인심을 따라 결함됨이 없도록 하자는 것이니라".

19 대종사 또 말씀하시기를 "과거 불가에서 가르치는 과목은 혹은 경전을 가르치며, 혹은 화두話頭를 들고 좌선하는 법을 가르치며, 혹은 염불하는 법을 가르치며, 혹은 주문을 가르치며, 혹은 불공하는 법을 가르치는데, 그 가르치는 본의가 모든 경전을 가르쳐서는 불교에 대한 교리나 제도나 역사를 알리기 위함이요, 화두를 들려서 좌선을 시키는 것은 경전으로 가르치기도 어렵고 말로 가르치기도 어려운 현묘한 진리를 깨치게 함이요, 염불과 주문을 읽게 하는 것은 번거한 세상에 사는 사람이 애착 탐착이 많아서 정도正道에 들기가 어려운 고로 처음 불문에 오고 보면 번거한 정신을 통일시키기 위하여 가르치는 법이요, 불공법은 신자의 소원성취와 불사佛事에 도움을 얻기 위하여 가르치나니, 신자에 있어서는 이 과목을 한 사람이 다 배워야 할 것인데 이 과목 중에서 한 과목이나 혹은 두 과목을 가지고 거기에 집착하여 편벽된 수행길로써 서로 파당을 지어 신자의 신앙과 수행에 장애가 되었으므

로, 우리는 이 모든 과목을 통일하여 선종의 많은 화두와 교종의 모든 경전을 단련하여, 번거한 화두와 번거한 경전은 다 놓아버리고 그중에 제일 강령과 요지를 밝힌 화두와 경전으로 일과 이치에 연구력 얻는 과목을 정하고, 염불·좌선·주문을 단련하여 정신 통일하는 수양 과목을 정하고, 모든 계율과 과보 받는 내역과 사은의 도를 단련하여 세간 생활에 적절한 작업취사의 과목을 정하고, 모든 신자로 하여금 이 삼대 과목을 병진하게 하였으니, 연구 과목을 단련하여서는 부처님과 같이 이무애理無碍 사무애事無碍 하는 연구력을 얻게 하며, 수양 과목을 단련하여서는 부처님과 같이 사물에 끌리지 않는 수양력을 얻게 하며, 취사 과목을 단련하여서는 부처님과 같이 불의와 정의를 분석하고 실행하는 데 취사력을 얻게 하여, 이 삼대력三大力으로써 일상생활에 불공하는 자료를 삼아 모든 서원誓願을 달성하는 원동력을 삼게 하면 교리가 자연 통일될 것이요 신자의 수행도 또한 원만하게 될 것이니라".

제2 교의품敎義品

1 대종사 말씀하시기를 "과거에 모든 교주敎主가 때를 따라 나오시어 인생의 행할 바를 가르쳐왔으나 그 교화의 주체는 시대와 지역을 따라 서로 달랐나니, 비유하여 말하자면 같은 의학 가운데도 각기 전문 분야가 있는 것과 같으니라. 그러므로 불가佛家에서는 우주만유의 형상 없는 것을 주체 삼아서 생멸 없는 진리와 인과보응의 이치를 가르쳐 전미개오轉迷開悟의 길을 주로 밝히셨고, 유가儒家에서는 우주만유의 형상 있는 것을 주체 삼아서 삼강오륜과 인의예지를 가르쳐 수제치평修齊治平의 길을 주로 밝히셨으며, 선가仙家에서는 우주 자연의 도를 주체 삼아서 양성養性하는 방법을 가르쳐 청정무위淸靜無爲의 길을 주로 밝히셨나니, 이 세 가지 길이 그

주체는 비록 다를지라도 세상을 바르게 하고 생령을 이롭게 하는 것은 다 같은 것이니라. 그러나 과거에는 유불선儒佛仙 삼교三敎가 각각 그 분야만의 교화를 주로 하여왔지만, 앞으로는 그 일부만 가지고는 널리 세상을 구원하지 못할 것이므로 우리는 이 모든 교리를 통합하여 수양·연구·취사의 일원화一圓化와 또는 영육쌍전靈肉雙全·이사병행理事竝行 등 방법으로 모든 과정을 정하였나니, 누구든지 이대로 잘 공부한다면 다만 삼교의 종지를 일관할 뿐 아니라 세계 모든 종교의 교리며 천하의 모든 법이 다 한 마음에 돌아와서 능히 사통오달의 큰 도를 얻게 되리라".

2 한 제자 여쭙기를 "어떠한 것을 큰 도라 이르나이까". 대종사 말씀하시기를 "천하 사람이 다 행할 수 있는 것은 천하의 큰 도요, 적은 수만 행할 수 있는 것은 작은 도라 이르나니, 그러므로 우리의 일원종지一圓宗旨와 사은사요四恩四要 삼학팔조三學八條는 온 천하 사람이 다 알아야 하고 다 실행할 수 있으므로 천하의 큰 도가 되느니라".

3 광전光田이 여쭙기를 "일원상과 인간과의 관계가 어떠하오니까". 대종사 말씀하시기를 "네가 큰 진리를 물었도다. 우

리 회상에서 일원상을 모시는 것은 과거 불가에서 불상을 모시는 것과 같으나, 불상은 부처님의 형체形體를 나타낸 것이요, 일원상은 부처님의 심체心體를 나타낸 것이므로, 형체라 하는 것은 한 인형에 불과한 것이요, 심체라 하는 것은 광대무량하여 능히 유와 무를 총섭하고 삼세를 관통하였나니, 곧 천지만물의 본원이며 언어도단言語道斷의 입정처入定處라, 유가에서는 이를 일러 태극太極 혹은 무극無極이라 하고, 선가에서는 이를 일러 자연 혹은 도라 하고, 불가에서는 이를 일러 청정법신불이라 하였으나, 원리에 있어서는 모두 같은 바로서 비록 어떠한 방면 어떠한 길을 통한다 할지라도 최후 구경究竟에 들어가서는 다 이 일원의 진리에 돌아가나니, 만일 종교라 이름하여 이러한 진리에 근원을 세운 바가 없다면 그것은 곧 사도邪道라, 그러므로 우리 회상에서는 이 일원상의 진리로써 우리의 현실생활과 연락시키는 표준을 삼았으며, 또는 신앙과 수행의 두 문을 밝히었느니라".

4 또 여쭙기를 "일원상의 신앙은 어떻게 하나이까". 대종사 말씀하시기를 "일원상을 신앙의 대상으로 하고 그 진리를 믿어 복락을 구하나니, 일원상의 내역을 말하자면 곧 사은이요, 사은의 내역을 말하자면 곧 우주만유로서 천지만물 허공법계

가 다 부처 아님이 없나니, 우리는 어느 때 어느 곳이든지 항상 경외심을 놓지 말고 존엄하신 부처님을 대하는 청정한 마음과 경건한 태도로 천만 사물에 응할 것이며, 천만 사물의 당처에 직접 불공하기를 힘써서 현실적으로 복락을 장만할지니, 이를 몰아 말하자면 편협한 신앙을 돌려 원만한 신앙을 만들며, 미신적 신앙을 돌려 사실적 신앙을 하게 한 것이니라".

5 또 여쭙기를 "일원상의 수행은 어떻게 하나이까". 대종사 말씀하시기를 "일원상을 수행의 표본으로 하고 그 진리를 체받아서 자기의 인격을 양성하나니 일원상의 진리를 깨달아 천지만물의 시종본말과 인간의 생로병사와 인과보응의 이치를 걸림 없이 알자는 것이며, 또는 일원과 같이 마음 가운데에 아무 사심이 없고 애욕과 탐착에 기울고 굽히는 바가 없이 항상 두렷한 성품 자리를 양성하자는 것이며, 또는 일원과 같이 모든 경계를 대하여 마음을 쓸 때 희로애락과 원근친소에 끌리지 아니하고 모든 일을 오직 바르고 공변되게 처리하자는 것이니, 일원의 원리를 깨닫는 것은 견성見性이요, 일원의 체성을 지키는 것은 양성養性이요, 일원과 같이 원만한 실행을 하는 것은 솔성率性인바, 우리 공부의 요도要道인 정신수양·사리연구·작업취사도 이것이요, 옛날 부처님의 말씀하

신 계정혜戒定慧 삼학도 이것으로서, 수양은 정이며 양성이요, 연구는 혜며 견성이요, 취사는 계며 솔성이라, 이 공부를 지성으로 하면 학식 있고 없는 데에도 관계가 없으며 총명 있고 없는 데에도 관계가 없으며 남녀노소를 막론하고 다 성불을 이루리라".

   6 또 여쭙기를 "그러하오면 도형으로 그려진 저 일원상 자체에 그러한 진리와 위력과 공부법이 그대로 갊아 있다는 것이오니까". 대종사 말씀하시기를 "저 원상은 참일원을 알리기 위한 한 표본이라, 비하건대 손가락으로 달을 가리킴에 손가락이 참달은 아닌 것과 같으니라. 그런즉 공부하는 사람은 마땅히 저 표본의 일원상으로 인하여 참일원을 발견하여야 할 것이며, 일원의 참된 성품을 지키고, 일원의 원만한 마음을 실행하여야 일원상의 진리와 우리의 생활이 완전히 합치되리라".

   7 대종사 말씀하시기를 "일원의 진리를 요약하여 말하자면 곧 공空과 원圓과 정正이니, 양성에 있어서는 유무 초월한 자리를 관하는 것이 공이요, 마음의 거래 없는 것이 원이요, 마음이 기울어지지 않는 것이 정이며, 견성에 있어서는 일원의

진리가 철저하여 언어의 도가 끊어지고 심행처心行處가 없는 자리를 아는 것이 공이요, 지량知量이 광대하여 막힘이 없는 것이 원이요, 아는 것이 적실하여 모든 사물을 바르게 보고 바르게 판단하는 것이 정이며, 솔성에 있어서는 모든 일에 무념행을 하는 것이 공이요, 모든 일에 무착행을 하는 것이 원이요, 모든 일에 중도행을 하는 것이 정이니라".

8 대종사 말씀하시기를 "공부하는 사람들이 현묘한 진리를 깨치려 하는 것은 그 진리를 실생활에 활용하고자 함이니 만일 활용하지 못하고 그대로 둔다면 이는 쓸데없는 일이라, 이제 법신불 일원상을 실생활에 부합시켜 말해주리라. 첫째는 일원상을 대할 때마다 견성성불見性成佛하는 화두를 삼을 것이요, 둘째는 일상생활에 일원상과 같이 원만하게 수행하여 나아가는 표본을 삼을 것이며, 셋째는 이 우주만유 전체가 죄복을 직접 내려주는 사실적 권능이 있는 것을 알아서 진리적으로 믿어 나아가는 대상을 삼을 것이니, 이러한 진리를 아는 사람은 일원상을 대할 때마다 마치 부모의 사진같이 숭배할 것이니라".

9 한 사람이 여쭙기를 "귀교에서는 어느 부처님을 본사本師

로 모시나이까". 대종사 말씀하시기를 "석가모니불을 본사로 숭배하노라". 또 여쭙기를 "석가모니불이 본사일진대 법당에 어찌 석가모니 불상을 모시지 아니하고 일원상을 모셨나이까". 대종사 말씀하시기를 "석가모니 불상이 우리에게 죄 주고 복 주는 증거는 사실적으로 해석하여 가르치기가 어려우나, 일원상은 곧 청정법신불을 나타낸 바로서 천지·부모·동포가 다 법신불의 화신이요, 법률도 또한 법신불의 주신 바이라 이 천지·부모·동포·법률이 우리에게 죄 주고 복 주는 증거는 얼마든지 해석하여 가르칠 수가 있으므로 일원상을 신앙의 대상으로 모신 것이니라". 또 여쭙기를 "그러하오면 석가모니불을 본사로 모신다는 것은 말뿐이요, 특별히 숭배하는 행사는 없지 아니하나이까". 대종사 말씀하시기를 "비록 법당에 불상을 모시지는 아니하였으나, 일반 신자들에게 부처님을 지극히 존숭하도록 신심을 인도하는 동시에 참다운 숭배는 부처님의 말씀하신 근본정신을 존중히 받들고 또한 육근을 작용할 때에 그대로 행을 닦아서 부처님의 법통과 사업을 영원히 계승 발전시킴에 있다는 뜻을 역설하는 바인즉, 어찌 불상을 모시고 조석예불하는 것만을 숭배라 하리오".

10 또 여쭙기를 "일원상을 모시고 죄복의 출처를 사실적으

로 해석하여 가르치는 것이 인지가 발달된 이 시대에 지혜 있는 사람들에게는 극히 적합할 일이오나, 어느 세상을 물론하고 지혜 있는 사람은 적고 어리석은 사람이 많은 것은 사실이오니, 어리석은 대중에게 신심을 넣어주는 데에는 불상을 모시는 것이 더 유리하지 아니하겠나이까". 대종사 말씀하시기를 "법신불 사은이 우리에게 죄 주고 복 주는 증거는 아무리 어리석은 사람이라도 자상히 설명하여주면 알기도 쉽고 믿기도 쉬울 줄로 생각하는 바이나, 불상이 아니면 신심이 나지 않는 사람은 불상을 모신 곳에서 제도를 받아도 또한 좋을 것이니, 그리한다면 불상을 믿는 사람도 제도할 수 있고 일원상을 믿는 사람도 제도할 수가 있지 아니하겠는가".

11 또 여쭙기를 "일원상과 석가모니불과의 관계는 어떠하오니까". 대종사 말씀하시기를 "일원은 곧 모든 진리의 근원이요, 석가모니불은 이 진리를 깨치사 우리에게 가르쳐주신 스승님이시니, 비록 이 세상에 아무리 좋은 진리가 있다 할지라도 그를 발견하여 가르쳐주시는 분이 없다면 그 진리가 우리에게 활용되지 못할 것이요, 비록 석가모니불이 이 세상에 나오셨다 할지라도 이 세상에 일원상의 진리가 없었다면 석가모니불이 되실 수도 없고, 또는 사십구 년 동안 설법

하실 자료도 없었을지라, 그러므로 우리는 법신불 일원상을 진리의 상징으로 하고 석가모니불을 본사로 하여 법신여래 法身如來와 색신여래色身如來를 같이 숭배하노라. 그러나 이것은 일원상과 석가모니불을 구별하여 보는 자리에서 하는 말이요 만일 구별 없는 진리 자리에서 본다면 일원상과 석가모니불이 둘이 아님을 또한 알아야 하리라".

12 한 제자 여쭙기를 "불상 숭배와 일원상 숭배의 다른 점은 어떠하옵나이까". 대종사 말씀하시기를 "불상 숭배는 부처님의 인격에 국한하여 후래 제자로서 그 부처님을 추모 존숭하는 데에 뜻이 있을 뿐이나, 일원상 숭배는 그 뜻이 실로 넓고 크니, 부처님의 인격만 신앙의 대상으로 모시는 것보다 우주만유 전체를 다 부처님으로 모시고 신앙하여 모든 죄복과 고락의 근본을 우주만유 전체 가운데에 구하게 되며, 또는 이를 직접 수행의 표본으로 하여 일원상과 같이 원만한 인격을 양성하자는 것이니, 그 다른 점이 대개 이러하니라".

13 대종사 말씀하시기를 "불상을 숭배하는 것이 교화 발전에 혹 필요가 있기도 하였으나 현재로부터 미래를 생각하면 그렇지 못할 것이 사실이니, 사람들이 저 불상을 수천 년이나

모셔보았으므로 이제는 점차 그 위력에 대한 각성이 생겨날 것이요, 각성이 생겨난다면 무상대도의 이치는 알지 못하고 다만 그 한 방편만 허무하다 하여 믿지 않게 될 것이라 어찌 발전에 장해가 없을 것이며, 또는 존엄하신 불상을 한갓 각자의 생활 도모하는 수단으로 모시는 사람도 적지 아니할 것이니 어찌 유감스럽지 아니하리오. 그러므로 우리는 법신불 일원상을 모시기로 한 것이니라".

14 또 말씀하시기를 "이 시대는 전 세계 인류가 차차 장년기에 들어 그 지견知見이 발달되는지라, 모든 사람이 고락 경계를 당할 때에는 혹 죄복에 대한 이해가 있을 것이며, 죄복에 대한 이해가 있고 보면 그 죄복의 근본처를 찾을 것이며, 찾고 보면 그 뜻이 드러날 것이요, 그 뜻이 드러나고 보면 잘 믿을 것이니, 사실로 이해하기 좋은 신앙처를 발견하여 숭배하면 지자와 우자를 막론하고 안심입명安心立命을 얻을 것이며, 또는 과거와 같이 자기 불공을 다른 사람에게 의뢰할 것이 아니라, 자기 불공은 자기가 주로 하여야 할 것이며 불공하는 방식도 신자에 있어서는 다 알아야 할 것이니 그 방법의 강령은 곧 이 교리와 제도라 할 것이며, 불공하는 방법을 알아 불공을 한 후에 성공을 하는 것도 또한 구분이 있나니, 그

일의 형세를 따라서 정성을 계속하여야 성공이 있으리라. 그러므로 인연작복因緣作福을 잘하고 못하는 것과 부귀빈천 되는 것이 다 다생겁래를 왕래하면서 불공 잘하고 못하는 데 있나니, 복이 많고 지혜가 많은 사람은 법신불 일원상의 이치를 깨치어 천지만물 허공법계를 다 부처님으로 숭배하며, 성공의 기한 구별도 분명하며, 죄복의 근원처를 찾아서 불공하므로 무슨 서원이든지 반드시 성공할 것이니, 그러므로 우리는 불상 한 분만 부처로 모실 것이 아니라 천지만물 허공법계를 다 부처님으로 모시기 위하여 법신불 일원상을 숭배하자는 것이니라".

15 대종사 봉래정사蓬萊精舍에 계실 때에 하루는 어떤 노인 부부가 지나가다 말하기를, 자기들의 자부子婦가 성질이 불순하여 불효가 막심하므로 실상사實相寺 부처님께 불공이나 올려볼까 하고 가는 중이라고 하는지라, 대종사 들으시고 말씀하시기를 "그대들이 어찌 등상불에게는 불공할 줄을 알면서 산 부처에게는 불공할 줄을 모르는가". 그 부부 여쭙기를 "산 부처가 어디 계시나이까". 대종사 말씀하시기를 "그대들의 집에 있는 자부가 곧 산 부처이니, 그대들에게 효도하고 불효할 직접 권능이 그 사람에게 있는 연고라, 거기에 먼저 공을

드려봄이 어떠하겠는가". 그들이 다시 여쭙기를 "어떻게 공을 드리오리까". 대종사 말씀하시기를 "그대들이 불공할 비용으로 자부의 뜻에 맞을 물건도 사다 주며 자부를 오직 부처님 공경하듯 위해주라. 그리하면 그대들의 정성을 따라 불공한 효과가 나타나리라". 그들이 집에 돌아가 그대로 하였더니, 과연 몇 달 안에 효부가 되는지라 그들이 다시 와서 무수히 감사를 올리거늘, 대종사 옆에 있는 제자들에게 말씀하시기를 "이것이 곧 죄복을 직접 당처에 비는 실지불공_{實地佛供}이니라".

16 김영신_{金永信}이 여쭙기를 "사은 당처에 실지불공하는 외에 다른 불공법은 없나이까". 대종사 말씀하시기를 "불공하는 법이 두 가지가 있으니, 하나는 사은 당처에 직접 올리는 실지불공이요, 둘은 형상 없는 허공법계를 통하여 법신불께 올리는 진리불공이라, 그대들은 이 두 가지 불공을 때와 곳과 일을 따라 적당히 활용하되 그 원하는 일이 성공되도록까지 정성을 계속하면 시일의 차이는 있을지언정 이루지 못할 일은 없으리라". 또 여쭙기를 "진리불공은 어떻게 올리나이까". 대종사 말씀하시기를 "몸과 마음을 재계하고 법신불을 향하여 각기 소원을 세운 후 일체 사념을 제거하고, 선정_{禪定}에 들

든지 또는 염불과 송경을 하든지 혹은 주문 등을 외어 일심으로 정성을 올리면 결국 소원을 이루는 동시에 큰 위력이 나타나 악도중생을 제도할 능력과 백천사마라도 귀순시킬 능력까지 있을 것이니, 이렇게 하기로 하면 일백 골절이 다 힘이 쓰이고 일천 정성이 다 사무쳐야 되느니라".

17 한 제자 심고心告의 감응되는 이치를 여쭙거늘 대종사 말씀하시기를 "심고의 감응은 심고하는 사람의 정성에 따라 무위자연한 가운데 상상하지 못할 위력을 얻게 되는 것이라, 말로써 이를 다 증거하기가 어려우나, 가령 악한 마음이 자주 일어나 없애기가 힘이 드는 때에 정성스럽게 심고를 올리면 자연중 그 마음이 나지 않고 선심으로 돌아가게 되며, 악을 범하지 아니하려 하나 전일의 습관으로 그 악이 자주 범하여지는 경우에 그 죄과를 실심實心으로 고백하고 후일의 선행을 지성으로 발원하면 자연히 개과천선의 힘이 생기기도 하나니, 이것이 곧 감응을 받는 가까운 증거의 하나이며, 과거 전설에 효자의 죽순이나 충신의 혈죽血竹이나 우리 구인의 혈인이 다 이 감응의 실적으로 나타난 바이니라. 그러나 지성스러운 마음으로 꾸준히 그 서원을 계속하며, 한번 고백한 서원에 결코 위반되는 일이 없어야만 결국 큰 감응과 위력

이 나타나는 것이니, 이 점에 특히 명심하여야 할 것이며, 만일 이와 같이 하여 확호한 심력心力을 얻으면 무궁한 천권天權을 잡아 천지 같은 위력을 발휘할 수도 있느니라".

18 대종사 말씀하시기를 "우리 공부의 요도 삼학三學은 우리의 정신을 단련하여 원만한 인격을 이루는 데에 가장 필요한 법이며, 잠깐도 떠날 수 없는 법이니, 예를 들면 육신에 대한 의식주 삼건三件과 다름이 없다 하노라. 즉 우리의 육신이 이 세상에 나오면 먹고 입고 거처할 집이 있어야 하나니, 만일 한 가지라도 없으면 우리의 생활에 결함이 있게 될 것이요, 우리의 정신에는 수양·연구·취사의 세 가지 힘이 있어야 살 수 있나니, 만일 한 가지라도 부족하다면 모든 일을 원만히 이룰 수 없느니라. 그러므로 나는 영육쌍전의 견지에서 육신에 관한 의식주 삼건과 정신에 관한 일심·알음알이·실행의 삼건을 합하여 육대 강령이라고도 하나니, 이 육대 강령은 서로 떠날 수 없는 관계를 가지고 한 가지 우리의 생명선이 되느니라. 그러나 보통 사람들은 육신에 관한 세 가지 강령은 소중한 줄 알면서도 정신에 관한 세 가지 강령이 중한 줄은 알지 못하니, 이 어찌 어두운 생각이 아니리오. 그 실은 정신의 세 가지 강령을 잘 공부하면 육신의 세 가지 강령이 자연

히 따라오는 이치를 알아야 할 것이니, 이것이 곧 본本과 말末을 알아서 행하는 법이니라".

19 대종사 말씀하시기를 "보통 사람들의 생활은 한갓 의식주를 구하는 데만 힘을 쓰고, 그 의식주를 나오게 하는 원리는 찾지 아니하나니 이것이 실로 답답한 일이라, 육신의 의식주가 필요하다면 육신생활을 지배하는 정신에 일심과 알음알이와 실행의 힘은 더 필요할 것이 아닌가. 정신에 이 세 가지 힘이 양성되어야 그에 따라 의식주가 잘 얻어질 것이요, 이것으로 그 사람의 원만한 인격도 이루어질 것이며, 각자의 마음 근본을 알고 그 마음을 마음대로 쓰게 되어야 의식주를 얻는 데에도 정당한 도가 실천될 것이며, 생로병사를 해탈하여 영생의 길을 얻고 인과의 이치를 알아 혜복을 구하게 될 것이니, 이것이 또한 참답고 영원한 의식주 해결의 길이라, 그러므로 정신의 삼강령이 곧 의식주 삼건의 근본이 된다 하노라".

20 대종사 선원 대중에게 말씀하시기를 "재래 사원에서는 염불종念佛宗은 언제나 염불만 하고, 교종敎宗은 언제나 간경看經만 하며, 선종禪宗은 언제나 좌선만 하고, 율종律宗은 언제나 계戒만 지키면서, 같은 불법 가운데 서로 시비 장단을 말

하고 있으나 그것은 다 계정혜 삼학의 한 과목들이므로 우리는 이것을 병진하게 하되, 매일 새벽에는 좌선을 하게 하고, 낮과 밤에는 경전·강연·회화·의두·성리·일기·염불 등을 때에 맞추어 하게 하여, 이 여러 가지 과정으로 고루 훈련하나니, 누구든지 이대로 정진한다면 재래의 훈련에 비하여 몇 배 이상의 실효과를 얻을 수 있으리라".

21 또 말씀하시기를 "우리가 경전으로 배울 때에는 삼학이 비록 과목은 각각 다르나, 실지로 공부를 해나가는 데에는 서로 떠날 수 없는 연관이 있어서 마치 쇠스랑의 세 발과도 같으니, 수양을 하는 데에도 연구·취사의 합력이 있어야 할 것이요, 연구를 하는 데에도 수양·취사의 합력이 있어야 할 것이요, 취사를 하는 데에도 수양·연구의 합력이 있어야 하느니라. 그러므로 삼학을 병진하는 것은 서로 그 힘을 어울려 공부를 지체 없이 전진하게 하자는 것이며, 또는 선원에서 대중이 모여 공부에 대한 의견을 교환하는 것은, 그에 따라 혜두가 고루 발달되어 과한 힘을 들이지 아니하여도 능히 큰 지견을 얻을 수 있게 하자는 것이니라".

22 대종사 말씀하시기를 "공부하는 사람은 세상의 천만 경

계에 항상 삼학의 대중을 놓지 말아야 할 것이니, 삼학을 비유하여 말하자면 배를 운전하는데 나침판 같고 기관수 같은지라, 나침판과 기관수가 없으면 그 배가 능히 바다를 건너지 못할 것이요, 삼학의 대중이 없으면 사람이 능히 세상을 잘 살아나가기가 어려우니라".

23 대종사 말씀하시기를 "나의 교화하는 법은 비하건대 나무의 가지와 잎사귀로부터 뿌리에 이르게도 하고, 뿌리로부터 가지와 잎사귀에 이르게도 하나니, 이는 각각 그 사람의 근기를 따라 법을 베푸는 연고이니라".

24 송도성宋道性이 여쭙기를 "제가 전일에 옛 성인의 경전도 혹 보았고 그 뜻의 설명도 들어보았사오나 그때에는 한갓 읽어서 욀 뿐이요, 도덕의 참뜻이 실지로 해득되지 못하옵더니 대종사를 뵈온 후로는 차차 사리에 밝아짐이 있사오나, 알고 보니 전에 보던 그 글이요, 전에 듣던 그 말씀이온데, 어찌하여 모든 것이 새로 알아지는 감이 있사온지 그 이유를 알고자 하나이다". 대종사 말씀하시기를 "옛 경전은, 비유하여 말하자면, 이미 지어놓은 옷과 같아서 모든 사람의 몸에 고루다 맞기가 어려우나 직접 구전심수口傳心授로 배우는 것은 그

몸에 맞추어 새 옷을 지어 입는 것과 같아서 옷이 각각 그 몸에 맞으리니, 각자의 근기와 경우를 따라 각각 그에 맞는 법으로 마음 기틀을 계발하는 공부가 어찌 저 고정한 경전만으로 하는 공부에 비할 바이리오".

25 목사 한 사람이 말하기를 "예로부터 어느 교단을 막론하고 대개 계율을 말하였으나 저의 생각으로는 그것이 도리어 사람의 순진한 천성을 억압하고 자유의 정신을 속박하여 사람을 교화하는 데 적지 않은 지장이 되는가 하나이다". 대종사 말씀하시기를 "어떠한 점에서 그러한 생각을 하게 되었는가". 목사 말하기를 "세상 사람들이 종교의 진리를 이해하지 못하여 공연히 배척하는 수도 없지 않지만 대개는 교리의 신성함은 느끼면서도 사실로 믿음에 들지 않는 것은 그 이면에 계율을 꺼리어 주저하는 수도 적지 않사오니 이러한 사람들은 계율이 없었으면 구제의 범위에 들었을 것이 아니오니까". 대종사 말씀하시기를 "귀하는 다만 그러한 사람들이 제도의 범위에 들지 못하는 것만 애석히 알고 다른 곳에 큰 영향이 미칠 것은 생각지 아니하는가. 우리에게도 서른 가지 계문이 있으나 한 가지도 삭제할 만한 것이 없으므로 그대로 지키게 하노라. 다만 계율을 주는 방법에 있어서는 사람의 정도

를 따라 계단적으로 주나니, 누구나 처음 입교하면 저 세상에서 젖은 습관이 쉽게 떨어지지 않을 것이므로 그들에게 능히 지킬 만한 정도로 먼저 십계를 주고 또 계단을 밟는 대로 십계씩을 주며 삼십계를 다 마친 후에는 계율을 더 주지 아니하고 자유에 맡기나니, 그 정도에 이른 사람은 부당한 일과 당연한 일을 미리 알아 행하는 까닭이니라. 그러나 그렇지 못한 사람은 도저히 그대로 방임할 수 없나니 자각 있는 공부인과 초학자 다스리는 방식이 어찌 서로 같을 수 있으리오. 세상에는 어리석은 사람이 더 많거늘 방금 귀하의 주장은 천만 인 가운데 한두 사람에게나 적당할 법이라 어찌 한두 사람에게 적당할 법으로 천만 인을 등한시하리오. 또는 사람이 혼자만 생활한다면 자행자지하여도 별 관계가 없을지 모르나 세상은 모든 법망法網이 정연히 벌여 있고 일반 사회가 고루 보고 있나니, 불의의 행동을 자행한다면 어느 곳을 향하여 설 수 있겠는가. 그러므로 나는 생각하기를 사람이 세상에 나서면 일동일정을 조심하여 엷은 얼음 밟는 것같이 하여야 인도에 탈선됨이 없을 것이며, 그러므로 공부인에게 계율을 주지 않을 수 없다 하노라".

26 대종사 부산 지방에 가시었더니, 교도 몇 사람이 와서

뵈옵고 말하기를 "저희들이 대종사의 법을 한량없이 흠앙하오나, 다만 어업으로써 생계를 삼으므로 항상 첫 계문을 범하게 되오니, 이것이 부끄러워 스스로 퇴굴심退屈心이 나나이다". 대종사 말씀하시기를 "근심하지 말라. 사람의 생업生業은 졸지에 바꾸기 어려우니, 그대들이 받은 삼십 계문 가운데에 그 한 계문은 비록 범한다 할지라도 그 밖의 스물아홉 계를 성심으로 지킨다면 능히 스물아홉 선을 행하여 사회에 무량한 공덕이 나타나리니, 어찌 한 조목을 수행하지 못한다 하여 가히 지킬 만한 남은 계문까지 범하게 되어 더욱 죄고의 구렁에 들어가리오. 또는, 남은 계문을 다 능히 지키면 그 한 계문도 자연히 지킬 길이 생기게 되리니 이와 같은 신념으로 공부에 조금도 주저하지 말라".

27 대종사 선원에 출석하여 말씀하시기를 "이인의화李仁義華가 지금 큰 발심이 나서 영업하는 것도 잊어버리고, 예회를 본다 선원에 참예한다 하여 그 신성이 대단하므로 상을 주는 대신에 이 시간을 인의화에게 허락하노니 물을 일이 있거든 물어보라". 인의화 여쭙기를 "어떤 사람이 너희 교에서는 무엇을 가르치고 배우느냐고 묻는다면 어떻게 대답하오리까". 대종사 말씀하시기를 "원래 불교는 일체유심조

一切唯心造 되는 이치를 스스로 깨쳐 알게 하는 교이니 그 이
치를 가르치고 배운다고 하면 될 것이요, 그 이치를 알고 보
면 불생불멸의 이치와 인과보응의 이치까지도 다 해결되느니
라". 또 여쭙기를 "그 이치를 안 후에는 어떻게 공부를 하나이
까". 대종사 말씀하시기를 "마음이 경계를 대하여 요란하지도
않고 어리석지도 않고 그르지도 않게 하느니라".

　　28 대종사 김영신에게 물으시기를 "사람이 세상에서 생활
하기로 하면 어떠한 것이 제일 긴요한 것이 되겠느냐". 영신
이 사뢰기를 "의식주에 관한 것이 제일 긴요하다고 생각하나
이다". 또 물으시기를 "네가 학교에서 배운 여러 과목 중에서
는 어떠한 과목이 제일 긴요한 것이 되겠느냐". 영신이 사뢰
기를 "수신하는 과목이 제일 긴요하다고 생각되나이다". 대종
사 말씀하시기를 "네 말이 옳도다. 사람이 육신생활을 하는
데에는 의식주가 중요하고 공부를 하는 데에는 수신이 중요
하나니, 이는 곧 의식주나 수신이 생활과 공부의 근본이 되는
까닭이니라. 그러나 지금 학교에서 가르치는 수신 과목만으
로는 수신의 법이 충분하지 못할 것이요, 오직 마음 닦는 공
부를 주장하는 도가가 아니면 그 진경을 다 발휘하지 못할 것
이니, 그러므로 도학 공부는 모든 학술의 주인이요, 모든 공

부의 근본이 되는 줄을 항상 명심하라".

29 대종사 선원 대중에게 물으시기를 "그대들은 여기서 무엇을 배우느냐고 묻는 이가 있다면 어떻게 대답하겠는가" 하시니, 한 선원禪員은 "삼대력 공부를 한다 하겠나이다" 하고, 또 한 선원은 "인생의 요도를 배운다 하겠나이다" 하며, 그 밖에도 여러 사람의 대답이 한결같지 아니한지라, 대종사 들으시고 말씀하시기를 "그대들의 말이 다 그럴듯하나 나도 또한 거기에 부연하여 한 말 하여주리니 자세히 들으라. 무릇 무슨 문답이나 그 상대편의 인물과 태도에 따라 그 때에 적당한 대답을 하여야 할 것이나, 대체적으로 대답한다면 나는 모든 사람들의 마음 작용하는 법을 가르친다고 할 것이며, 거기에 다시 부분적으로 말하자면 지식 있는 사람에게는 지식 사용하는 방식을, 권리 있는 사람에게는 권리 사용하는 방식을, 물질 있는 사람에게는 물질 사용하는 방식을, 원망생활하는 사람에게는 감사생활하는 방식을, 복 없는 사람에게는 복 짓는 방식을, 타력생활하는 사람에게는 자력생활하는 방식을, 배울 줄 모르는 사람에게는 배우는 방식을, 가르칠 줄 모르는 사람에게는 가르치는 방식을, 공익심 없는 사람에게는 공익심이 생겨나는 방식을 가르쳐준다고 하겠노니, 이를 몰아 말

하자면 모든 재주와 모든 물질과 모든 환경을 오직 바른 도로 이용하도록 가르친다 함이니라".

30 또 말씀하시기를 "지금 세상은 물질문명의 발전을 따라 사농공상에 대한 학식과 기술이 많이 진보되었으며, 생활기구도 많이 화려하여졌으므로 이 화려한 물질에 눈과 마음이 황홀하여지고 그 반면에 물질을 사용하는 정신은 극도로 쇠약하여, 주인된 정신이 도리어 물질의 노예가 되고 말았으니 이는 실로 크게 근심될 현상이라. 이 세상에 아무리 좋은 물질이라도 사용하는 마음이 바르지 못하면 그 물질이 도리어 악용되고 마는 것이며, 아무리 좋은 재주와 박람박식이라도 그 사용하는 마음이 바르지 못하면 그 재주와 박람박식이 도리어 공중에 해독을 주게 되는 것이며, 아무리 좋은 환경이라도 그 사용하는 마음이 바르지 못하면 그 환경이 도리어 죄업을 돕지 아니하는가. 그러므로, 천하에 벌여진 모든 바깥 문명이 비록 찬란하다 하나 오직 마음 사용하는 법의 조종 여하에 따라 이 세상을 좋게도 하고 낮게도 하나니, 마음을 바르게 사용하면 모든 문명이 다 낙원을 건설하는 데 보조하는 기관이 되는 것이요, 마음을 바르지 못하게 사용하면 모든 문명이 도리어 도둑에게 무기를 주는 것과 같이 되느니라. 그러므

로 그대들은 새로이 각성하여 이 모든 법의 주인이 되는 용심법用心法을 부지런히 배워서 천만 경계에 항상 자리이타로 모든 것을 선용善用하는 마음의 조종사가 되며, 따라서 그 조종 방법을 여러 사람에게 교화하여 물심양면으로 한 가지 참문명세계를 건설하는 데에 노력할지어다".

31 대종사 말씀하시기를 "안으로 정신문명을 촉진하여 도학을 발전시키고 밖으로 물질문명을 촉진하여 과학을 발전시켜야 영육이 쌍전하고 내외가 겸전하여 결함 없는 세상이 되리라. 그러나 만일 현대와 같이 물질문명에만 치우치고 정신문명을 등한시하면 마치 철모르는 아이에게 칼을 들려준 것과 같아서 어느 날 어느 때에 무슨 화를 당할지 모를 것이니, 이는 육신은 완전하나 정신에 병이 든 불구자와 같고, 정신문명만 되고 물질문명이 없는 세상은 정신은 완전하나 육신에 병이 든 불구자와 같으니, 그 하나가 충실하지 못하고 어찌 완전한 세상이라 할 수 있으리오. 그러므로, 내외문명이 병진되는 시대라야 비로소 결함 없는 평화안락한 세계가 될 것이니라".

32 대종사 말씀하시기를 "세상 사람들이 물질문명과 도덕

문명의 두 가지 혜택으로 그 생활에 한없는 편리와 이익을 받게 되나니, 여러 발명가와 도덕가에게 늘 감사하지 아니할 수 없느니라. 그러나 물질문명은 주로 육신생활에 편리를 주는 것이므로 그 공효가 바로 현상에 나타나기는 하나 그 공덕에 국한이 있으며, 도덕문명은 원래 형상 없는 사람의 마음을 단련하는 것이므로 그 공효가 더디기는 하나 그 공덕에 국한이 없나니, 제생의세濟生醫世하는 위대한 힘이 어찌 물질문명에 비할 것이며, 그 광명이 어찌 한 세상에 그치고 말 것이리오. 그러나 지금 사람들은 아직까지 나타난 물질문명은 찾을 줄 알면서도 형상 없는 도덕문명을 찾는 사람은 적으니 이것이 당면한 큰 유감이니라".

33 대종사 말씀하시기를 "과거에는 부처님께서 모든 출가 수행자에게 잘 입으려는 것과 잘 먹으려는 것과 잘 거처하려는 것과 세상 낙을 즐기려는 것들을 다 엄중히 말리시고 세상 낙에 욕심이 나면 오직 심신을 적적하게 만드는 것으로만 낙을 삼으라 하시었으나, 나는 가르치기를 그대들은 정당한 일을 부지런히 하고 분수에 맞게 의식주도 수용하며, 피로의 회복을 위하여 때로는 소창消暢도 하라 하노니, 인지가 발달되고 생활이 향상되는 이 시대에 어찌 좁은 법만으로 교화를 할

수 있으리오. 마땅히 원융圓融한 불법으로 개인·가정·사회·국가·세계에 두루 활용되게 하여야 할 것이니 이것이 내 법의 주체이니라".

34 대종사 영산靈山에서 선원 대중에게 말씀하시기를 "지금 세상은 전에 없던 문명한 시대가 되었다 하나 우리는 한갓 그 밖으로 찬란하고 편리한 물질문명에만 도취할 것이 아니라, 마땅히 그에 따르는 결함과 장래의 영향이 어떠할 것을 잘 생각해보아야 할 것이니, 지금 세상은 밖으로 문명의 도수가 한층 나아갈수록 안으로 병맥病脈의 근원이 깊어져서 이것을 이대로 놓아두다가는 장차 구하지 못할 위경에 빠지게 될지라, 세도世道에 관심을 가진 사람들로 하여금 깊은 근심을 금하지 못하게 하는 바이니라. 그러면 지금 세상은 어떠한 병이 들었는가. 첫째는 돈의 병이니, 인생의 온갖 향락과 욕망을 달성함에는 돈이 먼저 필요하다는 것을 알게 된 사람들은 의리나 염치보다 오직 돈이 중하게 되어 이로 인하여 모든 윤기倫氣가 쇠해지고 정의情誼가 상하는 현상이라 이것이 곧 큰 병이며, 둘째는 원망의 병이니, 개인·가정·사회·국가가 서로 자기의 잘못은 알지 못하고 저편의 잘못만 살피며, 남에게 은혜 입은 것은 알지 못하고 나의 은혜 입힌 것만을

생각하여, 서로서로 미워하고 원망함으로써 크고 작은 싸움이 그칠 날이 없나니, 이것이 곧 큰 병이며, 셋째는 의뢰의 병이니, 이 병은 수백 년 문약文弱의 폐를 입어 이 나라 사람에게 더욱 심한 바로서 부유한 집안 자녀들은 하는 일 없이 놀고먹으려 하며, 자기의 친척이나 벗 가운데에라도 혹 넉넉하게 사는 사람이 있으면 거기에 의세하려 하여 한 사람이 벌면 열 사람이 먹으려 하는 현상이라 이것이 곧 큰 병이며, 넷째는 배울 줄 모르는 병이니, 사람의 인격이 그 구분九分은 배우는 것으로 이루어지는지라 마치 벌이 꿀을 모으는 것과 같이 어느 방면 어느 계급의 사람에게라도 나에게 필요한 지식이 있다면 반드시 몸을 굽혀 그것을 배워야 할 것이어늘 세상 사람들 중에는 제각기 되지못한 아만심에 사로잡혀 그 배울 기회를 놓치고 마는 수가 허다하니, 이것이 곧 큰 병이며, 다섯째는 가르칠 줄 모르는 병이니, 아무리 지식이 많은 사람이라도 그 지식을 사물에 활용할 줄 모르거나, 그것을 펴서 후진에게 가르칠 줄을 모른다면 그것은 알지 못함과 다름이 없는 것이어늘 세상 사람들 중에는 혹 좀 아는 것이 있으면 그것으로 자만하고 자긍하여 모르는 사람과는 상대도 아니하려 하는 수가 허다하니, 이것이 곧 큰 병이며, 여섯째는 공익심이 없는 병이니, 과거 수천 년 동안 내려온 개인주의가 은산철벽

銀山鐵壁같이 굳어져서 남을 위하여 일하려는 사람은 근본적으로 드물 뿐 아니라 일시적 어떠한 명예에 끌려서 공중사를 표방하고 무엇을 하다가도 다시 사심의 발동으로 그 일을 실패 중지하여 이로 말미암아 모든 공익기관이 거의 피폐하는 현상이라 이것이 곧 큰 병이니라".

35 대종사 이어서 말씀하시기를 "그런즉 이 병들을 고치기로 할진대 무엇보다 먼저 도학을 장려하여 분수에 편안하는 도, 근본적으로 은혜를 발견하는 도, 자력생활하는 도, 배우는 도와 가르치는 도, 공익생활하는 도를 가르쳐서 사람 사람으로 하여금 안으로 자기를 반성하여 각자의 병든 마음을 치료하게 하는 동시에, 선병자의先病者醫라는 말과 같이 밖으로 세상을 관찰하여 병든 세상을 치료하는 데에 함께 노력하여야 할지니, 지금 세상의 이 큰 병을 치료하는 큰 방문은 곧 우리 인생의 요도인 사은사요와 공부의 요도인 삼학팔조라, 이 법이 널리 세상에 보급된다면 세상은 자연 결함 없는 세계가 될 것이요, 사람들은 모두 불보살이 되어 다시없는 이상천국에서 남녀노소가 다 같이 낙원을 수용하게 되리라".

36 대종사 말씀하시기를 "종교와 정치는 한 가정의 자모

慈母와 엄부嚴父 같으니 종교는 도덕에 근원하여 사람의 마음을 가르쳐 죄를 짓기 전에 미리 방지하고 복을 짓게 하는 법이요, 정치는 법률에 근원하여 일의 결과를 보아서 상과 벌을 베푸는 법이라. 자모가 자모의 도를 다하고 엄부가 엄부의 도를 다하여, 부모가 각각 그 도에 밝으면 자녀는 반드시 행복을 누릴 것이나 만일 부모가 그 도에 밝지 못하면 자녀가 불행하게 되나니, 자녀의 행과 불행은 곧 부모의 잘하고 잘못하는 데에 있는 것과 같이 창생의 행과 불행은 곧 종교와 정치의 활용 여하에 달려 있는지라 제생의세를 목적하는 우리의 책임이 어찌 중하지 아니하리오. 그러므로 우리는 먼저 우리의 교의教義를 충분히 알아야 할 것이요, 안 후에는 이 교의를 세상에 널리 베풀어서 참다운 도덕에 근본한 선정덕치善政德治를 베풀어 모든 생령과 한 가지 낙원의 생활을 하여야 우리의 책임을 다하였다 하리라".

37 대종사 선원 해제식에서 대중에게 말씀하시기를 "나는 선중禪中 삼 개월 동안에 바람 불리는 법을 그대들에게 가르쳤노니, 그대들은 바람의 뜻을 아는가. 무릇 천지에는 동남과 서북의 바람이 있고 세상에는 도덕과 법률의 바람이 있나니, 도덕은 곧 동남풍이요 법률은 곧 서북풍이라, 이 두 바람이

한 가지 세상을 다스리는 강령이 되는바, 서북풍은 상벌을 주재하는 법률가에서 담당하였거니와 동남풍은 교화를 주재하는 도가에서 직접 담당하였나니, 그대들은 마땅히 동남풍 불리는 법을 잘 배워서 천지의 상생상화相生相和하는 도를 널리 실행하여야 할 것이니라. 그런즉, 동남풍 불리는 법은 어떠한 것인가. 이것은 예로부터 모든 부처님과 성자들의 교법이나 지금 우리의 교의가 다 그 바람을 불리는 법이요, 이 선기禪期 중에 여러 가지의 과정課程이 또한 그 법을 훈련시킨 것이니, 그대들은 각자의 집에 돌아가 그 어떠한 바람을 불리겠는가. 엄동설한에 모든 생령이 음울한 공기 속에서 갖은 고통을 받다가 동남풍의 훈훈한 기운을 만나서 일제히 소생함과 같이 공포에 싸인 생령이 안심을 얻고, 원망에 싸인 생령이 감사를 얻고, 상극相克에 싸인 생령이 상생을 얻고, 죄고에 얽힌 생령이 해탈을 얻고, 타락에 처한 생령이 갱생을 얻어서 가정·사회·국가·세계 어느 곳에든지 당하는 곳마다 화하게 된다면 그 얼마나 거룩하고 장한 일이겠는가. 이것이 곧 나의 가르치는 본의요, 그대들이 행할 바 길이니라. 그러나 이러한 동남풍의 감화는 한갓 설교 언설만으로 주어지는 것이 아니요, 먼저 그대들의 마음 가운데에 깊이 이 동남풍이 마련되어서 심화기화心和氣和하며 실천궁행하는 데에 이루어지나니, 그대들은 이 선기중에 배운 바 모든 교의를 더욱 연마하고 널리 활용하여, 가는 곳마다 항상 동남풍의 주인공이 되라".

38 대종사 말씀하시기를 "종교와 정치가 세상을 운전하는 것은 수레의 두 바퀴 같으니, 만일 두 바퀴가 폐물이 되었다든지, 또는 한 바퀴라도 무슨 고장이 있다든지, 또는 그 운전사의 운전이 서투르다면 그 수레는 잘 운행되지 못할 것이니라. 그런즉, 어찌하여야 그 수레를 잘 운전하여 수레의 본분을 잃지 아니하게 할 것인가. 이는 곧 두 가지 방법이 있나니, 하나는 수레를 자주 수선하여 폐물이 되거나 고장이 생기지 않게 하는 것이요, 하나는 그 수레를 운전하는 사람이 지리를 잘 알아서 그에 맞추어 안전하게 운전하는 것이라, 종교와 정치도 또한 이와 같아서 세상을 잘 운전하기로 하면 시대를 따라서 부패하거나 폐단이 생기지 않게 할 것이요, 그 지도자가 인심의 정도를 맞추어서 적당하게 법을 쓰고 정사를 하여야 할 것이니라".

39 대종사 물으시기를 "우리가 기위 한 교문을 열었으니 어찌하여야 과거의 모든 폐단을 개선하고 새로운 종교로써 세상을 잘 교화하겠는가". 박대완朴大完이 사뢰기를 "모든 일

이 다 가까운 데로부터 되는 것이오니 세상을 개선하기로 하오면 먼저 우리 각자의 마음을 개선하여야 하겠나이다". 송만경宋萬京이 사뢰기를 "우리의 교리와 제도가 이미 시대를 응하여 제정되었사오니 그 교리와 제도대로 실행만 하오면 자연 세상이 개선되겠나이다". 조송광曹頌廣이 사뢰기를 "저는 아직 대종사의 깊으신 뜻을 다 알지 못하오나 대종사의 법은 지극히 원만하고 지극히 평등하사 세계의 대운大運을 따라 무위이화無爲而化로 모든 인류가 개선될 줄 믿나이다". 대종사 말씀하시기를 "그대들의 말이 다 옳도다. 사람이 만일 세상을 개선하기로 하면 먼저 자기의 마음을 개선하여야 할 것이요, 마음을 개선하기로 하면 먼저 그 개선하는 법이 있어야 하는데, 우리는 이미 법이 있고 또는 그대들이 이 공부하는 이치를 알았으니 더욱 정성을 다하여 오늘의 이 문답이 반드시 실천으로 나타나게 하라. 각 종교가 개선되면 사람들의 마음이 개선될 것이요, 사람들의 마음이 개선되면 나라와 세계의 정치도 또한 개선되리니 종교와 정치가 비록 분야는 다르나 그 이면에는 서로 떠나지 못할 연관이 있어서 한 가지 세상의 선불선善不善을 좌우하게 되느니라".

제3 수행품修行品

　1 대종사 말씀하시기를 "내가 그대들에게 일상수행의 요법을 조석으로 외게 하는 것은 그 글만 외라는 것이 아니요, 그 뜻을 새겨서 마음에 대조하라는 것이니, 대체로는 날로 한 번씩 대조하고 세밀히는 경계를 대할 때마다 잘 살피라는 것이라, 곧 심지心地에 요란함이 있었는가 없었는가, 심지에 어리석음이 있었는가 없었는가, 심지에 그름이 있었는가 없었는가, 신분의성信忿疑誠의 추진이 있었는가 없었는가, 감사생활을 하였는가 못하였는가, 자력생활을 하였는가 못하였는가, 성심으로 배웠는가 못 배웠는가, 성심으로 가르쳤는가 못 가르쳤는가, 남에게 유익을 주었는가 못 주었는가를 대조하고 또 대조하며 챙기고 또 챙겨서 필경은 챙기지 아니하여도 저

절로 되어지는 경지에까지 도달하라 함이니라. 사람의 마음
은 지극히 미묘하여 잡으면 있어지고 놓으면 없어진다 하였
나니, 챙기지 아니하고 어찌 그 마음을 닦을 수 있으리오. 그
러므로 나는 또한 이 챙기는 마음을 실현시키기 위하여 상시
응용 주의사항과 교당 내왕시 주의사항을 정하였고 그것을
조사하기 위하여 일기법을 두어 물샐틈없이 그 수행방법을
지도하였나니 그대들은 이 법대로 부지런히 공부하여 하루속
히 초범입성超凡入聖의 큰일을 성취할지어다".

 2 대종사 말씀하시기를 "공부인이 동動하고 정靜하는 두
사이에 수양력修養力 얻는 빠른 방법은, 첫째는 모든 일을 작
용할 때에 나의 정신을 시끄럽게 하고 정신을 빼앗아갈 일
을 짓지 말며 또는 그와 같은 경계를 멀리할 것이요, 둘째는
모든 사물을 접응할 때에 애착 탐착을 두지 말며 항상 담담
한 맛을 길들일 것이요, 셋째는 이 일을 할 때에 저 일에 끌리
지 말고 저 일을 할 때에 이 일에 끌리지 말아서 오직 그 일
그 일에 일심만 얻도록 할 것이요, 넷째는 여가 있는 대로 염
불과 좌선하기를 주의할 것이니라. 또는 동하고 정하는 두 사
이에 연구력 얻는 빠른 방법은, 첫째는 인간만사를 작용할 때
에 그 일 그 일에 알음알이를 얻도록 힘쓸 것이요, 둘째는 스

승이나 동지로 더불어 의견 교환하기를 힘쓸 것이요, 셋째는 보고 듣고 생각하는 중에 의심나는 곳이 생기면 연구하는 순서를 따라 그 의심을 해결하도록 힘쓸 것이요, 넷째는 우리의 경전 연습하기를 힘쓸 것이요, 다섯째는 우리의 경전 연습을 다 마친 뒤에는 과거 모든 도학가道學家의 경전을 참고하여 지견을 넓힐 것이니라. 또는 동하고 정하는 두 사이에 취사력 얻는 빠른 방법은, 첫째는 정의인 줄 알거든 크고 작은 일을 막론하고 죽기로써 실행할 것이요, 둘째는 불의인 줄 알거든 크고 작은 일을 막론하고 죽기로써 하지 않을 것이요, 셋째는 모든 일을 작용할 때에 즉시 실행이 되지 않는다고 낙망하지 말고 정성을 계속하여 끊임없는 공을 쌓을 것이니라".

3 대종사 말씀하시기를 "과거 도가道家에서 공부하는 것을 보면, 정할 때 공부에만 편중하여, 일을 하자면 공부를 못하고 공부를 하자면 일을 못한다 하여, 혹은 부모처자를 이별하고 산중에 가서 일생을 지내며 혹은 비가 와서 마당의 곡식이 떠내려가도 모르고 독서만 하였나니 이 어찌 원만한 공부법이라 하리오. 그러므로 우리는 공부와 일을 둘로 보지 아니하고 공부를 잘하면 일이 잘되고 일을 잘하면 공부가 잘되어 동과 정 두 사이에 계속적으로 삼대력 얻는 법을 말하였나니 그

대들은 이 동과 정에 간단이 없는 큰 공부에 힘쓸지어다".

4 대종사 선원 대중에게 말씀하시기를 "전문 입선하는 것이 초학자에 있어서는 그 규칙생활에 혹 괴로운 감도 있고 혹 부자유한 생각도 있을 것이나, 공부가 점점 익어가고 심신이 차차 단련되는 때에는 이보다 편안하고 재미있는 생활이 더 없을 것이니, 그대들은 매일 과정을 지킬 때에 괴로운 생활을 하는가 편안한 생활을 하는가 늘 그 마음을 대조하여보라. 괴로운 생활을 하는 사람은 아직 진세의 업연이 남아 있는 것이요, 편안한 생활을 하는 사람은 점점 성불의 문이 열리는 것이니라".

5 대종사 말씀하시기를 "사람이 무슨 일이나 그 하는 일에 정성이 있고 없는 것은 그 일이 자기에게 어떠한 관계가 있는 가를 알고 모름에 있나니, 가령 의식衣食을 구하는 사람이 의식을 구하는 데에 정성이 있는 것은 그 의식이 자기의 생활 유지에 직접 관계있는 것을 아는 연고요, 병을 치료하는 사람이 치료에 정성이 있는 것은 그 치료가 자기의 건강 보존에 중요한 관계가 있는 것을 아는 연고며, 공부하는 사람이 공부에 정성이 있는 것은 그 공부가 자기의 앞날에 중대한 관계가

있는 것을 아는 연고라, 이 관계를 아는 사람은 공부하기에 비록 천만 고통이 있을지라도 이를 능히 극복할 것이며, 스승이나 동지들이 혹 자기에게 무슨 범연한 일이 있다 하여도 조금도 트집이 나지 아니할 것이나, 이 관계를 알지 못하는 사람은 공부하는 데에도 인내력이 없을 것이요, 스승이나 동지에게도 공연한 불만을 품기가 쉬우며, 공부나 사업하는 것이 남의 일을 하여주는 듯한 감을 가지게 되리니, 그대들은 이 공부를 하는 것이 각각 그대들에게 어떠한 관계가 있는 것을 깨치었는가 냉정한 정신으로 한번 더 생각하여보라".

6 대종사 말씀하시기를 "사자나 범을 잡으러 나선 포수는 꿩이나 토끼를 보아도 함부로 총을 쏘지 아니하나니, 이는 작은 짐승을 잡으려다가 큰 짐승을 놓칠까 저어함이라, 큰 공부에 발심한 사람도 또한 이와 같아서 큰 발심을 이루는 데에 방해가 될까 하여 작은 욕심은 내지 않느니라. 그러므로 성불을 목적하는 공부인은 세간의 모든 탐착과 애욕을 능히 불고하여야 그 목적을 이룰 것이니 만일 소소한 욕심을 끊지 못하여 큰 서원과 목적에 어긋난다면, 꿩이나 토끼를 잡다가 사자나 범을 놓친 셈이라 그 어찌 애석하지 아니하리오. 그러므로 나는 큰 발심이 있는 사람은 작은 욕심을 내지 말라 하노라".

7 대종사 선원 대중에게 말씀하시기를 "영광靈光의 교도 한 사람은 품삯 얼마를 벌기 위하여 예회例會 날 교당 근처에서 일을 하고 있더라 하니 그대들은 그 사람을 어떻게 생각하는 가". 한 제자 사뢰기를 "그 사람이 돈만 알고 공부에 등한한 것은 잘못이오나 만일 그날 하루의 먹을 것이 없어서 부모처 자가 주리게 되었다 하오면, 하루의 예회에 빠지고라도 식구 들의 기한飢寒을 면하게 하는 것이 옳지 아니하오리까". 대종 사 말씀하시기를 "그대의 말이 그럴듯하나 예회는 날마다 있 는 것이 아니니 만일 공부에 참발심이 있고 법의 가치를 중 히 아는 사람이라면 그동안에 무엇을 하여서라도 예회 날 하 루 먹을 것은 준비하여둘 것이어늘, 예회 날을 당하여 비로소 먹을 것을 찾는 것은 벌써 공부에 등한하고 법에 성의 없는 것이라, 그러므로 '교당 내왕시 주의사항'에도 미리 말하여 둔 바가 있는 것이며, 또는 혹 미리 노력을 하였으되 먹을 것 이 넉넉지 못하더라도 그 사람의 마음 가운데 일호의 사심이 없이 공부한다면 자연 먹을 것이 생기는 이치도 있나니, 예를 들어 말하자면 어린아이가 그 어머니의 배 밖에만 나오면 안 나던 젖이 나와져서 그 천록天祿을 먹고 자라나는 것과 같으 니라".

8 대종사 예회에서 대중에게 말씀하시기를 "내가 오늘은 그대들에게 돈 버는 방식을 일러주려 하노니 잘 들어서 각각 넉넉한 생활들을 하여보라. 그 방식이라 하는 것은 밖으로 무슨 기술을 말하는 것이 아니라 안으로 각자의 마음 쓰는 법을 이름이니, 우리의 교법이 곧 돈을 버는 방식이 되느니라. 보라! 세상 사람들의 보통 생활에는 주색이나 잡기로 소모되는 금전이 얼마이며, 허영이나 외화로 낭비되는 물질이 얼마이며, 나태나 신용 없는 것으로 상실되는 재산이 또한 그 얼마인가. 생활의 표준이 없이 되는대로 지내던 그 사람이 예회에 나와서 모든 법을 배우는 동시에 하라는 일과 말라는 일을 다만 몇 가지만 실행할지라도 공연히 허비하던 돈이 밖으로 새어나가지 아니하고 근검과 신용으로 얻는 재산이 안에서 불어날 것이니, 이것이 곧 돈을 버는 방식이니라. 그러하거늘 세상 사람들은 공부하는 것이 돈 버는 것과는 아무 관계가 없는 줄로 알고 돈이 없으니 공부를 못한다 하며 돈을 벌자니 예회에 못 간다 하나니, 그 어찌 한 편만 보는 생각이 아니리오. 그러므로 이 이치를 아는 사람은 돈이 없으니 공부를 더 잘 하고 돈을 벌자니 예회에 더 잘 나와야 하겠다는 신념을 얻어서 공부와 생활이 같이 향상의 길을 얻게 되리라".

9 대종사 말씀하시기를 "보통 사람들은 항상 조용히 앉아서 좌선하고 염불하고 경전이나 읽는 것만 공부로 알고 실지 생활에 단련하는 공부가 있는 것은 알지 못하니, 어찌 내정정內定靜 외정정外定靜의 큰 공부법을 알았다 하리오. 무릇 큰 공부는 먼저 자성自性의 원리를 연구하여 원래 착着이 없는 그 자리를 알고 실생활에 나아가서는 착이 없는 행行을 하는 것이니, 이 길을 잡은 사람은 가히 날을 기약하고 큰 실력을 얻으리라. 공부하는 사람이 처지 처지를 따라 이 일을 할 때 저 일에 끌리지 아니하고, 저 일을 할 때 이 일에 끌리지 아니하면 곧 이것이 일심 공부요, 이 일을 할 때 알음알이를 구하여 순서 있게 하고, 저 일을 할 때 알음알이를 구하여 순서 있게 하면 곧 이것이 연구 공부요, 이 일을 할 때 불의에 끌리는 바가 없고, 저 일을 할 때 불의에 끌리는 바가 없게 되면 곧 이것이 취사 공부며, 한가한 때에는 염불과 좌선으로 일심에 전공도 하고 경전 연습으로 연구에 전공도 하여, 일이 있는 때나 일이 없는 때를 오직 간단없이 공부로 계속한다면 저절로 정신에는 수양력이 쌓이고 사리에는 연구력이 얻어지고 작업에는 취사력이 생겨나리니, 보라! 송규는 입문한 이래로 지금까지 혹은 총부 혹은 지방에서 임무에 노력하는 중 정식으로는 단 삼 개월 입선入禪도 못하였으나, 현재 그의 실력을 조사

하여본다면 정신의 수양력으로도 애착 탐착이 거의 떨어져서 희로애락과 원근친소에 끌리는 바가 드물고, 사리에 연구력으로도 일에 대한 시비이해와 이치에 대한 대소유무를 대체적으로 다 분석하고 작업에 취사력으로도 불의와 정의를 능히 분석하여 정의에 대한 실행이 십중팔구는 될 것이며, 사무에 바쁜 중에도 써 보낸 글들을 보면 진리도 깊으려니와 일반이 알기 쉬운 문체며 조리 강령이 분명하여 수정할 곳이 별로 없게 되었으니, 그는 오래지 아니하여 충분한 삼대력을 얻어 어디로 가든지 중인을 이익 주는 귀중한 인물이 될 것인바, 이는 곧 동정간에 끊임없는 공부를 잘 한 공덕이라, 그대들도 그와 같이 동정일여動靜一如의 무시선無時禪 공부에 더욱 정진하여 원하는 삼대력을 충분히 얻을지어다".

10 대종사 말씀하시기를 "일이 없을 때에는 항상 일 있을 때에 할 것을 준비하고 일이 있을 때에는 항상 일 없을 때의 심경을 가질지니, 만일 일 없을 때에 일 있을 때의 준비가 없으면 일을 당하여 창황전도蒼惶顚倒함을 면하지 못할 것이요, 일 있을 때에 일 없을 때의 심경을 가지지 못한다면 마침내 판국에 얽매인 사람이 되고 마느니라".

11 회화會話 시간에 전음광全飲光이 공부인과 비공부인의 다른 점이란 문제로 말하는 가운데 "이 공부를 하지 않는 사람들도 어떠한 경우에 이르고 보면 또한 다 삼학을 이용하게 되나, 그들은 그때 그 일만 지나가면 방심이요 관심이 없기 때문에 평생을 지내도 공부상 아무 진보가 없지마는, 우리 공부인은 때의 동·정과 일의 유무를 헤아릴 것 없이 이 삼학을 공부로 계속하는 까닭에 법대로 꾸준히만 계속한다면 반드시 큰 인격을 완성할 것이라" 하는지라, 대종사 들으시고 말씀하시기를 "음광의 말이 뜻이 있으나 내 이제 더욱 자상한 말로 그 점을 밝혀주리라. 가령 여기에 세 사람이 모여 앉았는데 한 사람은 기계의 연구를 하고 있으며, 한 사람은 좌선을 하고 있으며, 한 사람은 그저 무료히 앉아 있다 하면, 외면으로 보아 그들이 앉아 있는 모양은 별로 다를 것이 없으나, 오랜 시일을 계속한 후에는 각각 큰 차이가 나타나게 될 것이니, 기계 연구를 한 사람은 어떠한 발명이 나타날 것이요, 좌선에 힘쓴 사람은 정신에 정력을 얻을 것이요, 무료도일無聊度日한 사람은 아무 성과가 없을지라, 이와 같이 무엇이나 그 하는 것을 쉬지 않은 결과는 큰 차이가 있느니라. 또는 내가 어려서 얼마 동안 같이 글 배운 사람 하나가 있는데, 그는 공부에는 뜻이 적고 광대소리 하기를 즐겨하여 책을 펴놓고도 그

소리, 길을 가면서도 그 소리이더니 마침내 백발이 성성하도록 그 소리를 놓지 못하고 숨은 명창 노릇 하는 것을 연전年前에 보았고, 나는 또 어렸을 때부터 우연히 진리 방면에 취미를 가지기 시작하여 독서에는 별로 정성이 적고, 밤낮으로 생각하는 바가 현묘한 그 이치이어서 이로 인하여 침식을 다 잊고 명상에 잠긴 적이 한두 번이 아니었으며, 그로부터 계속되는 정성이 조금도 쉬지 않은 결과 드디어 이날까지 진리생활을 하게 되었으니, 이것을 두고 볼지라도 사람의 일생에 그 방향의 선택이 제일 중요한 것이며, 이미 방향을 정하여 옳은 데에 입각한 이상에는 사심 없이 그 목적하는 바에 노력을 계속하는 것이 바로 성공의 기초가 되느니라".

12 대종사 말씀하시기를 "선종禪宗의 많은 조사가 선禪에 대한 천만 방편과 천만 문로를 열어놓았으나, 한 말로 통합하여 말하자면 망념을 쉬고 진성을 길러서 오직 공적영지空寂靈知가 앞에 나타나게 하자는 것이 선이니, 그러므로 '적적寂寂한 가운데 성성惺惺함은 옳고 적적한 가운데 무기無記는 그르며, 또는 성성한 가운데 적적함은 옳고 성성한 가운데 망상은 그르다' 하는 말씀이 선의 강령이 되느니라".

13 대종사 좌선 시간에 선원에 나오시어 대중에게 물으시기를 "그대들이 이와 같이 오는 잠을 참고 좌선을 하고 있으니 장차 무엇을 하려 함인가". 권동화權動華 사뢰기를 "사람의 정신은 원래 온전하고 밝은 것이오나, 욕심의 경계를 따라 천지만엽으로 흩어져서 온전한 정신을 잃어버리는 동시에 지혜의 광명이 또한 매昧하게 되므로, 일어나는 번뇌를 가라앉히고 흩어지는 정신을 통일시키어 수양의 힘과 지혜의 광명을 얻기 위함이옵니다". 대종사 말씀하시기를 "그대들이 진실로 수양에 대한 공덕을 안다면 누가 권장하지 아니할지라도 정성이 스스로 계속될 것이나, 한 가지 주의할 일은 그 방법에 대하여 혹 자상히 알지 못하고 그릇 조급한 마음을 내거나 이상한 자취를 구하여 순일한 선법禪法을 바로 행하지 못한다면, 공부하는 가운데 혹 병에 걸리기도 하고 사도邪道에 흐르기도 하며, 도리어 번뇌가 더 일어나는 수도 있나니, 우리의 좌선법에 자주 대조하고 또는 선진자에게 매양 그 경로를 물어서 공부에 조금도 그릇됨이 없게 하라. 만일 바른 공부를 부지런히 잘 행한다면 쉽게 심신의 자유를 얻게 되나니, 모든 부처 모든 성인과 일체 위인이 다 이 선법으로써 그만한 심력을 얻었느니라".

14 대종사 선원 대중에게 말씀하시기를 "근래에 선종 각파에서 선의 방법을 가지고 서로 시비를 말하고 있으나, 나는 그 가운데 단전주丹田住법을 취하여 수양하는 시간에는 온전히 수양만 하고 화두 연마는 적당한 기회에 가끔 한 번씩 하라 하노니, 의두 깨치는 방법이 침울한 생각으로 오래 생각하는 데에만 있는 것이 아니요, 명랑한 정신으로 기틀을 따라 연마하는 것이 그 힘이 도리어 더 우월한 까닭이니라".

15 한 제자 수승화강水昇火降되는 이치를 묻자온데 대종사 말씀하시기를 "물의 성질은 아래로 내리는 동시에 그 기운이 서늘하고 맑으며, 불의 성질은 위로 오르는 동시에 그 기운이 덥고 탁하니, 사람이 만일 번거한 생각을 일어내어 기운이 오르면 머리가 덥고 정신이 탁하여 진액津液이 마르는 것은 불기운이 오르고 물기운이 내리는 연고요, 만일 생각이 잠자고 기운이 평순하면 머리가 서늘하고 정신이 명랑하여 맑은 침이 입속에 도나니 이는 물기운이 오르고 불기운이 내리는 연고이니라".

16 대종사 말씀하시기를 "수양력을 얻어나가는 데 두 길이 있나니, 하나는 기질氣質의 수양이요 둘은 심성心性의 수양이

라, 예를 들면 군인이 실지 전쟁에서 마음을 단련하여 부동심 不動心이 되는 것은 밖으로 기질을 단련한 수양이요, 수도인이 오욕의 경계중에서 마군魔軍을 항복받아 순역경계에 부동심이 되는 것은 안으로 심성을 단련한 수양이라, 군인이 비록 밖으로 기질의 수양력을 얻었다 할지라도 안으로 심성의 수양력을 얻지 못하면 완전한 수양력이 되지 못하고, 수도인이 또한 안으로 심성의 수양력은 얻었으나 실지의 경계에 단련하여 기질의 수양력을 얻지 못하면 또한 완전한 수양력이 되지 못하느니라".

17 양도신梁道信이 여쭙기를 "대종사께옵서 평시에 말씀하시기를, 이 일을 할 때 저 일에 끌리지 아니하며, 저 일을 할 때 이 일에 끌리지 아니하고, 언제든지 하는 그 일에 마음이 편안하고 온전해야 된다 하시므로 저희들도 그와 같이 하기로 노력하옵던바, 제가 이즈음에 바느질을 하면서 약을 달이게 되었사온데 온 정신을 바느질하는 데 두었삽다가 약을 태워버린 일이 있사오니, 바느질을 하면서 약을 살피기로 하오면 이 일을 하면서 저 일에 끌리는 바가 될 것이옵고, 바느질만 하고 약을 불고하오면 약을 또 버리게 될 것이오니, 이런 경우에 어떻게 하는 것이 공부의 옳은 길이 되나이까". 대종

사 말씀하시기를 "네가 그때 약을 달이고 바느질을 하게 되었으면 그 두 가지 일이 그때의 네 책임이니 성심성의를 다하여 그 책임을 잘 지키는 것이 완전한 일심이요 참다운 공부니, 그 한 가지에만 정신이 뽑혀서 실수가 있었다면 그것은 두렷한 일심이 아니라 조각의 마음이며 부주의한 일이라, 그러므로 열 가지 일을 살피나 스무 가지 일을 살피나 자기의 책임 범위에서만 할 것 같으면 그것은 방심이 아니고 온전한 마음이며, 동할 때 공부의 요긴한 방법이니라. 다만 내가 아니 생각하여도 될 일을 공연히 생각하고, 내가 안 들어도 좋을 일을 공연히 들으려 하고, 내가 안 보아도 좋을 일을 공연히 보려 하고, 내가 간섭하지 않아도 좋을 일을 공연히 간섭하여, 이 일을 할 때에는 정신이 저 일로 가고 저 일을 할 때에는 정신이 이 일로 와서 부질없는 망상이 조금도 쉴 사이 없는 것이 비로소 공부인의 크게 꺼릴 바이라, 자기의 책임만 가지고 이 일을 살피고 저 일을 살피는 것은 비록 하루에 백천만 건(件)을 아울러나간다 할지라도 일심 공부하는 데에는 하등의 방해가 없느니라".

18 대종사 말씀하시기를 "그대들이 일심 공부를 하는데 그 마음이 번거하기도 하고 편안하기도 하는 원인을 아는가. 그

것은 곧 일 있을 때에 모든 일을 정당하게 행하고 못하는 데에 원인이 있나니, 정당한 일을 행하는 사람은 처음에는 혹 복잡하고 어려운 일이 많은 것 같으나 행할수록 심신이 점점 너그럽고 편안하여져서 그 앞길이 크게 열리는 동시에 일심이 잘 될 것이요, 부정당한 일을 행하는 사람은 처음에는 혹 재미있고 쉬운 것 같으나 행할수록 심신이 차차 복잡하고 괴로와져서 그 앞길이 막히게 되는 동시에 일심이 잘 되지 않나니, 그러므로 오롯한 일심 공부를 하고자 하면 먼저 부당한 원을 제거하고 부당한 행을 그쳐야 하느니라".

19 대종사 이순순에게 물으시기를 "그대는 재가공부在家工夫를 어떻게 하는가". 순순이 사뢰기를 "마음 안정하기를 주장하나이다". 또 물으시기를 "어떠한 방법으로 안정을 주장하는가". 순순이 사뢰기를 "그저 안정하고자 할 따름이옵고 특별한 방법을 알지 못하나이다". 대종사 말씀하시기를 "무릇 사람에게는 항상 동과 정 두 때가 있고 정정定靜을 얻는 법도 외정정과 내정정의 두 가지 길이 있나니, 외정정은 동하는 경계를 당할 때에 반드시 대의大義를 세우고 취사를 먼저 하여 망령되고 번거한 일을 짓지 아니하는 것으로 정신을 요란하게 하는 마魔의 근원을 없이하는 것이요, 내정정은

일이 없을 때에 염불과 좌선도 하며 기타 무슨 방법으로든지 일어나는 번뇌를 잠재우는 것으로 온전한 근본정신을 양성하는 것이니, 외정정은 내정정의 근본이 되고 내정정은 외정정의 근본이 되어, 내와 외를 아울러 진행하여야만 참다운 마음의 안정을 얻게 되리라".

20 송도성이 신문을 애독하여 신문을 받으면 보던 사무라도 그치고 읽으며, 급한 일이 있을 때에는 기사의 제목이라도 본 후에야 안심하고 사무에 착수하더니, 대종사 하루는 경계하시기를 "네가 소소한 신문 하나 보는 데에 그와 같이 정신을 빼앗기니 다른 일에도 혹 그러할까 근심되노라. 사람마다 각각 하고 싶은 일과 하기 싫은 일이 있는데 범부는 그 하고 싶은 일을 당하면 거기에 끌리어 온전하고 참된 정신을 잃어버리고, 그 하기 싫은 일을 당하면 거기에 끌리어 인생의 본분을 잃어버려서 정당한 공도公道를 밟지 못하고 번민과 고통을 스스로 취하나니, 이러한 사람은 결코 정신의 안정과 혜광慧光을 얻지 못하느니라. 내가 이러한 작은 일에 너를 경계하는 것은 너에게 정신이 끌리는 실상을 잡아 보이는 것이니, 너는 마땅히 그 하고 싶은 데에도 끌리지 말고, 하기 싫은 데에도 끌리지 말고, 항상 정당한 도리만 밟아 행하여 능히 천

만 경계를 응용하는 사람은 될지언정 천만 경계에 끌려다니는 사람은 되지 말라. 그러하면 영원히 너의 참되고 떳떳한 본성을 여의지 아니하리라".

21 이청춘李靑春이 여쭙기를 "큰 도인도 애착심이 있나이까". 대종사 말씀하시기를 "애착심이 있으면 도인은 아니니라". 청춘이 여쭙기를 "정산鼎山도 자녀를 사랑하오니 그것은 애착심이 아니오니까". 대종사 말씀하시기를 "청춘은 감각 없는 목석을 도인이라 하겠도다. 애착이라 하는 것은 사랑에 끌리어 서로 멀리 떠나지를 못한다든지 갈려 있을 때에 보고 싶은 생각이 나서 자신 수도나 공사公事에 지장이 있게 됨을 이름이니 그는 그러한 일이 없느니라".

22 대종사 말씀하시기를 "세상 사람들은 경전을 많이 읽은 사람이라야 도가 있는 것으로 인증하여, 같은 진리를 말할지라도 옛 경전을 인거하여 말하면 그것은 미덥게 들으나, 쉬운 말로 직접 원리를 밝혀줌에 대하여는 오히려 가볍게 듣는 편이 많으니 이 어찌 답답한 생각이 아니리오. 경전이라 하는 것은 과거 세상의 성자 철인들이 세도인심을 깨우치기 위하여 그 도리를 밝혀놓은 것이지만, 그것이 오랜 시일을 지내

오는 동안에 부연敷衍과 주해註解가 더하여 오거서五車書와 팔만장경八萬藏經을 이루게 되었나니, 그것을 다 보기로 하면 평생 정력을 다하여도 어려운 바라, 어느 겨를에 수양·연구·취사의 실력을 얻어 출중초범한 큰 인격자가 되리오. 그러므로 옛날 부처님께서도 정법正法과 상법像法과 계법季法으로 구분하여 법에 대한 시대의 변천을 예언하신 바 있거니와, 그 변천되는 주요 원인은 이 경전이 번거하여 후래 중생이 각자의 힘을 잃게 되고 자력을 잃은 데 따라 그 행동이 어리석어져서 정법이 자연 쇠하게 되는지라, 그러므로 다시 정법시대가 오면 새로이 간단한 교리와 편리한 방법으로 모든 사람을 실지로 훈련하여 구전심수의 정법 아래 사람사람이 그 대도를 체험하고 깨치도록 하나니, 오거서는 다 배워 무엇하며 팔만장경은 다 읽어 무엇하리오. 그대들은 삼가 많고 번거한 옛 경전들에 정신을 빼앗기지 말고, 마땅히 간단한 교리와 편리한 방법으로 부지런히 공부하여, 뛰어난 역량을 얻은 후에 저 옛 경전과 모든 학설은 참고로 한번 가져다 보라. 그리하면, 그때에는 십 년의 독서보다 하루아침의 참고가 더 나으리라".

23 대종사 말씀하시기를 "그대들 가운데 누가 능히 끊임없이 읽을 수 있는 경전을 발견하였는가. 세상 사람들은 사서

삼경四書三經이나 팔만장경이나 기타 교회의 서적들만이 경전인 줄로 알고 현실로 나타나 있는 큰 경전은 알지 못하나니 어찌 답답한 일이 아니리오. 사람이 만일 참된 정신을 가지고 본다면 이 세상 모든 것이 하나도 경전 아님이 없나니, 눈을 뜨면 곧 경전을 볼 것이요, 귀를 기울이면 곧 경전을 들을 것이요, 말을 하면 곧 경전을 읽을 것이요, 동하면 곧 경전을 활용하여 언제 어디서나 조금도 끊임 없이 경전이 전개되느니라. 무릇 경전이라 하는 것은 일과 이치의 두 가지를 밝혀놓은 것이니, 일에는 시비이해를 분석하고 이치에는 대소유무를 밝히어, 우리 인생으로 하여금 방향을 정하고 인도를 밟도록 인도하는 것이라, 유교·불교의 모든 경전과 다른 교회의 모든 글들을 통하여 본다 하여도 다 여기에 벗어남이 없으리라. 그러나 일과 이치가 글에 있는 것이 아니라 세상 전체가 곧 일과 이치 그것이니 우리 인생은 일과 이치 가운데에 나서 일과 이치 가운데에 살다가 일과 이치 가운데에 죽고 다시 일과 이치 가운데에 나는 것이므로 일과 이치는 인생이 여의지 못할 깊은 관계가 있는 것이며 세상은 일과 이치를 그대로 펴놓은 경전이라, 우리는 이 경전 가운데 시비선악의 많은 일들을 잘 보아서 옳고 이로운 일을 취하여 행하고 그르고 해될 일은 놓으며, 또는 대소유무의 모든 이치를 잘 보아서 그 근본에 깨침이 있어야 할 것이니, 그런다면 이것이 산 경전이 아니고 무엇이리오. 그러므로 나는 그대들에게 많고 번거한 모든 경전을 읽기 전에 먼저 이 현실로 나타나 있는 큰 경전을 잘 읽도록 부탁하노라".

24 한 제자 여쭙기를 "저는 늘 사물事物에 민첩하지 못하오니 어찌하면 사물에 밝아질 수 있사오리까". 대종사 말씀하시기를 "일을 당하기 전에는 미리 연마하고, 일을 당하여서는 잘 취사하고, 일을 지낸 뒤에는 다시 대조하는 공부를 부지런히 하며, 비록 다른 사람의 일이라도 마음 가운데에 매양 반조返照하는 공부를 잘 하면, 점점 사물에 능숙하여져서 모든 응용에 걸리고 막히지 아니하리라".

25 대종사 예회에서 대중에게 말씀하시기를 "그대들이 법설이나 강연을 들을 때에는 반드시 큰 보화나 얻을 듯이 정신을 고누고 들어야 할 것이니, 법사法師나 강사講師가 아무리 유익한 말을 한다 하더라도 듣는 사람이 요령을 잡지 못하고 범연히 듣는다면 그 말이 다 실지 효과를 얻지 못하느니라. 그러므로 무슨 말을 듣든지 내 공부와 내 경계에 대조하여 온전한 정신으로 마음에 새겨듣는다면 그 얻음이 많아지는 동

시에 실지 행사에 자연 반조가 되어 예회의 공덕이 더욱 드러나게 되리라".

26 대종사 봉래정사에 계시사 등잔불을 가리키시며 말씀하시기를 "저 등잔불이 그 광명은 사면을 다 밝히는데 어찌하여 제 밑은 저같이 어두운고". 김남천金南天이 사뢰기를 "이는 실로 저와 같사오니, 저는 대종사의 문하에 직접 시봉하온 지 벌써 여러 해가 되었사오나 모든 일에 아는 것과 행하는 것이 멀리서 내왕하는 형제들만 같지 못하나이다". 대종사 웃으시며 다시 송규에게 물으시니, 송규 사뢰기를 "저 등불은 불빛이 위로 발하여 먼 곳을 밝히고 등대는 가까운 데 있어서 아래를 어둡게 하오니, 이것을 비유하오면 혹 사람이 남의 허물은 잘 아나 저의 그름은 알지 못하는 것과 같다고 하겠나이다. 어찌하여 그런가 하면, 사람이 남의 일을 볼 때에는 아무 것도 거리낌이 없으므로 그 장단과 고저를 바로 비춰 볼 수 있사오나, 제가 저를 볼 때에는 항상 나라는 상相이 가운데 있어서 그 그림자가 지혜광명을 덮으므로 그 시비를 제대로 알지 못하나이다". 대종사 말씀하시기를 "그렇게 원만하지 못한 사람이 자타 없이 밝히기로 하면 어찌하여야 될꼬". 송규 사뢰기를 "희로애락에 편착하지 아니하며, 마음 가운데에 모

든 상을 끊어 없애면 그 아는 것이 자타가 없겠나이다". 대종
사 말씀하시기를 "그대의 말이 옳다".

  27 대종사 말씀하시기를 "그대들이 원만한 사람이 되어 넓
은 지견을 얻고자 하면 반드시 한 편에 집착하지 말라. 지금
세상의 모든 사람들이 거의 다 각각 한 편에 집착하여 원만한
도를 이루지 못하나니, 선비는 유가의 습관에, 승려는 불가의
습관에, 그 외에 다른 종교나 사회의 사업가들은 또한 다 각
각 자기의 아는 바와 하는 바에 편착하여, 시비이해를 널리
알지 못하고 다른 사람의 법을 취하여 쓸 줄 모르므로 원만한
사람을 이루지 못하느니라". 한 제자 여쭙기를 "만일 자가自家
의 전통과 주장을 벗어난다면 혹 주견主見을 잃지 않겠나이
까". 대종사 말씀하시기를 "이 말은 자가의 주견을 잃고 모든
법을 함부로 쓰라는 것이 아니라 정당한 주견을 세운 후에 다
른 법을 널리 응용하라는 것이니 이 뜻을 또한 잘 알아야 하
느니라".

  28 대종사 말씀하시기를 "범상한 사람에게는 무슨 일이나
지혜 어두워지게 하는 두 가지 조건이 있나니, 하나는 욕심에
끌려 구하므로 중도를 잃어서 그 지혜가 어두워지는 것이요,

또하나는 자기의 소질 있는 데에만 치우쳐 집착되므로 다른 데에는 어두워지는 것이라, 수도하는 사람은 이 두 가지 조건에 특히 조심하여야 하느니라".

29 동학東學의 한 교인이 와서 뵈옵고 말하기를 "제가 선생의 고명高名을 듣고 멀리 왔사오니 길이 애호하여주소서". 대종사 말씀하시기를 "그대의 뜻이 그러할진대 마음에 무엇을 구함이 있으리니 말하라". 그 사람이 사뢰기를 "어찌하면 지식이 넓어지오리까". 대종사 말씀하시기를 "그대가 나를 찾아와서 묻는 것이 곧 지식을 넓히는 법이요, 나는 그대를 대하여 그대의 말을 듣는 것이 또한 지식을 넓히는 법이라, 예를 들면 살림하는 사람이 살림 기구에 부족함이 있으면 저자에서 기구를 사오게 되고, 사업하는 사람이 사업의 지식에 부족함이 있으면 곧 세상에서 지식을 얻어오느니라. 그러므로 나는 무슨 일이든지 나 혼자 연구하여서만 아는 것이 아니요, 여러 사람을 응대할 때에 거기서 지식을 취하여 쓰노니, 그대를 대할 때에는 동학의 지식을 얻게 되고, 또다른 교인을 대할 때에는 그 교의 지식을 얻게 되노라".

30 대종사 말씀하시기를 "사람의 성품은 원래 선악이 없는

것이나 습관에 따라 선악의 인품人品이 있어지나니 습관은 곧 당인의 처음 한 생각이 좌우의 모든 인연에 응하고 또 응하는 가운데 이루어지는 것이라, 가령 그대들이 공부에 발심하여 처음으로 이 도량道場에 와서 스승과 동지를 만나고 법과 규칙을 지켜나갈 때에, 처음에는 모든 일이 서투르고 맞지 아니하여 감내하기가 어려우나, 그 발심을 변하지 아니하고 오래 계속하면 차차 마음과 행동이 익어져서, 필경에는 힘 들지 아니하고도 자연히 골라지게 되나니 이것이 곧 습관이라, 이와 같이 좌우의 인연을 따라 습관되는 이치가 선과 악이 서로 다르지 아니하나, 선한 일에는 습관되기가 어렵고 악한 일에는 습관되기가 쉬우며, 또는 선한 습관을 들이기 위하여 공부하는 중에도 조금만 방심하면 알지 못하는 가운데 악한 경계에 흘러가서 처음 목적한 바와는 반대로 되기 쉽나니 이 점에 늘 주의하여야 착한 인품을 이루게 되리라".

31 대종사 말씀하시기를 "많은 남녀 학인學人들을 지내 본 가운데 남자들은 대체로 너그러우나 허한 듯하여 견실성堅實性 없는 것이 병이 되고, 여자들은 대체로 주밀하나 고정하여 용납성 없는 것이 병이 되므로, 사람이 원만한 인품을 이루려 하면 남자는 너그러운 가운데 내심內心이 견고하고

진실되기에 주로 노력하고, 여자는 주밀한 가운데 내심이 원만하고 관대하기에 주로 노력하여야 되리라".

32 한 제자 급히 밥을 먹으며 자주 말을 하는지라, 대종사 말씀하시기를 "사람이 밥 하나 먹고 말 한마디 하는 데에도 공부가 있나니, 만일 너무 급히 먹거나 과식을 하면 병이 따라 들기 쉽고, 아니할 말을 하거나 정도에 벗어난 말을 하면 재앙이 따라붙기 쉬운지라, 밥 하나 먹고 말 한마디 하는 것을 작은 일이라 하여 어찌 방심하리오. 그러므로 공부하는 사람은 무슨 일을 당하든지 공부할 기회가 이르렀다 하여 그 일 그 일을 잘 처리하는 것으로 재미를 삼나니 그대도 이 공부에 뜻을 두라".

33 문정규文正奎 여쭙기를 "경계를 당할 때에 무엇으로 취사하는 대중을 삼으오리까". 대종사 말씀하시기를 "세 가지 생각으로 취사하는 대중을 삼나니, 첫째는 자기의 세운 바 본래 서원을 생각하는 것이요, 둘째는 스승이 가르치는 본의를 생각하는 것이요, 셋째는 당시의 형편을 살펴서 한 편에 치우침이 없는가를 생각하는 것이라, 이 세 가지로 대중을 삼은즉 공부가 항상 매昧하지 아니하고 모든 처사가 자연 골라지느

니라".

34 대종사 이춘풍으로 더불어 청련암靑蓮庵 뒷산 험한 재를 넘으시다가 말씀하시기를 "험한 길을 당하니 일심 공부가 저절로 되는도다. 그러므로 길을 가되 험한 곳에서는 오히려 실수가 적고 평탄한 곳에서 실수가 있기 쉬우며, 일을 하되 어려운 일에는 오히려 실수가 적고 쉬운 일에 도리어 실수가 있기 쉽나니, 공부하는 사람이 험하고 평탄한 곳이나 어렵고 쉬운 일에 대중이 한결같아야 일행삼매一行三昧의 공부를 성취하느니라".

35 대종사 말씀하시기를 "그대들은 하늘 사람을 보았는가. 하늘 사람이 하늘 나라에 멀리 있는 것이 아니요, 저 어린이들이 바로 하늘 사람이니 저들은 마음 가운데 일호의 사심이 없으므로 어머니를 통하여 천록天祿이 나오느니라. 그러나 차차 사심이 생기면 천록도 따라서 그치게 되나니, 수도인들도 사심만 없고 보면 한량없는 천록이 따르지마는 사심이 일어나면 천록 길이 따라서 막히게 되느니라".

36 한 제자 여쭙기를 "무슨 방법으로 수양하여야 오욕을

다 없애고 수도에 전일하여 부처님과 같이 한가롭고 넉넉한 생활을 하오리까". 대종사 말씀하시기를 "욕심은 없앨 것이 아니라 도리어 키울 것이니, 작은 욕심을 큰 서원으로 돌려 키워서 마음이 거기에 전일하면 작은 욕심들은 자연 잠잘 것이요, 그러하면 저절로 한가롭고 넉넉한 생활을 하게 되리라".

37 대종사 말씀하시기를 "나는 그대들에게 희로애락의 감정을 억지로 없애라고 가르치는 것이 아니라, 희로애락을 곳과 때에 마땅하게 써서 자유로운 마음 기틀을 걸림 없이 운용하되 중도에만 어그러지지 않게 하라고 하며, 가벼운 재주와 작은 욕심을 미워할 것이 아니라 그 재주와 발심의 크지 못함을 걱정하라 하노니, 그러므로 나의 가르치는 법은 오직 작은 것을 크게 할 뿐이며, 배우는 사람도 작은 데에 들이던 그 공력을 다시 큰 데로 돌리라는 것이니, 이것이 곧 큰 것을 성취하는 대법이니라".

38 대종사 말씀하시기를 "그대들이 공부와 사업을 진행하는 가운데 크게 위태한 때가 있음을 미리 알아야 할 것이니, 공부하는 사람에게 크게 위태한 때는 곧 모든 지혜가 열리는 때요, 사업하는 사람에게 크게 위태한 때는 곧 모든 권리가

돌아오는 때라, 어찌하여 그런가 하면 근기가 낮은 사람은 약간의 지혜가 생김으로써 큰 공부를 하는 데 성의가 없어지고 작은 지혜에 만족하기 쉬우며, 약간의 권리가 생김으로써 사욕이 동하고 교만이 나게 되어 더 전진을 보지 못하는 까닭이라, 공부와 사업하는 사람이 이런 때를 조심하지 못하고 보면 스스로 한없는 구렁에 빠지게 되느니라".

39 한 제자 수십 년간 독실한 신信을 바치고 특히 좌선 공부에 전력하더니 차차 정신이 맑아져서 손님의 내왕할 것과 비 오고 그칠 것을 미리 아는지라, 대종사 말씀하시기를 "그는 수행하는 도중에 혹 반딧불같이 나타나는 허령虛靈에 불과하나니 그대는 정신을 차려 그 마음을 제거하라. 만일 그것에 낙을 붙이면 큰 진리를 깨닫지 못할 뿐 아니라 사도邪道에 떨어져서 아수라阿修羅의 유가 되기 쉽나니 어찌 정법 문하에 그런 것을 용납하리오".

40 송벽조宋碧照 좌선에만 전력하여 수승화강을 조급히 바라다가 도리어 두통을 얻게 된지라, 대종사 말씀하시기를 "이것이 공부하는 길을 잘 알지 못하는 연고라, 무릇 원만한 공부법은 동과 정 두 사이에 공부를 여의지 아니하여 동할 때에

는 모든 경계를 보아 취사하는 주의심을 주로 하여 삼대력을 아울러 얻어나가고, 정할 때에는 수양과 연구를 주로 하여 삼대력을 아울러 얻어나가는 것이니, 이 길을 알아 행하는 사람은 공부에 별 괴로움을 느끼지 아니하고 바람 없는 큰 바다의 물과 같이 한가롭고 넉넉할 것이요, 수승화강도 그 마음의 안정을 따라 자연히 될 것이나 이 길을 알지 못하면 공연한 병을 얻어서 평생의 고초를 받기 쉽나니 이에 크게 주의할지니라".

41 대종사 말씀하시기를 "나의 법은 인도상 요법人道上要法을 주체 삼아 과거에 편벽된 법을 원만하게 하며 어려운 법을 쉽게 하여 누구나 바로 대도에 들게 하는 법이어늘, 이 뜻을 알지 못하고 묵은 생각을 버리지 못하는 사람은 공부를 하려면 고요한 산중에 들어가야 한다고 하며, 혹은 특별한 신통神通을 얻어서 이산도수移山渡水와 호풍환우呼風喚雨를 마음대로 하여야 한다고 하며, 혹은 경전·강연·회화는 쓸데없고 염불·좌선만 해야 한다고 하여, 나의 가르침을 바로 행하지 않는 수가 간혹 있나니, 실로 통탄할 일이니라. 지금 각도 사찰 선방이나 심산궁곡에는 평생 아무 직업 없이 영통이나 도통을 바라고 방황하는 사람이 그 수가 적지 아니하나, 만일 세

상을 떠나서 법을 구하며 인도를 여의고 신통만 바란다면 이는 곧 사도邪道니라. 그런즉, 그대들은 먼저 나의 가르치는 바인생의 요도와 공부의 요도에 따라 세간 가운데서 공부를 잘하여 나아가라. 그러한다면, 마침내 복혜양족福慧兩足을 얻는 동시에 신통과 정력도 그 가운데 있을 것이니 이것이 곧 순서 있는 공부요 근원 있는 대도니라".

42 대종사 말씀하시기를 "정법회상에서 신통을 귀하게 알지 않는 것은 신통이 세상을 제도하는 데에 실다운 이익이 없을 뿐 아니라 도리어 폐해가 되는 까닭이니, 어찌하여 그런가 하면 신통을 원하는 사람은 대개 세속을 피하여 산중에 들며 인도를 떠나 허무에 집착하여 주문이나 진언眞言 등으로 일생을 보내는 것이 예사이니, 만일 온 세상이 다 이것을 숭상한다면 사·농·공·상이 무너질 것이요, 인륜강기人倫綱紀가 묵어질 것이며, 또는 그들이 도덕의 근원을 알지 못하고 차서 없는 생각과 옳지 못한 욕심으로 남다른 재주를 바라고 있으니, 한때 허령으로 혹 무슨 이적異蹟이 나타난다면 그것을 악용하여 세상을 속이고 사람을 해롭게 할 것이라. 그러므로 성인이 말씀하시기를 "신통은 말변末邊의 일이라" 하였고, "도덕의 근거가 없이 나타나는 신통은 다못 일종의 마술이라"고 하

였느니라. 그러나 사람이 정도正道를 잘 수행하여 욕심이 담박하고 행실이 깨끗하면 자성의 광명을 따라 혹 불가사의한 자취가 나타나는 수도 있으나 이것은 구하지 아니하되 자연히 얻어지는 것이라, 어찌 삿된 생각을 가진 중생의 견지로 이를 추측할 수 있으리오".

43 대종사 말씀하시기를 "처음 발심한 사람이 저의 근기도 잘 모르고 일시적 독공篤工으로 바로 큰 이치를 깨치고자 애를 쓰는 수가 더러 있으나 그러한 마음을 가지면 몸에 큰 병을 얻기 쉽고, 마음대로 되지 않을 때에는 퇴굴심이 나서 수도생활과 멀어질 수도 있나니 조심할 바이니라. 그러나 혹 한 번 뛰어서 불지佛地에 오르는 도인도 있나니 그는 다생겁래에 많이 닦아온 최상의 근기요, 중하中下의 근기는 오랜 시일을 두고 공을 쌓고 노력하여야 되나니, 그 순서는 첫째 큰 원이 있은 뒤에 큰 신信이 나고, 큰 신이 난 뒤에 큰 분忿이 나고, 큰 분이 난 뒤에 큰 의심이 나고, 큰 의심이 있은 뒤에 큰 정성이 나고, 큰 정성이 난 뒤에 크게 깨달음이 있으며, 깨달아 아는 것도 한 번에 끝나는 것이 아니라 천통만통이 있느니라".

44 대종사 말씀하시기를 "어리석은 사람은 한 생각 나는 즉시로 초범월성의 큰 지혜를 얻으려 하나 그것은 크게 어긋난 생각이라, 저 큰 바다의 물도 작은 방울 물이 합하여 이룬 것이요, 산야의 대지도 작은 먼지가 합한 것이며, 제불제성의 대과大果를 이룬 것도 형상 없고 보이지도 않는 마음 적공積功을 합하여 이룬 것이니, 큰 공부에 뜻하고 큰일을 착수한 사람은 먼저 마땅히 작은 일부터 공을 쌓기 시작하여야 되느니라".

45 대종사 말씀하시기를 "도를 구하기 위하여 출가한 사람이 중간에 혹 본의를 잊어버리고 외학外學과 외지外知 구하는 데에 정신을 쓰는 수도 더러 있으나, 이러한 사람은 박식博識은 될지언정 정신 기운은 오히려 약해져서 참지혜를 얻기가 어려울 것이니, 참도를 구하는 사람은 발심한 본의를 반성하여 여러 방면으로 흩어지는 마음을 바로잡아 삼대력 쌓는 데에 공을 들이면 자연히 외학과 외지의 역량도 갖추어지느니라".

46 대종사 말씀하시기를 "내가 한 생각을 얻기 전에는 혹 기도도 올렸고, 혹은 문득 솟아오르는 주문도 외웠으며, 혹은 나도 모르는 가운데 적묵寂默에 잠기기도 하였는데, 우연히

한 생각을 얻어 지각知覺이 트이고 영문靈門이 열리게 된 후로
는, 하루에도 밤과 낮으로, 한 달에도 선후 보름으로 밝았다
어두웠다 하는 변동이 생겼고, 이 변동에서 혜문慧門이 열릴
때에는 천하에 모를 일과 못할 일이 없이 자신이 있다가도 도
로 닫히고 보면 내 몸 하나도 어찌할 방략이 없어서, 나의 앞
길을 어떻게 하면 좋을까 하는 걱정이 새로 나며 무엇에 홀린
것 같은 의심도 나더니, 마침내 그 변동이 없어지고 지각이
한결같이 계속되었노라".

  47 대종사 겨울철에는 매양 해수咳嗽로 괴로움이 되시사
법설을 하실 때마다 기침이 아울러 일어나는지라 인하여 대
중에게 말씀하시기를 "나의 자라난 길룡리는 그대들이 아는
바와 같이 생활의 빈궁함과 인지의 미개함이 세상에 드문 곳
이라, 내가 다행히 전세의 습관으로 어릴 때에 발심하여 성심
으로 도는 구하였으나 가히 물을 곳이 없고 가히 지도 받을
곳이 없으므로, 홀로 생각을 일으켜 난행難行 고행苦行을 하
지 아니함이 없었나니, 혹은 산에 들어가서 밤을 지내기도 하
고, 혹은 길에 앉아서 날을 보내기도 하며, 혹은 방에 앉아 뜬
눈으로 밤을 새우기도 하고, 혹은 얼음물에 목욕도 하며, 혹은
절식絶食도 하고, 혹은 찬방에 거처도 하여, 필경 의식意識을

다 잊는 경계에까지 들었다가 마침내 그 의심한 바는 풀리었으나, 몸에 병근病根은 이미 깊어져서 기혈이 쇠함을 따라 병고는 점점 더해가나니, 나는 당시에 길을 몰랐는지라 어찌할 수 없었지마는, 그대들은 다행히 나의 경력을 힘입어서 난행 고행을 겪지 아니하고도 바로 대승 수행의 원만한 법을 알게 되었으니 이것이 그대들의 큰 복이니라. 무릇 무시선·무처선의 공부는 다 대승 수행의 빠른 길이라 사람이 이대로 닦는다면 사반공배事半功倍가 될 것이요, 병들지 아니하고 성공하리니 그대들은 삼가 나의 길 얻지 못할 때의 헛된 고행을 증거하여 몸을 상하는 폐단에 들지 않기를 간절히 부탁하노라".

48 대종사 말씀하시기를 "저 학교에서도 학기말이나 학년 말에는 시험이 있는 것과 같이 수도인에게도 법위가 높아질 때에나 불지佛地에 오를 때에는 순경·역경을 통하여 여러 가지로 시험이 있나니, 그러므로 부처님께서도 성도成道하실 무렵에 마왕 파순波旬이가 팔만사천 마군을 거느리고 대적하였다 하며 후래 수행자들도 역시 그러한 경계를 지냈나니, 내가 지금 그대들을 살펴볼 때에 그대들 중에도 시험에 걸려서 고전苦戰을 하고 있는 사람과 패전하여 영생 일을 그르쳐가는 사람과 또는 좋은 성적으로 시험을 마쳐서 그 앞길이 양양한

사람도 있나니, 각자의 정도를 살피어 그 시험에 실패가 없기를 바라노라".

49 대종사 말씀하시기를 "기술을 배우는 사람은 그 스승에게 기술의 감정을 받아야 할 것이요, 도학을 배우는 사람은 그 스승에게 시비의 감정을 받아야 하나니, 기술을 배우는 사람이 기술의 감정을 받지 아니하면 그 기술은 줄 맞은 기술이 되지 못할 것이요, 도학을 배우는 사람이 시비의 감정을 받지 아니하면 그 공부는 요령 있는 공부가 되지 못하리라. 그러므로 내가 항상 그대들에게 일과 이치 간에 잘한다 잘못한다 하는 감정을 내리는 것은 그대들로 하여금 굽은 길을 피하고 바른 길을 밟게 하고자 함이어늘, 만일 나에게 감정 받기를 꺼린다든지 그 잘한다 잘못한다 하는 데에 불만을 가진다면 본래 배우러 온 목적이 그 무엇이며 공부는 어떻게 진취될 것인가. 나뿐 아니라, 누구든지 정당한 비판과 충고는 그대들의 전도에 보감이 되는 것이어늘, 그 전도를 열어주는 은인에게 혹 원망을 가진다면 또한 배은자가 되지 아니하겠는가. 그런즉, 그대들은 내가 그대들에게 잘한다 잘못한다 하는 데에나 세상이 잘한다 잘못한다 하는 데에나 다 같이 감사하는 동시에 공부의 참된 요령을 얻어나가기에 더욱 힘쓸지어다".

50 대종사 말씀하시기를 "수도인이 경계를 피하여 조용한 곳에서만 마음을 길들이려 하는 것은 마치 물고기를 잡으려는 사람이 물을 피함과 같으니 무슨 효과를 얻으리오. 그러므로 참다운 도를 닦고자 할진대 오직 천만 경계 가운데에 마음을 길들여야 할 것이니 그래야만 천만 경계에 마음이 흔들리지 않는 큰 힘을 얻으리라. 만일 경계 없는 곳에서만 마음을 단련한 사람은 경계중에 나오면 그 마음이 바로 흔들리나니 이는 마치 그늘에서 자란 버섯이 태양을 만나면 바로 시드는 것과 같으니라. 그러므로 유마경維摩經에 이르시기를 '보살은 시끄러운 데 있으나 마음은 온전하고, 외도外道는 조용한 곳에 있으나 마음은 번잡하다' 하였나니, 이는 오직 공부가 마음 대중에 달린 것이요, 바깥 경계에 있지 아니함을 이르심이니라".

51 대종사 여러 제자에게 말씀하시기를 "그대들은 마땅히 불법을 활용하여 생활의 향상을 도모할지언정 불법에 사로잡힌 바 되어 일생을 헛되이 지내지 말라. 무릇 불법은 원래 세상을 건지는 큰 도이거늘, 도리어 세속을 피하고 산에 들어가서 다만 염불이나 간경看經이나 좌선 등으로 일없이 일생을 보내고 마침내 아무런 제중의 실적도 없다면 이러한 사람은

다 불법에 사로잡힌 바이라, 자신에도 별 성공이 없으려니와 세상에도 아무 이익이 없느니라".

52 대종사 대중에게 말씀하시기를 "사람이 도를 알고자 하는 것은 용처用處에 당하여 쓰고자 함이니, 만일 용처에 당하여 쓰지 못한다면 도리어 알지 못함과 같을지라 무슨 이익이 있으리오" 하시고, 가지셨던 부채를 들어 보이시며 "이 부채를 가졌으나 더위를 당하여 쓸 줄을 모른다면 부채 있는 효력이 무엇이리오" 하시니라.

53 대종사 말씀하시기를 "공부하는 사람이 밖으로는 능히 모든 인연에 대한 착심을 끊고 안으로는 또한 일심의 집착까지도 놓아야 할 것이니 일심에 집착하는 것을 법박法縛이라고 하느니라. 사람이 만일 법박에 걸리고 보면 눈 한 번 궁글리고 몸 한 번 동작하는 사이에도 법에 항상 구애되어 자재自在함을 얻지 못하니, 어찌 큰 해탈의 문에 들 수 있으리오. 그러므로 공부하는 사람이 성품을 기르되 모름지기 자연스럽게 기르고 활발하게 운전하여 다만 육근이 일 없을 때에는 그 잡념만 제거하고 일 있을 때에는 그 불의만 제거할 따름이라, 어찌 일심 가운데 다시 일심에 집착하리오. 비하건대, 아

기를 보는 사람이 아기의 가고 옴과 노는 것을 자유에 맡겨서 그 심신을 활발하게 하되, 다만 위태한 곳에 당하거든 붙잡아서 가지 못하게 하고 위태한 물건을 가지거든 빼앗아서 가지 못하게만 하면 가히 아기를 잘 본다고 할 것이어늘, 아기를 본다 하여 아기를 붙잡고 굳게 앉아서 종일토록 조금도 움직이지 아니하면 아기는 자연히 구속에 괴로워할 것이니 일심에 집착하는 폐단도 또한 이에 다름이 없느니라".

54 대종사 김남천에게 말씀하시기를 "내가 일전에 어떤 사람이 소를 타고 가는 것을 보니, 사람의 권리대로 소를 끌지 못하고 소의 권리에 사람이 끌려가는데, 그 소가 가시밭이나 구렁으로 들어가면 가시밭이나 구렁으로 끌려들어가고 산이나 들로 가면 산이나 들로 끌려가서 자빠지고 엎어지니 의복은 찢어지고 몸은 상하여 차마 볼 수 없더라. 내가 그 광경을 보다가 그에게 말하기를 그 소를 단단히 잡아서 함부로 가지 못하게 하고 꼭 길로만 몰아가면 그런 봉변이 없을 것이 아닌가 한즉, 그 사람이 말하기를 그러하면 오죽 좋으리오마는 제가 무식하여 이 소를 길들이지 못하고 모든 권리를 소에게 맡겼더니 저는 점점 늙어지고 소는 차차 거칠어져서 이제는 도저히 어거할 능력이 없다 하더라. 오늘 그대의 오는 것을 본

즉 역시 소를 타고 오니 그 소는 어디 있는가". 남천이 사뢰기를 "방금 타고 있나이다". 대종사 말씀하시기를 "그 소의 모양은 어떻게 생겼는가". 남천이 사뢰기를 "키는 한 길이요, 빛은 누른빛이요, 신은 삼으로 만든 신이오며, 수염은 혹 검고 혹 희게 났나이다". 대종사 웃으시며 말씀하시기를 "그대가 소의 모양은 알았거니와 그러면 그대의 소는 그대의 하자는 대로 잘 하는가, 그대도 역시 소에게 끌려다니게 되는가". 남천이 사뢰기를 "소가 대체로 저의 하자는 대로 하나이다. 만일 정당한 일에 소가 게으름을 부리오면 호령하여 아무쪼록 그 일을 하게 하오며, 부당한 일에 소가 동하려 하오면 또한 호령하여 그 일을 하지 못하도록 하나이다". 대종사 말씀하시기를 "그대가 소를 이미 발견하였고, 길들이는 법을 또한 알았으며, 더구나 소가 그대의 말을 대체로 듣게 되었다 하니, 더욱 힘을 써서 백천만사를 다 자유자재하도록 길을 들이라".

55 대종사 선원 대중에게 말씀하시기를 "그대들의 입선 공부는 비하건대 소 길들이는 것과 같으니 사람이 세상에서 도덕의 훈련이 없이 보는 대로 듣는 대로 생각나는 대로 자행자지하여 인도정의에 탈선되는 행동을 하는 것은 어미젖 떨어지기 전의 방종한 송아지가 자행자지로 뛰어다닐 때와 같

은 것이요, 사가私家를 떠나 선원에 입선하여 모든 규칙과 계율을 지켜나갈 때에 과거의 습관이 떨어지지 아니하여 지도인의 머리를 뜨겁게 하며, 각자의 마음에도 사심잡념이 치성하여 이 공부 이 사업에 안심이 되지 못하는 것은 젖 뗀 송아지가 말뚝에 매달리어 어미소를 부르고 몸살을 치며 야단을 할 때와 같은 것이며, 매일 모든 과정을 지켜나갈 때에 말귀도 차차 알아듣고 사심과 잡념도 조금씩 가라앉으며 사리 간에 모르던 것이 한 가지 두 가지 알아지는 데에 재미가 붙는 것은 그 소가 완전한 길은 들지 못하였으나 모든 일에 차차 안심을 얻어가는 때와 같은 것이요, 교의의 해석과 수행에 탈선되는 일이 없으며 수양력과 연구력과 취사력이 익어가는 동시에 정신·육신·물질을 희사하여, 가는 곳마다 공중을 이익 주게 되는 것은 길 잘 든 소가 무슨 일이나 시키면 잘하여 가는 곳마다 그 주인에게 이익을 주는 것과 같으니라. 이와 같이 농가에서 농부가 소를 길들이는 뜻은 전답을 갈 때에 잘 부리자는 것이요, 선원에서 그대들에게 전문 훈련을 시키는 뜻은 인류 사회에 활동할 때에 유용하게 활용하라는 것이니, 그대들은 이런 기회에 세월을 허송하지 말고 부지런히 공부하여 길 잘 든 마음 소로 너른 세상에 봉사하여 제생의세의 거룩한 사도가 되어주기 바라노라".

56 대종사 선원 결제식에서 대중에게 말씀하시기를 "그대들이 선원에 입선하는 것은 마치 환자가 병원에 입원하는 것과 같으니, 사람의 육신에 병이 생기면 병원에서 의약으로 치료하게 되고, 마음에 병이 생기면 도가에서 도덕으로 치료하게 되는지라, 그러므로 부처님을 의왕醫王이라 함과 같이 그 교법을 약재라 하고 그 교당을 병원이라 할 수 있느니라. 그러나 세상 사람들은 육신의 병은 병으로 알고 시간과 돈을 들여 치료에 힘쓰지마는 마음의 병은 병인 줄도 모르고 치료해 볼 생각을 내지 않나니 이 어찌 뜻있는 이의 탄식할 바 아니리오, 육신의 병은 아무리 중하다 할지라도 그 고통이 일생에 그칠 것이요, 경하면 짧은 시일에 가히 치료할 수도 있으나 마음의 병은 치료하지 아니하고 그대로 두면 영원한 장래에 죄고의 종자가 되나니, 마음에 병이 있으면 마음이 자유를 잃고 외경의 유혹에 끌리게 되어 아니할 말과 아니할 일과 아니할 생각을 하게 되어 자기 스스로 죽을 땅에 들기도 하고, 자기 스스로 천대를 불러들이기도 하고, 자기 스스로 고통을 만들기도 하여, 죄에서 죄로 고에서 고로 빠져들어가 다시 회복할 기약이 없게 되느니라. 그러나 마음에 병이 없으면 시방세계 너른 국토에 능히 고락을 초월하고 거래에 자유하며 모든 복락을 자기 마음대로 수용할 수 있나니, 그대들이여! 이 선

기중에 각자의 마음병을 잘 발견하여 그 치료에 정성을 다하여보라".

57 또 말씀하시기를 "공부하는 사람이 각자의 마음병을 발견하여 그것을 치료하기로 하면 먼저 치료의 방법을 알아야 할 것이니, 첫째는 육신병 환자가 의사에게 자기의 병증을 속임 없이 고백하여야 하는 것같이 그대들도 지도인에게 마음병의 증세를 사실로 고백하여야 할 것이요, 둘째는 육신병 환자가 모든 일을 의사의 지도에 순응하여야 하는 것같이 그대들도 지도인의 가르침에 절대 순응하여야 할 것이요, 셋째는 육신병 환자가 그 병이 완치되도록까지 정성을 놓지 아니하여야 하는 것같이 그대들도 끝까지 마음병 치료에 정성을 다하여야 할지니, 이와 같이 진실히 잘 이행한다면 마침내 마음의 완전한 건강을 회복하는 동시에 마음병에 허덕이는 모든 대중을 치료할 의술까지 얻게 되어, 너른 세상에 길이 제생의세의 큰일을 성취하게 되리라".

58 대종사 선원 대중에게 말씀하시기를 "우리의 공부법은 난리 세상을 평정할 병법兵法이요, 그대들은 그 병법을 배우는 훈련생과 같다 하노니, 그 난리란 곧 세상 사람의 마음 나

라에 끊임없이 일어나는 난리라, 마음 나라는 원래 온전하고 평안하며 밝고 깨끗한 것이나, 사욕의 마군을 따라 어둡고 탁해지며 복잡하고 요란해져서 한없는 세상에 길이 평안할 날이 적으므로, 이와 같은 중생들의 생활하는 모양을 마음 난리라 한 것이요, 병법이라 함은 곧 우리의 마음 가운데 모든 마군을 항복받는 법이니 그 법은 바로 정定과 혜慧와 계戒를 닦으며, 법法과 마魔를 구분하는 우리의 수행길이라, 이것이 곧 더할 수 없는 세계 정란靖亂의 큰 병법이니라. 그러나 세상 사람들은 이 마음 난리는 난리로 생각하지도 아니하나니 어찌 그 본말을 안다 하리오. 개인·가정과 사회·국가의 크고 작은 모든 전쟁도 그 근본을 추구해본다면 다 이 사람의 마음 난리로 인하여 발단되는 것이니, 그러므로 마음 난리는 모든 난리의 근원인 동시에 제일 큰 난리가 되고, 이 마음 난리를 평정하는 법이 모든 법의 조종인 동시에 제일 큰 병법이 되느니라. 그런즉, 그대들은 이 뜻을 잘 알아서 정과 혜를 부지런히 닦고 계율을 죽기로써 지키라. 오래오래 쉬지 아니하고 반복 수행하면 마침내 모든 마군을 항복받을 것이니, 그리된다면 법강항마의 법위法强降魔位를 얻게 되는 동시에 마음 난리에 편할 날이 없는 이 세상을 평정하는 훌륭한 도원수都元帥가 될 것으로 확신하노라".

59 대종사 말씀하시기를 "본래에 분별과 주착이 없는 우리의 성품性稟에서 선악 간 마음 발하는 것이 마치 저 밭에서 여러 가지 농작물과 잡초가 나오는 것 같다 하여 우리의 마음 바탕을 심전心田이라 하고 묵은 밭을 잘 개척하여 좋은 밭을 만들듯이 우리의 마음 바탕을 잘 단련하여 혜복을 갖추어 얻자는 뜻에서 심전계발心田啓發이라는 말이 있게 되었느니라. 그러므로 심전을 잘 계발하는 사람은 저 농사 잘 짓는 사람이 밭에 잡초가 나면 매고 또 매어 잡초는 없애고 농작물만 골라 가꾸어 가을에 많은 수확을 얻는 것같이, 선악 간에 마음 발하는 것을 잘 조사하고 또 조사하여 악심이 나면 제거하고 또 제거해서 악심은 없애고 양심만 양성하므로 혜복이 항상 넉넉할 것이요, 심전계발을 잘못하는 사람은 저 농사 잘못 짓는 사람이 밭에 잡초가 나도 내버려두고 농작물이 나도 그대로 두어서 밭을 다 묵히어 가을에 수확할 것이 없는 것같이, 악한 마음이 나도 그대로 행하고 선한 마음이 나도 그대로 행하여 자행자지하는지라 당하는 것이 고苦뿐이요, 혜복의 길은 더욱 멀어지느니라. 그러므로 우리의 천만 죄복이 다른 데에 있는 것이 아니요, 오직 이 심전계발을 잘하고 못하는 데에 있나니, 이 일을 어찌 등한히 하리오".

60 또 말씀하시기를 "예로부터 도가道家에서는 심전을 발견한 것을 견성見性이라 하고 심전을 계발하는 것을 양성養性과 솔성率性이라 하나니, 이 심전의 공부는 모든 부처와 모든 성인이 다 같이 천직天職으로 삼으신 것이요, 이 세상을 선도善導하는 데에도 또한 그 근본이 되는 것이니라. 그러므로 우리 회상에서는 심전계발의 전문 과목으로 수양·연구·취사의 세 가지 강령을 정하고 그를 실습하기 위하여 일상 수행의 모든 방법을 지시하였나니, 수양은 심전 농사를 짓기 위하여 밭을 깨끗하게 다스리는 과목이요, 연구는 여러 가지 농사짓는 방식을 알리고 농작물과 풀을 구분하는 과목이요, 취사는 아는 그대로 실행하여 폐농을 하지 않고 많은 곡식을 수확하게 하는 과목이니라. 지금 세상은 과학문명의 발달을 따라 사람의 욕심이 날로 치성하므로 심전계발의 공부가 아니면 이 욕심을 항복받을 수 없고 욕심을 항복받지 못하면 세상은 평화를 보기 어려울지라, 그러므로 이 앞으로는 천하의 인심이 자연히 심전계발을 원하게 될 것이요, 심전계발을 원할 때에는 그 전문가인 참다운 종교를 찾게 될 것이며, 그중에 수행이 원숙한 사람은 더욱 한량없는 존대를 받을 것이니, 그대들은 이때에 한번 더 결심하여 이 심전 농사에 크게 성공하는 모범적 농부가 되어볼지어다".

61 대종사 선원 대중에게 말씀하시기를 "내가 이번 선중에 많은 말을 하였는데 오늘도 말을 하게 되니 혹 싫은 생각이 날 사람도 있을지 모르나 내가 이와 같이 많은 말을 하고 또 하는 것은, 도덕에 대한 이해가 부족한 사람들에게는 자주 말을 하여주어야 자연히 모든 사리가 밝아져서 실행까지 하게 되는 연고라. 그러므로 과거의 모든 성현들도 모든 초학자들을 교화 지도하실 때에는 먼저 일과 이치 간에 알리는 데에 노력하시고 그에 따라 차차 실행을 하도록 추진하셨나니, 한두 선禪 난 후에 지행이 바로 골라 맞지 못한다 하여 그것에 초조하고 답답하지도 말 것이며, 또는 그러한 사람을 비웃거나 책망하지도 말 것이니라. 그런즉, 그대들은 한 번 들은 법을 듣고 또 듣는다 하여 거기에 쉬운 생각을 내지도 말며, 아는 그대로 바로 실행이 다 되지 못한다 하여 스스로 타락심을 내지도 말고, 듣고 또 들으며 행하고 또 행하면 마침내 지행이 겸전한 완전한 인격을 이루리라".

62 대종사 선원 해제식에서 대중에게 말씀하시기를 "오늘의 이 해제식은 작은 선원에는 해제를 하는 것이나, 큰 선원에는 다시 결제를 하는 것이니, 만일 이 식을 오직 해제식으로만 아는 사람은 아직 큰 공부의 법을 알지 못함이니라".

63 김대거金大擧 여쭙기를 "법강항마위부터는 계문이 없사오니 취사 공부는 다 된 것이오니까". 대종사 말씀하시기를 "법강항마위부터는 첫 성위聖位에 오르는지라, 법에 얽매이고 계문에 붙잡히는 공부는 아니하나, 안으로는 또한 심계心戒가 있나니, 그 하나는 자신의 수도와 안일만 취하여 소승에 흐를까 조심함이요, 둘은 부귀향락에 빠져서 본원이 매각될까 조심함이요, 셋은 혹 신통이 나타나 함부로 중생의 눈에 띄어 정법에 방해될까 조심함이라, 이 밖에도 수양·연구·취사의 삼학을 공부하여, 위로 불지를 더 갖추고 아래로 자비를 더 길러서 중생을 제도하는 것으로 공을 쌓아야 하느니라".

제4 인도품 人道品

1 새로 입교한 교도 한 사람이 여쭙기를 "저는 마침 계룡산鷄龍山 안에 살고 있사와, 산 안에 있는 여러 교회의 인물들과 많이 담화하게 되옵는바, 그들이 항상 각자의 교리를 자랑하며 말마다 도덕을 일컬으오나, 아직도 그 뜻에 밝은 해답을 듣지 못하였사오니 대종사께서 그 도덕의 뜻을 가르쳐주옵소서". 대종사 말씀하시기를 "그대가 이제 도덕을 알고자 하니 그 마음이 기특하나 도덕이라 하면 그 범위가 심히 넓어서 짧은 시간에 가히 다 설명할 수 없느니라. 그러므로 그대가 이 공부를 시작하여 상당한 훈련을 받은 후에야 점차로 알게 될 것이나, 이제 그 궁금한 마음을 풀기 위하여 우선 도덕의 제목만을 대강 해석해줄 터이니 자세히 들으라. 무릇 도道

라 하는 것은 쉽게 말하자면 곧 길을 이름이요, 길이라 함은 무엇이든지 떳떳이 행하는 것을 이름이니, 그러므로 하늘이 행하는 것을 천도天道라 하고, 땅이 행하는 것을 지도地道라 하고, 사람이 행하는 것을 인도人道라 하는 것이며, 인도 가운데에도 또한 육신이 행하는 길과 정신이 행하는 길 두 가지가 있으니, 이 도의 이치가 근본은 비록 하나이나 그 조목은 심히 많아서 가히 수로써 헤아리지 못하느니라. 그러므로 이 여러 가지 도 가운데에 우선 인도 하나만 들어 말하여도, 저 육신이 행하는 도로의 선線이 어느 지방을 막론하고 큰 길 작은 길이 서로 연락하여 산과 물과 들과 마을에 천만 갈래로 뻗어 나간 수가 한이 없는 것같이, 정신이 행하는 법의 길도 어느 세상을 막론하고 큰 도와 작은 도가 서로 병진하여 개인·가정·사회·국가에 경계를 따라 나타나서 그 수가 실로 한이 없느니라. 그러나 이제 몇 가지 예를 들면 부모·자녀 사이에는 부모·자녀의 행할 바 길이 있고, 상하 사이에는 상하의 행할 바 길이 있고, 부부 사이에는 부부의 행할 바 길이 있고, 붕우 사이에는 붕우의 행할 바 길이 있고, 동포 사이에는 동포의 행할 바 길이 있으며, 그와 같이 사사물물을 접응할 때마다 각각 당연한 길이 있나니, 어느 곳을 막론하고 오직 이 당연한 길을 아는 사람은 곧 도를 아는 사람이요, 당연한 길을 모르는 사람은 곧 도를 모르는 사람이며, 그중에 제일 큰 도로 말하면 곧 우리의 본래 성품인 생멸 없는 도와 인과보응되는 도이니, 이는 만법을 통일하며 하늘과 땅과 사람이 모두 여기에 근본하였으므로 이 도를 아는 사람은 가장 큰 도를 알았다 하느니라".

2 대종사 이어서 말씀하시기를 "덕德이라 하는 것은 쉽게 말하자면 어느 곳 어느 일을 막론하고 오직 은혜가 나타나는 것을 이름이니, 하늘이 도를 행하면 하늘의 은혜가 나타나고, 땅이 도를 행하면 땅의 은혜가 나타나고, 사람이 도를 행하면 사람의 은혜가 나타나서, 천만 가지 도를 따라 천만 가지 덕이 화하느니라. 그러므로 이 여러 가지 덕 가운데에 우선 사람의 덕만 해석하여본다 하여도 그 조건이 또한 한이 없나니, 부모 자녀 사이에 도를 행하면 부모 자녀 사이의 덕이 나타나고, 상하 사이에 도를 행하면 상하 사이의 덕이 나타나고, 부부 사이에 도를 행하면 부부 사이의 덕이 나타나고, 붕우 사이에 도를 행하면 붕우 사이의 덕이 나타나고, 동포 사이에 도를 행하면 동포 사이의 덕이 나타나서, 개인에 당하면 개인이 화하고, 가정에 당하면 가정이 화하고, 사회에 당하면 사회가 화하고, 국가에 당하면 국가가 화하고, 세계에 당하면

세계가 화하는 것이며, 그중에 제일 큰 덕으로 말하면 곧 대도를 깨달은 사람으로서 능히 유무를 초월하고 생사를 해탈하며 인과에 통달하여 삼계화택三界火宅에 헤매는 일체중생으로 하여금 한 가지 극락에 안주하게 하는 것이니, 이러한 사람은 가히 대덕을 성취하였다 하리라".

3 대종사 이어서 말씀하시기를 "그러나 만일 도덕의 원리를 알지 못하고 사사하고 기괴한 것을 찾으며 역리逆理와 패륜悖倫의 일을 행하면서 입으로만 도덕을 일컫는다면 이것은 사도와 악도를 행하는 것이니, 그 참도에 무슨 상관이 있으며 또는 무슨 덕이 화할 수 있으리오. 그러므로 도덕을 배우고자 하는 사람은 반드시 먼저 도의 원리를 알아야 할 것이며, 도의 원리를 안 이상에는 또한 정성스럽게 항상 덕을 닦아야 할 것이니, 그러한다면 누구를 막론하고 점점 도를 통하고 덕을 얻으리라. 그러나 범상한 사람들은 도덕의 대의를 알지 못하므로 사람 가운데에 대소유무의 근본 이치는 알거나 모르거나 어떠한 이상한 술법만 있으면 그를 도인이라 말하고 또는 시비이해의 분명한 취사는 알거나 모르거나 마음만 한갓 유순하면 그를 덕인이라 하나니 어찌 우습지 아니하리오. 그대가 이제 새로 입교한 사람으로서 먼저 도덕을 알고자 하는 것

은 배우는 순서에 당연한 일이니, 나의 한 말을 명심하여 항상 도덕의 대의에 철저하고 사사한 도에 흐르지 말기를 바라노라".

4 대종사 말씀하시기를 "사람이 인도를 행하기로 하면 한 때도 가히 방심할 수 없나니 부모 자녀 사이나, 스승 제자 사이나, 상하 사이나, 부부 사이나, 붕우 사이나, 일체 동포 사이나, 어느 처지에 있든지 그 챙기는 마음을 놓고 어찌 가히 인도를 다할 수 있으리오. 그러므로 예로부터 모든 성인이 때를 따라 출세하사 정당한 법도를 제정하여 각각 그 사람답게 사는 길을 밝히셨나니, 만일 그 법도를 가벼이 알고 자행자지를 좋아한다면 그러한 사람은 현세에서도 사람의 가치를 나타내지 못할 것이요, 내세에는 또한 악도에 떨어져서 죄고를 면하지 못하리라".

5 대종사 말씀하시기를 "무릇 천하만사가 다 본말本末과 주종主從이 있나니, 근본을 알아서 근본에 힘쓰면 끝도 자연히 좋아질 것이나, 끝을 따라 끝에만 힘쓰면 근본은 자연 매昧하여질 것이요, 또한 주主를 알아서 주에 힘쓰면 종從도 자연히 좋아질 것이나, 종을 따라 종에만 힘쓰면 주가 자연 매

하여질 것이니, 예를 들면 사람에 있어서 마음은 근본이 되고 육신은 끝이 되며, 세상에 있어서 도학은 주가 되고 과학은 종이 되는바 이 본말과 주종을 분명히 알아야만 비로소 도를 아는 사람이라, 이러한 사람이라야 능히 천하사도 바로잡을 수 있느니라".

6 대종사 이동진화李東震華에게 말씀하시기를 "사람이 세상에 나서 할 일 가운데 큰일이 둘이 있으니 그 하나는 정법의 스승을 만나서 성불하는 일이요, 그 둘은 대도를 성취한 후에 중생을 건지는 일이라, 이 두 가지 일이 모든 일 가운데 가장 근본이 되고 큰일이 되느니라".

7 대종사 "그 의義만 바루고 그 이利를 도모하지 아니하며, 그 도만 밝히고 그 공을 계교하지 아니한다正其義而不謀其利明其道而不計其功"한 동중서董仲舒의 글을 보시고 칭찬하신 후 그 끝에 한 구씩 더 붙이시기를 "그 의만 바루고 그 이를 도모하지 아니하면 큰 이가 돌아오고 그 도만 밝히고 그 공을 계교하지 아니하면 큰 공이 돌아오느니라正其義而不謀其利大利生焉明其道而不計其功大功生焉"하시니라.

8 대종사 말이 수레를 끌고 가는 것을 보시고 한 제자에게 물으시기를 "저 수레가 가는 것이 말이 가는 것이냐 수레가 가는 것이냐". 그가 사뢰기를 "말이 가매 수레가 따라서 가나이다". 또 말씀하시기를 "혹 가다가 가지 아니할 때에는 말을 채찍질하여야 하겠느냐, 수레를 채찍질하여야 하겠느냐". 그가 사뢰기를 "말을 채찍질하여야 하겠나이다". 또 말씀하시기를 "그대의 말이 옳으니 말을 채찍질하는 것이 곧 근본을 다스림이라. 사람이 먼저 그 근본을 찾아서 근본을 다스려야 모든 일에 성공을 보느니라".

9 김기천이 여쭙기를 "사람이 어찌하면 순順과 역逆을 알게 되오리까". 대종사 말씀하시기를 "순이라 함은 저 춘하추동 사시의 변천이 차서를 잃지 아니함과 같이 모든 일에 그 순서를 찾아서 하는 것이요, 역이라 함은 일의 순서를 알지 못하고 힘에 감당 못할 일을 구태여 하고자 하며, 남의 원 없는 일을 구태여 권하며, 남의 마음을 매양 거슬려주는 것이니, 사람이 무슨 일을 할 때에 먼저 이 순과 역을 잘 구분해서 순을 주로 하여 행한다면 성공하지 못할 일이 거의 없으리라".

10 대종사 말씀하시기를 "사람이 누구나 자기를 좋게 하려

는 한 생각이 없지 아니하나, 구하는 데 있어서는 혹은 순리로 혹은 역리로, 혹은 사실로 혹은 허망하게 각각 그 지견과 역량을 따라 구하므로 드디어 성공과 실패의 차를 내게 되느니라. 순리로 구하는 사람은 남을 좋게 하면서 자기가 좋아지는 도를 행하므로 한없는 낙원을 개척하게 되고, 역리로 구하는 사람은 자기만 좋고자 하여 남을 해하므로 한없는 죄고에 빠지게 되는 것이며, 사실로 구하는 사람은 모든 복락을 이치에 따라 당처에 구하므로 그 성과를 얻게 되고, 허망으로 구하는 사람은 모든 복락을 알 수 없는 미신처에 구하므로 필경 아무 성과를 얻지 못하느니라. 그런데 세상에 순리와 사실로 구하는 사람은 적고 역리와 허망하게 구하는 사람이 많은 것은 아직도 정법이 널리 미치지 못한 연고요, 일체 인류의 정신이 고루 깨치지 못한 까닭이라. 만일 순리로 구하는 도와 사실로 구하는 도가 밝아질 때에는 곧 태양의 광명이 중천中天에 오름과 같아서 자타와 피차가 다 화化함을 얻으리라".

11 대종사 말씀하시기를 "자기 가정에서 부모에게 효도하고 형제 간에 우애하는 사람으로 남에게 악할 사람이 적고, 부모에게 불효하고 형제 간에 불목하는 사람으로 남에게 선할 사람이 적으니, 그러므로 유가에서 "효孝는 백행百行의 근

본이라" 하였고, "충신을 효자의 문에서 구한다" 하였나니, 다 사실에 당연한 말씀이니라".

12 대종사 말씀하시기를 "내가 못 당할 일은 남도 못 당하는 것이요, 내게 좋은 일은 남도 좋아하나니, 내 마음에 섭섭하거든 나는 남에게 그리 말고, 내 마음에 만족하거든 나도 남에게 그리 하라. 이것은 곧 내 마음을 미루어 남의 마음을 생각하는 법이니, 이와 같이 오래오래 공부하면 자타의 간격이 없이 서로 감화를 얻으리라".

13 대종사 말씀하시기를 "큰 재주 있는 사람은 남의 재주를 자기 재주 삼을 줄 아나니, 그런 사람이 가정에 있으면 그 가정을 흥하게 하고, 나라에 있으면 나라를 흥하게 하고, 천하에 있으면 천하를 흥하게 하느니라".

14 대종사 말씀하시기를 "사람이 그 본의는 저 편에게 이利를 주고자 한 일이 혹 잘못되어 해를 주는 수도 있나니, 남을 위하여 무슨 일을 할 때에는 반드시 미리 조심해야 할 것이요, 그러한 경우로 해를 입은 사람은 그 본의를 생각하여 감사할지언정 그 결과의 해로운 것만 들어서 원망하지 말아야

하느니라".

15 대종사 영산에 계실 때에 새로 입교한 교도 한 사람이 음식과 폐백을 갖추어 올리는지라, 대종사 받으시고 말씀하시기를 "그대가 이와 같이 예를 표하는 것은 감사하나 그대의 마음 여하에 따라서는 오늘의 정의가 후일에 변하기도 하나니, 그대는 그 이치를 아는가". 그 사람이 사뢰기를 "어찌 공연히 변할 리가 있겠나이까". 대종사 말씀하시기를 "그것은 그대의 구하는 마음 여하에 따라 좌우되나니, 그대가 나를 상종하되 그 구하는 것이 나에게 있는 것이라면 영구한 인연이 되려니와 만일 나에게 없는 것이라면 우리의 사귐은 오래가지 못하느니라".

16 대종사 말씀하시기를 "사람이 서로 사귀는데 그 좋은 인연이 오래가지 못하는 것은 대개 유념할 자리에 유념하지 못하고 무념할 자리에 무념하지 못하는 연고이니, 유념할 자리에 유념하지 못한다는 것은 자기가 무슨 방면으로든지 남에게 은혜를 입고도 그 은혜를 잊어버리며 그에 따라 혹 은혜 준 처지에서 나에게 섭섭함을 줄 때에는 의리 없이 상대하는 것 등이요, 무념할 자리에 무념하지 못한다는 것은 자기가 무

슨 방면으로든지 남에게 은혜를 준 후에 보답을 바라는 마음
이 있으며 저 은혜 입은 사람이 혹 나에게 잘못할 때에는 전
일에 은혜 입혔다는 생각으로 더 미워하는 마음을 일어내는
것이라, 그러므로 그 좋은 인연이 오래가지 못하고 도리어 원
진怨瞋으로 변하여지는 것이니, 그대들은 이 이치를 잘 알아
서 유념할 자리에는 반드시 유념하고 무념할 자리에는 반드
시 무념하여 서로 사귀는 사이에 그 좋은 인연이 오래가게 할
지언정 그 인연이 낮은 인연으로 변하지 않도록 주의할지어
다".

17 이공주李共珠 사뢰기를 "제가 저번에 이웃집 가난한 사
람에게 약간의 보시를 하였삽더니 그가 그후로는 저의 집 일
에 몸을 아끼지 아니하오니 복은 지을 것이옵고 지으면 받는
것이 그와 같이 역력함을 알았나이다". 대종사 말씀하시기를
"그대가 복을 지으면 받아지는 이치는 알았으나 잘못하면 그
복이 죄로 화하는 이치도 아는가". 공주 사뢰기를 "복이 어찌
죄로 화하겠나이까". 대종사 말씀하시기를 "지어놓은 그 복이
죄가 되는 것이 아니라 복을 지은 그 마음이 죄를 짓는 마음
으로 변하기도 한다 함이니, 범상한 사람들은 남에게 약간의
은혜를 베풀어놓고는 그 관념과 상을 놓지 못하므로 저 은혜

입은 사람이 혹 그 은혜를 몰라주거나 배은망덕을 할 때에는 그 미워하고 원망하는 마음이 몇 배나 더하여 지극히 사랑하는 데에서 도리어 지극한 미움을 일어내고, 작은 은혜로 도리어 큰 원수를 맺으므로 선을 닦는다는 것이 그 선을 믿을 수 없고 복을 짓는다는 것이 죄를 만드는 수가 허다하니, 그러므로 달마達磨께서는 '응용무념應用無念을 덕이라 한다' 하셨고, 노자老子께서는 '상덕上德은 덕이라는 상이 없다' 하셨으니, 공부하는 사람이 이 도리를 알고 이 마음을 응용하여야 은혜가 영원한 은혜가 되고 복이 영원한 복이 되어 천지로 더불어 그 덕을 합하게 될 것이니, 그대는 그 상 없는 덕과 변함없는 복을 짓기에 더욱 꾸준히 힘쓸지어다".

18 이정원李正圓이 여쭙기를 "어떻게 하여야 증애憎愛에 끌리지 아니하고 원만한 마음을 가질 수 있겠나이까". 대종사 말씀하시기를 "증애에 끌리지 않는 방법은 매양 한 생각을 잘 돌리는 데에 있나니, 가령 저 사람이 나를 미워하거든 다만 생각 없이 같이 미워하지 말고, 먼저 그 원인을 생각하여보아서 미움을 받을 만한 일이 나에게 있었거든 고치기에 힘쓸 것이요, 그러한 일이 없거든 전세의 밀린 업으로 알고 안심하고 받을 것이며, 한편으로는 저 사람이 나를 미워할 때에 나의

마음이 잠시라도 좋지 못한 것을 미루어 나는 누구에게든지 미움을 주지 않으리라고 결심하라. 그리하면 나를 미워하는 사람이 곧 나의 마음 쓰는 법을 가르치는 선생이 될 것이니, 그를 나의 선생으로 인정할 때에는 어찌 미운 생각이 나겠는가. 이것이 곧 미운 데에 끌리지 않게 하는 방법이니라. 또는 저 사람이 나를 사랑하거든 다만 생각 없이 좋아만 할 것이 아니라, 또한 먼저 그 원인을 생각하여보아서 그만한 사랑 받을 일이 있었거든 그 일을 영원히 변하지 않기로 명심하고, 만일 그만한 일이 없이 받는 사랑이거든 그것을 빚으로 알아야 할 것이며, 또한 사랑 가운데에는 정당한 사랑과 부정당한 사랑이 있나니, 정당한 사랑이면이어니와 부정당한 사랑이면 그것을 끊을 줄도 알아야 할 것이며, 정당한 사랑일지라도 거기에 집착하여 다른 일에 방해될 기미가 있거든 반드시 용단심을 일어내어 대체 행사에 그르침이 없도록 노력하라. 이것이 곧 애착에 끌리지 않는 방법이니라. 그대가 이 두 가지에 끌리지 않는 공부를 계속하면 곧 원만한 마음을 얻게 되리라".

19 한 제자 자기의 부하 임원에게 지나치게 엄책하는 것을 보시고, 대종사 말씀하시기를 "그대가 증애에 끌린 바가 없이 훈계하였다면 그 말이 법이 될 것이나, 만일 끌린 바가 있었

다면 법이 되지 못하리라. 천지의 이치도 더위나 추위가 극하면 변동이 생기는 것같이 사람의 처사하는 것도 너무 극하면 뒷날의 쇠함을 불러들이느니라".

20 한 제자가 어린아이에게 경박한 말을 쓰는지라, 대종사 말씀하시기를 "사람이 어른을 대할 때에는 어른 섬기는 도가 있고, 어린이를 대할 때에는 어린이 사랑하는 도가 있어서, 그 경우를 따라 형식은 같지 않을지라도 저 편을 중히 알고 위해주는 정신은 다르지 아니하나니 어찌 어린아이라 하여 함부로 하리오".

21 대종사 말씀하시기를 "우리 속담에 말하고 다니는 것을 나팔 불고 다닌다고도 하나니, 사람사람이 다 나팔이 있어 그 나팔을 불되 어떤 곡조는 듣는 사람의 마음을 편안하게 하고 어떤 곡조는 듣는 사람의 마음을 불안하게 하며, 어떤 곡조는 슬프게 하고 어떤 곡조는 즐겁게 하며, 어떤 곡조는 화합하게 하고 어떤 곡조는 다투게 하여, 그에 따라 죄와 복의 길이 나누이게 되느니라. 그런즉 그대들은 모든 경계를 당하여 나팔을 불 때에 항상 좋은 곡조로 천만 사람이 다 화하게 하며, 자기 일이나 공중의 일이 흥하게는 할지언정 서로 다투게 하고

망하게는 하지 않도록 하라. 그러하면 그 나팔이 한량없는 복을 장만하는 좋은 악기가 되려니와 그러지 못하면 그 나팔이 한량없는 죄를 불러들이는 장본이 되리라".

22 대종사 말씀하시기를 "부모 자녀와 같이 무간한 사이라도 자기가 실행하지 못하는 조건으로 지도하면 그 지도를 잘 받지 아니하고, 부부와 같이 친절한 사이라도 내가 실행하지 못하는 조건으로 권면하면 그 권면을 잘 받지 아니하나니, 그러므로 남을 가르치는 방법은 먼저 내가 실행하는 데 있느니라".

23 어느 날 밤에 조실 문을 지키던 개가 무슨 인기척에 심히 짖는지라, 한 제자 일어나서 개를 꾸짖거늘 대종사 말씀하시기를 "개의 책임은 짖는 데에 있거늘 그대는 어찌하여 그 책임 이행하는 것을 막는가. 이 세상에는 모든 사람과 모든 물건이 다 각각 책임이 있으며, 사람 하나에도 눈·귀·코·혀·몸·마음이 각각 다 맡은 책임이 있나니, 상하와 귀천을 막론하고 다 그 책임만 이행한다면 이 세상은 질서가 서고 진보가 될 것이니라. 그런즉 그대들은 각자의 책임 이행도 잘 하려니와 또한 남의 책임 이행을 방해하지도 말라. 그런데 이 모든

책임 가운데에는 모든 책임을 지배하는 중추中樞의 책임이 또한 있나니, 사람은 그 마음이 중추의 책임이 되고, 사회·국가는 모든 지도자가 그 중추의 책임이 되어 모든 기관을 운영하고 조종하게 되느니라. 그러므로 중추의 책임을 가진 사람으로서 조금이라도 그 책임에 등한하다면 거기에 따른 모든 책임 분야가 다 같이 누그러져서 그 기관은 자연 질서를 잃게 되나니 그대들은 각자의 처지를 살펴보아서 어떠한 책임이든지 그 이행에 정성을 다할 것이며, 모든 책임의 중추가 되는 마음의 운용에 주의하여 자신의 운명과 대중의 전도에 지장이 없도록 하라".

24 대종사 여러 제자들에게 말씀하시기를 "무릇 세상은 강과 약 두 가지로 구성이 되었나니 강자와 약자가 서로 마음을 화합하여 각각 그 도를 다하면 이 세상은 영원한 평화를 이루려니와, 만일 그러지 못하면 강자와 약자가 다 같이 재화를 입을 것이요, 세상의 평화는 영원히 얻지 못하리니, 옛 성현의 말씀에 윗사람이 아랫사람 보기를 적자같이 하면 아랫사람이 윗사람 보기를 부모와 같이 하고, 윗사람이 아랫사람 보기를 초개같이 하면 아랫사람이 윗사람 보기를 원수같이 한다는 말이 다 이를 이름이니라".

25 대종사 말씀하시기를 "모든 사람이 다 남에게 존대받는 사람 되기를 원하건마는 행하는 데 있어서는 홀대받을 일을 더 하나니 어찌 바라는 바를 이루리오. 저 사람의 존대를 받는 방법은 곧 내가 먼저 저 사람을 존대하며 위해주는 것이니, 내가 그를 존대하고 위해주면 그도 나를 존대하고 위해주느니라".

26 대종사 말씀하시기를 "나는 항상 강자로서 강자 노릇할 줄 모르는 사람들을 애석히 여기노니, 자신이 이미 강자일진대 늘 저 약자를 도와주고 인도하여 그로 하여금 자기 같은 강자가 되도록 북돋아주어야 그 강이 영원한 강이 될 것이며, 어느 때까지라도 선진자先進者요 선각자先覺者로 받들어질 것이어늘, 지금 강자들은 흔히 약자를 억압하고 속이는 것으로 유일한 수단을 삼나니 어찌 영원한 강자가 될 수 있으리오. 약자라고 항상 약자가 아니라 점점 그 정신이 열리고 원기를 회복하면 그도 또한 강자의 지위에 서게 될 것이요, 약자가 깨쳐서 강자의 지위에 서게 되면 전일에 그를 억압하고 속이던 강자의 지위는 자연 타락될 것이니, 그러므로 참으로 지각 있는 사람은 항상 남이 궁할 때에 더 도와주고 약할 때에 더 보살펴주어서 영원히 자기의 강을 보전하느니라".

27 대종사 산업부産業部에 가시니 목장의 돼지가 퍽 야위었는지라 그 연유를 물으시매, 이동안李東安이 사뢰기를 "금년 장마에 약간의 상한 보리를 사료로 주는 동안에는 살이 날마다 불어오르더니, 얼마 전부터 다시 겨를 주기 시작하였삽더니 그동안 습관 들인 구미를 졸지에 고치지 못하여 잘 먹지 아니하고 저 모양으로 점점 야위어가나이다". 대종사 말씀하시기를 "이것이 곧 산 경전이로다. 잘살던 사람이 졸지에 가난해져서 받는 고통이나, 권세 잡았던 사람이 졸지에 위를 잃고 받는 고통이 이와 다를 것이 없으리라. 그러므로 예로부터 성현들은 모두 이 인간 부귀를 심상시하여 부귀가 온다고 그다지 기뻐하지도 아니하고 부귀가 간다고 그다지 근심하지도 아니하였나니, 옛날 순임금은 밭 갈고 질그릇 굽는 천역을 하던 사람으로서 천자의 위를 받았으나 거기에 조금도 넘치심이 없으셨고, 석가세존께서는 돌아오는 왕위도 버리시고 유성출가하셨으나 거기에 조금도 애착됨이 없으셨나니, 이분들의 부귀에 대한 태도가 그 얼마나 담박하였으며 고락을 초월하는 힘이 그 얼마나 장하였는가. 그런즉 그대들도 도에 뜻하고 성현을 배우려거든 우선 편하고 우선 즐겁고 우선 권세 잡는 데에 눈이 어둡지 말고 도리어 그것을 사양하며, 설사 부득이 그러한 경우에 처할지라도 거기에 집착하지도 말고 타

락하지도 말라. 그러면 참으로 영원한 안락, 영원한 명예, 영원한 권위를 누리게 되리라".

28 대종사 안빈낙도의 뜻을 설명하시기를 "무릇 가난이라 하는 것은 무엇이나 부족한 것을 이름이니, 얼굴이 부족하면 얼굴 가난이요, 학식이 부족하면 학식 가난이요, 재산이 부족하면 재산 가난인바, 안분을 하라 함은 곧 어떠한 방면으로든지 나의 분수에 편안하라는 말이니, 이미 받는 가난에 안심하지 못하고 이를 억지로 면하려 하면 마음만 더욱 초조하여 오히려 괴로움이 더하게 되므로, 이미 면할 수 없는 가난이면 다 태연히 감수하는 한편 미래의 혜복을 준비하는 것으로 낙을 삼으라는 것이니라. 그런데 공부인이 분수에 편안하면 낙도가 되는 것은 지금 받고 있는 모든 가난과 고통이 장래에 복락으로 변하여질 것을 아는 까닭이며, 한 걸음 나아가서 마음 작용이 항상 진리에 어긋나지 아니하고, 수양의 힘이 능히 고락을 초월하는 진경에 드는 것을 스스로 즐기는 연고라, 예로부터 성자 철인이 모두 이러한 이치에 통하며 이러한 심경을 실지에 활용하셨으므로 가난하신 가운데 다시없는 낙도생활을 하신 것이니라".

29 대종사 말씀하시기를 "세상만사가 다 뜻대로 만족하기를 구하는 사람은 모래 위에 집을 짓고 천만 년의 영화를 누리려는 사람같이 어리석으니, 지혜 있는 사람은 세상을 살아가는 데 십분의 육만 뜻에 맞으면 그에 만족하고 감사를 느끼며 또한 십분이 다 뜻에 맞을지라도 그 만족한 일을 혼자 차지하지 아니하고 세상과 같이 나누어 즐기므로, 그로 인하여 재앙을 당하지 않을뿐더러 복이 항상 무궁하나라".

30 대종사 말씀하시기를 "사람의 큰 죄악이 처음에는 작은 허물로부터 시작되는 수가 허다하니, 그대들은 마땅히 때때로 자기의 행동을 살펴서 작은 허물이라도 발견되거든 미루지 말고 고치기에 힘쓰라. 남방의 성성이라는 짐승은 그 힘이 세고 날래어 사람이 힘으로는 잡지 못하나, 그가 술을 즐겨하므로 술을 큰 그릇에 가득 담아서 그의 내왕하는 길목에 두어두면 그가 지나면서 그것을 보고 처음에는 웃으며 그대로 가다가 다시 돌아와서 조금 마시고, 또 가다가 다시 돌아와서 더 마시고 하기를 여러 차례 한 뒤에는 그만 정신없이 그 술을 다 마시고, 마침내 취하여 쓰러지면 그때에 사람이 나와서 잡아간다고 하니, 그가 처음에는 조금만 마시기로 한 술이 커져서 한 동이에 이르렀으며, 마침내 제 생명을 잃기도 하고

혹은 생포도 당하게 되는 것이니라. 사람도 또한 그와 같아서 처음에는 한두 가지의 작은 허물을 고치지 못하다가, 그 허물이 쌓이고 쌓이면 마침내 큰 죄업을 저질러서 전도를 크게 그르치나니 어찌 조심하지 아니하리오".

   31 대종사 젊은 남녀 가운데 혹 공부의 바른 길을 잡지 못하여 헤매는 사람을 걱정하시며 말씀하시기를 "그대들 가운데 처음에는 잘하다가 나중에는 잘못하는 사람도 있고 처음에는 잘못하다가 나중에는 잘하는 사람도 있으므로, 내가 미리 짐작하여 각각 적당하게 지도하나, 나이가 삼십이 넘으면 그 사람의 일생 인품이 대개 틀 잡히는 때라, 만일 그때까지 철이 들지 못하는 사람은 실상 나도 근심이 되지마는 자신들도 큰 걱정이 될 일이니라".

   32 대종사 봉래정사에 계실 때에 마침 큰 장마로 초당 앞 마른 못에 물이 가득하매 사방의 개구리가 모여들어 많은 올챙이가 생기었더니, 얼마 후에 비가 개고 날이 뜨거우매 물이 점점 줄어들어 며칠이 못 가게 되었건마는 올챙이들은 그 속에서 꼬리를 흔들며 놀고 있는지라, 대종사 보시고 말씀하시기를 "참으로 안타까운 일이로다. 일 분 이 분 그 생명이 줄어

가고 있는 줄도 모르고 저와 같이 기운 좋게 즐기는도다. 그러나 어찌 저 올챙이들뿐이리오. 사람도 또한 그러하니, 수입 없이 지출만 하는 사람과 현재의 강强을 남용만 하는 사람들의 장래를 지혜 있는 사람이 볼 때에는 마르는 물속에 저 올챙이들과 조금도 다름없이 보이느니라".

33 대종사 대중에게 말씀하시기를 "오늘은 그대들에게 마음 지키고 몸 두호하는 데에 가장 필요한 방법을 말하여주리니 잘 들어서 모든 경계에 항상 공부하는 표어를 삼을지어다. 표어란 곧 경외심을 놓지 말라 함이니, 어느 때 어디서 어떠한 사람을 대하거나 어떠한 물건을 대하거나 오직 공경하고 두려워하는 마음을 가지고 대하라 함이니라. 사람이 공경하고 두려워하는 마음을 놓고 보면 아무리 친절하고 사이 없는 부자·형제·부부 사이에도 반드시 불평과 원망이 생기는 것이며, 대수롭지 않은 경계와 하찮은 물건에도 흔히 구속과 피해를 당하나니, 그것은 처지가 무간하고 경계가 가볍다 하여 마음 가운데 공경과 두려움을 놓아버리고 함부로 행하는 연고라, 가령 어떤 사람이 어느 가게에서 성냥 한 갑을 훔치다가 주인에게 발각되었다면 그 주인이 하찮은 성냥 한 갑이라 하여 그 사람을 그저 돌려보내겠는가. 극히 후한 사람이라야

꾸짖음에 그칠 것이요, 그렇지 아니하면 모욕을 가할 수도 있을 것이니, 이것은 곧 그 성냥 한 갑이 들어서 그 사람을 꾸짖고 모욕한 것이며, 다시 생각하면 성냥을 취하려는 욕심이 들어서 제가 저를 무시하고 욕보인 것이요, 그 욕심은 성냥 한 갑에 대한 경외심을 놓은 데서 난 것이니, 사람이 만일 경외심을 놓고 보면 그 감각 없고 하찮은 성냥 한 갑도 그만한 권위를 나타내거든, 하물며 그 이상의 물질이며 더구나 만능의 힘을 가진 사람이리오. 그러므로 우리는 항상 공경하고 두려워하자 함이니, 우리가 무엇이나 공경하고 두려워하는 마음을 가지고 의義로써 살아간다면 위로 창창한 하늘을 우러러보나 아래로 광막한 대지를 굽어보나, 온 우주에 건설되어 있는 모든 물건은 다 나의 이용물이요, 이 세상에 시행되는 모든 법은 다 나의 보호 기관이지마는, 만일 공경과 두려움을 놓아버리고 함부로 동한다면 우주 안의 모든 물건은 도리어 나를 상해하려는 도구요, 이 세상 모든 법은 도리어 나를 구속하려는 포승이니, 어찌 두렵지 아니하리오. 그러므로 그대들에게 이르노니, 물결 거센 이 세간에 나타난 그대들로서 마음을 잘 지키고 몸을 잘 두호하려거든 마땅히 이 표어를 마음에 깊이 새겨두고 매사를 그대로 진행하라".

34 대종사 신년을 당하여 말씀하시기를 "내가 오늘 여러 사람에게 세배를 받았으니 세속 사람들 같으면 음식이나 물건으로 답례를 하겠으나, 나는 돌아오는 난세를 무사히 살아갈 비결 하나를 일러줄 터인즉 보감을 삼으라" 하시고 선현의 시 한 편을 써주시니 곧 "처세에는 유한 것이 제일 귀하고 處世柔爲貴 강강함은 재앙의 근본이니라剛强是禍基 말하기는 어눌한 듯 조심히 하고發言常欲訥 일 당하면 바보인 듯 삼가 행하라臨事當如痴 급할수록 그 마음을 더욱 늦추고急地尙思緩 편안할 때 위태할 것 잊지 말아라安時不忘危 일생을 이 글대로 살아간다면一生從此計 그 사람이 참으로 대장부니라眞個好男兒" 한 글이요, 그 글 끝에 한 구를 더 쓰시니 "이대로 행하는 이는 늘 안락하리라" 하시니라.

35 하루는 여러 제자들이 신문을 보다가 시사時事에 대하여 가부 평론함이 분분하거늘, 대종사 들으시고 말씀하시기를 "그대들이 어찌 남의 일에 대하여 함부로 말을 하는가. 참된 소견을 가진 사람은 남의 시비를 가벼이 말하지 아니하느니라. 신문을 본다 하여도 그 가운데에서 선악의 원인과 그 결과 여하를 자상히 살펴서 나의 앞길에 거울을 삼는 것이 공부인의 떳떳한 행실이요 참된 이익을 얻는 길이니, 이것이 곧

모든 법을 통해다가 한 마음을 밝히는 일이라, 이러한 정신으로 신문을 보는 사람은 신문이 곧 산 경전이 될 것이요 혜복의 자료가 될 것이나, 그렇지 못한 사람은 도리어 날카로운 소견과 가벼운 입을 놀려 사람의 시비 평론하는 재주만 늘어서 죄의 구렁에 빠지기 쉬우니 그대들은 이에 크게 주의하라".

36 대종사 무슨 일로 김남천을 꾸짖으시고, 문정규에게 말씀하시기를 "내가 남천을 꾸짖는 것이 남천에게만 한 것이 아닌데 정규는 어떻게 생각하는가. 내가 어떤 사람을 꾸짖든지 정규는 먼저 정규의 행실을 살펴보아서 그러한 일이 있으면 고칠 것이요 없으면 명심하였다가 후일에도 범하지 않기로 할 것이며, 결코 책망당하는 그 사람을 흉보거나 비웃지 말라. 어리석은 사람은 남의 허물만 밝히므로 제 앞이 늘 어둡고, 지혜 있는 사람은 자기의 허물을 살피므로 남의 시비를 볼 여가가 없느니라".

37 대종사 말씀하시기를 "사람이 세상에서 무슨 일을 할 때에는 혹 남의 찬성도 받고 또는 비난도 받게 되나니, 거기에 대하여 아무 생각 없이 한갓 좋아만 하거나 싫어만 하는 것은 곧 어린아이와 같은 일이니라. 남들이 무엇이라고 할 때

에는 나는 나의 실지를 조사하여 양심에 부끄러울 바가 없는 일이면 비록 천만 사람이 비난을 하더라도 백절불굴의 용력으로 꾸준히 진행할 것이요, 남이 아무리 찬성을 하더라도 양심상 하지 못할 일이면 헌신같이 버리기를 주저하지 말 것이니, 이것이 곧 자력 있는 공부인이 하는 일이니라".

38 대종사 말씀하시기를 "사람이 무슨 일을 시작하여 한가지도 그르침이 없을 때에는 그 일을 잘 해보려는 성의가 계속되다가도 중간에 혹 한두 번 실수를 하고 보면 그만 본래마음을 다 풀어버리고 되는대로 하는 수가 허다하니, 이것은 마치 새 옷을 입은 사람이 처음에는 그 옷을 조심하여 입다도 때가 묻고 구김이 지면 그 주의를 놓아버리는 것과 같으니, 모든 일을 다 이와 같이 한다면 무슨 성공이 있으리오. 오직 철저한 생각과 큰 경륜을 가진 사람은 무슨 일을 하다가 혹 어떠한 실수를 할지라도 그것을 전감 삼아 미래를 더욱 개척은 할지언정 거기에 뜻이 좌절되어 당초의 대중을 놓아버리지는 아니하나니, 이러한 사람에게는 작은 실수가 도리어 큰 성공의 바탕이 되느니라".

39 대종사 말씀하시기를 "사람이 누구나 이로운 일을 원하

나 하는 바는 해로울 일을 많이 하며, 부귀하기를 원하나 빈천할 일을 많이 하며, 찬성받기를 원하나 조소받을 일을 많이 하여, 마음에 원하는 바와 몸으로 행하는 바가 서로 같지 못한 수가 허다하니, 이것이 다 고락의 근원을 알지 못하는 연고이며, 설사 안다 할지라도 실행이 없는 연고라, 그대들은 이 원인을 깊이 생각하고 밝게 판단하며 그 실행을 철저히 하여 항상 그 원하는 바와 행하는 바가 서로 모순되지 않게 하라. 그리하면 모든 일이 다 뜻대로 성취되리라".

40 대종사 말씀하시기를 "사람의 직업 가운데에 복을 짓는 직업도 있고 죄를 짓는 직업도 있나니, 복을 짓는 직업은 그 직업을 가짐으로써 모든 사회에 이익이 미쳐가며 나의 마음도 자연히 선하여지는 직업이요, 죄를 짓는 직업은 그 직업을 가짐으로써 모든 사회에 해독이 미쳐가며 나의 마음도 자연히 악해지는 직업이라, 그러므로 사람이 직업을 가지는 데에도 반드시 가리는 바가 있어야 할 것이며, 이 모든 직업 가운데에 제일 좋은 직업은 일체중생의 마음을 바르게 인도하여 고해에서 낙원으로 제도하는 부처님의 사업이니라".

41 대종사 말씀하시기를 "한 가정의 흥망이 호주의 정신

여하에도 달려 있나니, 한 가정이 흥하기로 하면 첫째는 호주의 정신이 근실하여야 할 것이요, 둘째는 집안사람들이 서로 화합하여 모든 일에 힘을 모을 것이요, 셋째는 무슨 실업이든지 먼저 지견과 경험을 얻은 뒤에 착수할 것이요, 넷째는 이소성대以小成大의 준칙으로 순서 있게 사업을 키워나갈 것이요, 다섯째는 폐물 이용의 법을 잘 이용할 것이요, 여섯째는 원업元業과 부업副業을 적당하게 하며 생산 부분을 서로 연락 있게 할 것이요, 일곱째는 그 생산이 예정한 목표에 이르기 전에는 그 자금을 다른 곳에 함부로 유용하지 말 것이요, 여덟째는 목표에 달한 뒤에라도 무리한 폭리는 꾀하지 말고 매양 근거 있고 믿음 있는 곳에 자본을 심을 것이요, 아홉째는 수지를 항상 살펴서 정당한 지출은 아끼지 말고 무용한 낭비는 단단히 방지하여, 이와 같은 방법으로 치가에 전력하면 그대들의 살림이 자연 불어나고 그에 따라 마음공부 하는 데에도 또한 서로 도움이 되리라".

42 대종사 말씀하시기를 "한 가정은 한 나라를 축소하여놓은 것이요 한 나라는 여러 가정들을 모아놓은 것이니, 한 가정은 곧 작은 나라인 동시에 큰 나라의 근본이 되느니라. 그러므로 한 가정을 잘 다스리는 사람은 사회 국가에 나가도 그

사회 그 국가를 잘 다스릴 것이며, 또는 각자 각자가 그 가정 가정을 잘 다스리고 보면 국가는 따라서 잘 다스려질 것이니, 한 가정을 다스리는 호주의 책임이 중하고 큼을 알아야 할지니라".

43 대종사 말씀하시기를 "모범적인 가정을 이룩함에는 첫째 온 집안이 같이 신앙할 만한 종교를 가지고 늘 새로운 정신으로 새 생활을 전개해야 할 것이며, 둘째는 호주가 집안 다스릴 만한 덕위와 지혜와 실행을 갖추어야 할 것이며, 셋째는 호주가 무슨 방법으로든지 집안 식구들을 가르치기로 위주하되 자신이 먼저 많이 배우고 먼저 경험하여 집안의 거울이 되어야 할 것이며, 넷째는 온 식구가 놀고먹지 아니하며 나날이 수지를 맞추고 예산을 세워서 약간이라도 저축이 되게 할 것이며, 다섯째는 직업을 가지되 가림이 있어서 살생하는 직업이나 남의 정신 마취시키는 직업을 가지지 말며, 또는 권리를 남용하여 남의 생명·재산을 위협하거나 가슴을 아프게 하는 일이 없게 할 것이며, 여섯째는 될 수 있는 대로 부부 사이에도 물질적 생활을 각자 자립적으로 하면서 서로 부유한 가정과 부유한 국가·사회를 만들기에 힘쓸 것이며, 일곱째는 국가·사회에 대한 의무와 책임을 충실히 이행하며 특히

자력 없는 사람을 보호하는 기관과 교화·교육의 기관에 힘 미치는 대로 협력할 것이며, 여덟째는 자녀에게 과학과 도학을 아울러 가르치며 교육을 받은 후에는 상당한 기간을 국가나 사회나 교단에 봉사하게 할 것이며, 아홉째는 자녀에게 재산을 전해줄 때에는 그 생활 토대를 세워주는 정도에 그치고 국가나 사회나 교단의 공익기관에 희사할 것이며, 열째는 복잡한 인간 세상을 살아가는 데 몸과 마음을 수양하기 위하여 매월 몇 차례나 매년 몇 차례씩 적당한 휴양으로 새 힘을 기를 것이니라".

44 대종사 임신한 부인을 대하시면 매양 "모진 마음을 내지 말며, 모진 말을 하지 말며, 모진 행동을 하지 말라" 하시고 특히 살생을 금하시며 말씀하시기를 "태아가 모태 가운데 있을 때는 그 영식靈識이 어리는 때라, 그 부모의 마음과 말과 행동이 태아의 장래 성질에 영향을 주기 쉬우니 그동안 태모의 근신이 극히 중요하니라".

45 대종사 말씀하시기를 "자녀를 가르치는 데에 네 가지 법이 있나니, 첫째는 심교心敎라 마음에 신앙처를 두고 바르고 착하고 평탄하게 마음을 가져서 자녀로 하여금 먼저 그 마

음을 체받게 하는 것이요, 둘째는 행교行敎라 자신이 먼저 실행하고 행동에 법도가 있어서 자녀로 하여금 저절로 그 실행을 체받게 하는 것이요, 셋째는 언교言敎라 매양 불보살 성현들과 위인 달사들의 가언嘉言 선행善行을 많이 일러주어 그것을 기억하여 체받게 하며 모든 사리를 순순히 타일러서 가르치는 것이요, 넷째는 엄교嚴敎라 이는 철없는 때에 부득이 위엄으로 가르치는 법이니 이는 자주 쓸 법은 아니니라. 그러므로 한 가정에서 자녀를 가르치되 어머니 태중으로 비롯하여 성인成人이 되기까지 이 네 가지 법을 아울러 쓰면 착한 사람 되게 하는 데 큰 도움이 되리라".

46 대종사 말씀하시기를 "자녀를 가르치는 데에는 부모 자신이 먼저 상봉하솔의 도에 어긋남이 없어야 할 것이니, 만일 자녀의 보는 바에 자신이 직접 불효를 한다든지 불경을 한다든지 기타 무슨 일이나 좋지 못한 행동을 한다면 그 자녀를 지도할 위신이 없게 되는 것이요, 둘째는 그 언동이 근엄하여야 할 것이니 만일 부모를 무난하게 아는 때에는 그 자녀를 정당한 규율로 지도하기가 어려운 것이요, 셋째는 친애를 주어야 할 것이니 만일 근엄하기만 하고 친애하는 정을 건네지 아니하면 그 자녀를 진정으로 감화하지 못하는 것이요, 넷

째는 모든 언약에 신용을 잃지 말아야 할 것이니 만일 신용을 잃고 보면 그 자녀에게 철저한 영令을 세우지 못하는 것이요, 다섯째는 상벌을 분명히 할 것이니 만일 상벌이 분명하지 못하면 그 자녀에게 참다운 각성을 주지 못하는 것이요, 여섯째는 어릴 때부터 정당한 신앙심을 넣어주어야 할 것이니 만일 신앙심이 없으면 자라는 도중에 다른 외경의 유혹을 받기 쉬운 것이요, 일곱째는 어릴 때부터 공익심을 권장하여야 할 것이니 만일 공익심의 권장이 없으면 자연히 이기주의의 싹이 커나는 것이요, 여덟째는 어릴 때부터 남의 악평이나 훼담毀談 등을 금해야 할 것이니 만일 그것을 금하지 아니하면 자연 경박한 습관이 커나서 구화口禍의 문이 열리게 되는 것이요, 아홉째는 어릴 때부터 예 아닌 물건은 비록 적은 것이라도 취하지 못하게 할 것이니 만일 예 아닌 물건을 취하여 오게 하면 자연 염치없는 습관이 커나게 되느니라".

47 대종사 말씀하시기를 "사람이 어릴 때에는 대개 그 부모의 하는 것을 보고 들어서 그 정신을 이어받기가 쉬우니, 사람의 부모된 처지에서는 그 자손을 위하여서라도 직업의 선택에 신중하며 바른 사업과 옳은 길을 밟기에 노력하여야 하느니라".

48 대종사 희사위喜捨位 기념식에서 말씀하시기를 "우리 회상에서는 우리 회상의 창립에 귀중한 자녀를 생육 희사한 부모들의 공덕을 존숭하기 위하여 그분들에게 희사위의 존호를 올리고 기념하나니, 과거나 현재의 세속인심은 대개가 이기심에 충만하여 정신·육신·물질의 삼방면으로 다른 사람에게 이익을 주는 사람은 극히 적으며, 자녀를 둔 사람으로서도 우선 자기 일신을 의뢰할 생각만 주로 하여 설혹 훌륭한 자질이 있는 자녀라도 애석하게 일생을 한 가정에 매여 있게 한 일이 허다하였는데, 희사위 여러분은 일찍부터 이러한 생각에서 초월하여 자기의 영화와 안일을 불고하고, 그 귀중한 자녀들을 이 큰 세계 사업에 희사하였나니, 이는 곧 자비한 보살행의 일단이라, 우리는 이 희사위 여러분의 정신과 공덕을 영원히 추모하며 그 뜻을 받들어 어느 세상을 가든지 항상 공중을 위하는 참된 인물이 되어야 할 것이니라".

49 대종사 봉래정사에서 모친 환후患候의 소식을 들으시고 급거히 영광 본가에 가시사 시탕侍湯하시다가 아우 동국에게 이르시기를 "도덕을 밝힌다는 나로서는 모친의 병환을 어찌 불고하리오마는, 나의 현재 사정이 시탕을 마음껏 하지 못하게 된 것은 너도 아는 바와 같이 나를 따라 배우기를 원하는

사람이 벌써 많은 수에 이르러 나 한 사람이 돌보지 아니하면 그들의 전도에 지장이 있을 것이요, 이제까지 하여온 모든 사업도 큰 지장이 많을 것이니, 너는 나를 대신하여 모친 시탕을 정성껏 하라. 그러하면 나도 불효의 허물을 만일이라도 벗을 수 있을 것이요, 너도 이 사업에 큰 창립주가 될 것이다" 하시고, 또한 모친에게 위로하시기를 "인간의 생사는 다 천명天命이 있는 것이오니 모친께서는 안심하시고 항상 일심청정의 진경에 주하시옵소서" 하시고 강연히 그곳을 떠나 정사로 돌아오시어 제도사업에 전심하시니라.

50 한 제자 여쭙기를 "관혼상제의 모든 예식에 다 절약을 주로 함이 옳사오리까". 대종사 말씀하시기를 "모든 예식에 과도한 낭비는 다 삼갈 것이나, 공익사업에 헌공獻貢하는 바도 없이 한갓 인색한 마음으로 절약만 하는 것은 혁신예법의 본의가 아니며 또한 같은 절약 가운데도 혼례는 새 생활의 비롯이니 절약을 주로 하여 생활의 근거를 세워줌이 더욱 옳을 것이요, 장례는 일생의 마침이니 열반인의 공덕에 비추어 후인의 도리에 소홀함이 없게 하는 것이 또한 옳으리라".

51 대종사 하루는 근동 아이들의 노는 것을 보고 계시더

니, 그중 두 아이가 하찮은 물건 하나를 서로 제 것이라 하여 다투다가 대종사께 와서 해결하여주시기를 청하면서 다른 한 아이를 증인으로 내세웠으나 그 아이는 한참 생각하다가 제게 아무 이해가 없는 일이라 저는 잘 모른다고 하는지라, 대종사 그 일을 해결하여주신 뒤에 인하여 제자들에게 말씀하시기를 "저 어린것들도 저에게 직접 이해가 있는 일에는 서로 다투고 힘을 쓰나 저에게 이해가 없는 일에는 별로 힘을 쓰지 아니하나니, 자기의 이해를 떠나 남을 위하여 일하는 사람이 어찌 많을 수 있으리오. 그러므로 자기의 이욕이나 권세를 떠나 대중을 위하여 일하는 사람은 대중이 숭배해야 할 가치가 있는 사람이며, 또한 마음이 투철하게 열린 사람은 대중을 위하여 일하지 아니할 수 없는 것이니라".

52 대종사 말씀하시기를 "이충무공李忠武公은 그 마음 쓰는 것이 도道가 있었도다. 그는 높은 위에 있으나 마음에 넘치는 바가 없이 모든 군졸과 생사고락을 같이하였고, 권세를 잃어 일개 마졸馬卒이 되었으나 또한 마음에 원망과 타락이 없이 말 먹이는 데에 전력을 다하여 말을 살찌게 하며, 때로 말에게 이르기를 '네 비록 짐승일지언정 국록國祿을 먹고 이만큼 자랐으니 국가 존망의 시기를 당하여 힘을 다하라'고 타일

렀다 하며, 편안하고 명예스러운 일은 다른 장군에게 돌리고 어렵고 명색 없는 일은 자신이 차지하여 오직 위를 섬김에 충성을 다하였고 아래를 거느림에 사랑을 다하였으니, 과연 그는 지智와 덕德을 겸비한 성장聖將이라, 나랏일이나 천하 일을 하는 사람들이 다 같이 거울 삼을 만한 분이니라".

53 대종사 유허일柳虛一에게 서전書傳 서문을 읽으라 하시고 "이제二帝와 삼왕三王은 이 마음을 보존한 이요, 하걸夏桀과 상수商受는 이 마음을 잃은 이라" 한 구절에 이르매 말씀하시기를 "이 구절이 돌아오는 시대에 큰 비결秘訣이 되리라. 부귀와 권세를 탐하여 마음을 잊어버리는 사람은 장차 집이 패하고 몸이 망할 뿐 아니라, 국가나 세계의 영도자가 그러하면 그 화가 장차 국가와 세계에 미치리니, 그대들은 부귀와 권세에 끌리지 말고 오직 의식주 생활에 자기의 분수를 지켜서 본심을 잃지 아니하여야 어떠한 난세를 당할지라도 위험한 일이 없을 것이요, 따라서 천지의 좋은 운을 먼저 받으리라".

54 부호富豪 한 사람이 흉년을 당하여 약간의 전곡으로 이웃 빈민들을 구제한 후에 항상 송덕頌德하여주기를 바라는지라 동민들이 의논하고 비碑 하나를 세웠더니, 그 사람이 오히

려 만족하지 못하여 스스로 많은 돈을 들이어 다시 비를 세우고 굉장한 비각碑閣을 건축하거늘 동민들이 그 행사를 우습게 생각하여 험담과 조소가 적지 아니한지라, 김광선이 이 말을 듣고 회화시간에 발표하였더니, 대종사 들으시고 말씀하시기를 "이것이 곧 억지로 명예 구하는 사람들을 경계하는 산 경전이로다. 그 사람은 제 명예를 나타내기 위하여 그 일을 하였건마는 명예가 나타나기는 고사하고 그전의 명예까지 떨어진 것이 아닌가. 그러므로 어리석은 사람은 명예를 구한다는 것이 도리어 명예를 손상하게 하며, 지혜 있는 사람들은 따로이 명예를 구하지 아니하나 오직 당연한 일만 행하는 중에 자연히 위대한 명예가 돌아오느니라".

55 이춘풍이 여쭙기를 "지난번에 저의 자식이 산에 갔다가 포수의 그릇 쏜 탄환에 크게 놀란 일이 있사온데, 만일 그때에 불행한 일을 당하였다 하오면 그 일을 어떻게 처리하는 것이 좋사올지 취사가 잘 되지 아니하나이다". 대종사 말씀하시기를 "그대의 생각대로 한번 말하여보라". 춘풍이 사뢰기를 "법률이 이러한 일을 다스리기 위하여 있는 것이오니, 법에 사실을 알리어 부자된 심정을 표함이 옳을 듯하나이다". 대종사 다시 송적벽宋赤壁에게 물으시니, 그가 사뢰기를 "모든 일

이 다 인과의 관계로 되는 것이오니, 그 일도 인과의 보응으로 생각하옵고 아무 일 없이 하겠나이다". 대종사 다시 오창건에게 물으시니 그가 사뢰기를 "저도 공부하는 처지가 아니라면 반드시 법에 호소하겠사오나, 또한 천명으로 돌리고 그만두겠나이다". 대종사 말씀하시기를 "세 사람의 말이 다 중도를 잡지 못하였도다. 대개 지금의 법령 제도가 사람이 출생하거나 사망하면 반드시 관청에 신고하게 되어 있으며, 더욱 횡액을 당하였거나 의외의 급사를 하였을 때에는 비록 관계 없는 사람이라도 발견한 사람이 관청에 보고할 의무를 가졌나니, 외인도 그러하거든 하물며 부자의 관계를 가지고 있는 처지리오. 그러므로 나는 오직 국민의 처지에서 부모로서 즉시 관청에 사유를 보고할 것이요, 그후의 일은 법을 가진 관청의 처리에 맡기고 나의 알 바 아니라 하겠노라".

56 대종사 하루는 역사소설을 들으시다가 말씀하시기를 "문인들이 소설을 쓸 때에 일반의 흥미를 돋우기 위하여 소인이나 악당의 심리와 행동을 지나치게 그려내어 더할 수 없는 악인을 만들어놓는 수가 허다하니 이도 또한 좋지 못한 인연의 씨가 되느니라. 그러므로 그대들은 옛사람의 역사를 말할 때에나 지금 사람의 시비를 말할 때에 실지보다 과장하여 말

하지 말도록 주의하라".

57 대종사 하루는 남화경南華經을 보시다가 공자孔子께서 도척盜拓을 제도하러 가시사 무수한 욕을 당하고 허망히 돌아오셨다는 구절을 보시고 말씀하시기를 "공자는 큰 성인이시라 스스로 위험과 욕됨을 무릅쓰고 그를 선으로 깨우치려 하사 후래 천만 년에 제도의 본의를 보이셨으나 사람을 제도하는 방편은 시대를 따라 다른 것이니, 지금 세상 사람들을 제도함에는 말로만 권면하기에 힘쓰는 것보다 실지를 먼저 갖추어서 그 결과가 드러난 후에 사람들로 하여금 스스로 돌아오게 해야 하리라. 무슨 까닭이냐 하면, 지금 사람들은 대개가 각자의 실지는 갖춤이 없이 남을 권면하기로만 위주하여 결국 허위에 떨어지는 사람이 많으므로 모든 인심이 권면만 가지고는 진실로 믿어주지 않게 된 연고라, 그런다면 저 공자께서 직접 권면으로 도척을 제도하려 하심과는 그 방편이 서로 다르나, 직접 권면하는 것으로 세상을 제도하거나, 실지를 먼저 보이는 것으로 세상을 제도하거나, 그 본의는 다 같은 것이요, 오직 그 방편이 시기를 따라 다를 뿐이니라".

58 대종사 하루는 주周의 무왕武王이 자기의 천자인 주紂

를 치고 천하를 평정한 후에 스스로 천자가 된 데 대하여 말
씀하시기를 "나는 무왕의 경우를 당하면 백성의 원을 좇아 주
를 치는 일은 부득이 행하려니와 그 위는 다른 어진 이에게
사양하겠노라. 그러나 어진 이가 없거나 그 위를 사양하여도
천하 사람들이 듣지 아니할 때에는 또한 어찌할 수 없느니라".

  59 어떤 사람이 금강산金剛山을 유람하고 돌아와서, 대종사
께 사뢰기를 "제가 유람하는 중에 까마귀나 뱀을 임의로 부
르기도 하고 보내기도 하는 사람을 보고 왔사오니 그가 참도
인인가 하나이다". 대종사 말씀하시기를 "까마귀는 까마귀와
떼를 짓고 뱀은 뱀과 유를 하나니 도인이 어찌 까마귀와 뱀
의 총중에 섞여 있으리오". 그가 여쭙기를 "그러하오면 어떠
한 사람이 참도인이오니까". 대종사 말씀하시기를 "참도인은
사람의 총중에서 사람의 도를 행할 따름이니라". 그가 여쭙기
를 "그러하오면 도인이라고 별다른 표적이 없나이까". 대종사
말씀하시기를 "없느니라". 그가 여쭙기를 "그러하오면 어떻게
도인을 알아보나이까". 대종사 말씀하시기를 "자기가 도인이
아니면 도인을 보아도 도인인 줄을 잘 알지 못하니, 자기가
외국말을 할 줄 알아야 다른 사람이 그 외국말을 잘하는지 못
하는지를 알 것이며 자기가 음악을 잘 알아야 다른 사람의 음

악이 맞고 안 맞는 것을 알 것이니라. 그러므로 그 사람이 아니면 그 사람을 잘 알지 못한다 하노라".

제5 인과품因果品

1 대종사 말씀하시기를 "우주의 진리는 원래 생멸이 없이 길이길이 돌고 도는지라, 가는 것이 곧 오는 것이 되고 오는 것이 곧 가는 것이 되며, 주는 사람이 곧 받는 사람이 되고 받는 사람이 곧 주는 사람이 되나니, 이것이 만고에 변함없는 상도常道니라".

2 대종사 말씀하시기를 "천지에 사시순환하는 이치를 따라 만물에 생로병사의 변화가 있고 우주에 음양상승陰陽相勝하는 도를 따라 인간에 선악인과의 보응이 있게 되나니, 겨울은 음陰이 성할 때이나 음 가운데 양陽이 포함되어 있으므로 양이 차차 힘을 얻어 마침내 봄이 되고 여름이 되며, 여름은 양이

성할 때이나 양 가운데 음이 포함되어 있으므로 음이 차차 힘을 얻어 마침내 가을이 되고 겨울이 되는 것과 같이, 인간의 일도 또한 강과 약이 서로 관계하고 선과 악의 짓는 바에 따라 진급강급과 상생상극의 과보가 있게 되나니, 이것이 곧 인과보응의 원리니라".

3 대종사 말씀하시기를 "식물들은 뿌리를 땅에 박고 살므로 그 씨나 뿌리가 땅속에 심어지면 시절의 인연을 따라 싹이 트고 자라나며, 동물들은 하늘에 뿌리를 박고 살므로 마음 한 번 가지고 몸 한 번 행동하고 말 한 번 한 것이라도 그 업인業因이 허공법계에 심어져서, 제각기 선악의 연緣을 따라 지은 대로 과보가 나타나나니, 어찌 사람을 속이고 하늘을 속이리오".

4 대종사 말씀하시기를 "사람이 주는 상벌은 유심으로 주는지라 아무리 밝다 하여도 틀림이 있으나, 천지에서 주는 상벌은 무심으로 주는지라 진리를 따라 호리도 틀림이 없어서 선악 간 지은 대로 역연히 보응을 하되 그 진리가 능소능대能小能大하고 시방에 두루 있나니, 어찌 그를 속일 수 있으며 그 보응을 두려워하지 아니하리오. 그러므로 지각 있는 사람

은 사람이 주는 상벌보다 진리가 주는 상벌을 더 크고 중하게 여기느니라".

5 대종사 말씀하시기를 "그 사람이 보지 않고 듣지 않는 곳에서라도 미워하고 욕하지 말라. 천지는 기운이 서로 통하고 있는지라 그 사람 모르게 미워하고 욕 한 번 한 일이라도 기운은 먼저 통하여 상극의 씨가 묻히고, 그 사람 모르게 좋게 여기고 칭찬 한 번 한 일이라도 기운은 먼저 통하여 상생의 씨가 묻히었다가 결국 그 연을 만나면 상생의 씨는 좋은 과果를 맺고 상극의 씨는 나쁜 과를 맺느니라. 지렁이와 지네는 서로 상극의 기운을 가진지라 그 껍질을 불에 태워보면 두 기운이 서로 뻗지르고 있다가 한 기운이 먼저 사라지는 것을 볼 수 있나니, 상극의 기운은 상극의 기운 그대로 상생의 기운은 상생의 기운 그대로 상응되는 이치를 이것으로도 알 수 있느니라".

6 대종사 말씀하시기를 "천지의 일기도 어느 때에는 명랑하고 어느 때에는 음울한 것과 같이, 사람의 정신 기운도 어느 때에는 상쾌하고 어느 때에는 침울하며, 주위의 경계도 어느 때에는 순하고 어느 때에는 거슬리나니, 이것도 또한 인과

의 이치에 따른 자연의 변화라, 이 이치를 아는 사람은 그 변화를 겪을 때에 수양의 마음이 여여하여 천지와 같이 심상하나, 이 이치를 모르는 사람은 그 변화에 마음까지 따라 흔들려서 기쁘고 슬픈 데와 괴롭고 즐거운 데에 매양 중도를 잡지 못하므로 고해가 한이 없느니라".

7 대종사 말씀하시기를 "남에게 은의恩義로 준 것은 은의로 받게 되고 악의惡意로 빼앗은 것은 악의로 빼앗기되, 상대편의 진강급進降級 여하를 따라서 그 보응이 몇만 배 더할 수도 있고 몇만 분으로 줄어질 수도 있으나 아주 없게 되지는 아니하며, 또는 혹 상대자가 직접 보복을 아니할지라도 자연히 돌아오는 죄복이 있나니, 그러므로 남이 지은 죄복을 제가 대신 받아올 수도 없고, 제가 지은 죄복을 남이 대신 받아갈 수도 없느니라".

8 조전권曹專權이 여쭙기를 "부처님들께서는 다생겁래에 낮은 과보 받으실 일을 짓지 아니하셨을 것이므로 또한 세세생생에 고통받으실 일이 없어야 할 것이온데, 과거 부처님께서도 당대에 여러 가지 고난이 없지 않으시었고 대종사께서도 이 회상을 여신 후로 관변官邊의 감시와 대중의 인심 조정

152

에 고통이 적지 않으시오니 저희들로는 그 연유를 모르겠나이다". 대종사 말씀하시기를 "내가 알고는 죄를 짓지 아니하려고 공을 들인 지 이미 오래이나, 다생을 통하여 많은 사람들을 교화할 때에 혹 완강한 중생들의 사기 악기가 부지중 억압되었던 연유인가 하노라" 하시고, 또 말씀하시기를 "정당한 법을 가지고 자비 제도하시는 부처님의 능력으로도 정업定業을 상쇄하지는 못하고, 아무리 미천한 중생이라도 죄로 복이 상쇄되지는 아니하느니라. 그러나 능력 있는 불보살들은 여러 생에 받을 과보라도 단생에 줄여서 받을 수는 있으나 아주 없애는 수는 없느니라".

9 한 사람이 여쭙기를 "사람이 만일 지극한 마음으로 수도하오면 정업이라도 가히 면할 수 있겠나이까". 대종사 말씀하시기를 "이미 정한 업은 졸연히 면하기가 어려우나 점진적으로 면해가는 길이 없지 아니하나니, 공부하는 사람이 능히 육도사생의 변화되는 이치를 알아서 악한 업은 짓지 아니하고 날로 선업을 지은즉 악도는 스스로 멀어지고 선도는 점점 가까와질 것이며, 혹 악한 인연이 있어서 나에게 향하여 옛 빚을 갚는다 하여도 나는 도심으로 상대하여 다시 보복할 생각을 아니한즉 그 업이 자연 쉬워질 것이며, 악과를 받을 때에

도 마음 가운데 항상 죄업이 돈공한 자성을 반조하면서 옛 빚을 청산하는 생각으로 모든 업연을 풀어간다면 그러한 심경에는 천만 죄고가 화로에 눈 녹듯 할 것이니, 이것은 다 마음으로 그 정업을 소멸시키는 길이요, 또는 수도를 잘한즉 육도 세계에 항상 향상의 길을 밟게 되나니, 어떠한 악연을 만날지라도 나는 높고 그는 낮으므로 그 받는 것이 적을 것이며, 덕을 공중에 쌓은즉 어느 곳에 당하든지 항상 공중의 옹호를 받는지라, 그 악연이 감히 틈을 타서 무난히 침범하지 못할지니, 이는 위력으로써 그 정업을 경하게 하는 것이니라".

10 한 제자 어떤 사람에게 봉변을 당하고 분을 이기지 못하거늘, 대종사 말씀하시기를 "네가 갚을 차례에 참아버리라. 그러하면 그 업이 쉬어지려니와 네가 지금 갚고 보면 저 사람이 다시 갚을 것이요, 이와 같이 서로 갚기를 쉬지 아니하면 그 상극의 업이 끊일 날이 없으리라".

11 한 교도가 부부간에 불화하여 내생에는 또다시 인연 있는 사이가 되지 아니하리라 하며 늘 그 남편을 미워하거늘, 대종사 말씀하시기를 "그 남편과 다시 인연을 맺지 아니하려면 미워하는 마음도 사랑하는 마음도 다 두지 말고 오직 무심

으로 대하라".

12 대종사 봉래정사에 계시더니 마침 포수가 산돼지를 그 근처에서 잡는데 그 비명소리 처량한지라, 인하여 말씀하시기를 "한 물건이 이로움을 보매 한 물건이 해로움을 당하는도다" 하시고, 또 말씀하시기를 "산돼지의 죽음을 보니 전날에 산돼지가 지은 바를 가히 알겠고, 오늘 포수가 산돼지 잡음을 보니 뒷날 포수가 당할 일을 또한 가히 알겠도다".

13 대종사 말씀하시기를 "사람이 몸과 입과 마음으로 가지가지의 죄업을 지어 그 과보 받는 종류가 실로 한이 없으나, 몇 가지 비근한 예를 들어 그 한끝을 일러주리라. 사람이 남에게 애매한 말을 하여 속을 많이 상하게 한즉 내세에 가슴앓이를 앓게 될 것이며, 사람이 남의 비밀을 엿보거나 엿듣기를 좋아한즉 내세에 사생아 등으로 태어나 천대와 창피를 당할 것이며, 사람이 남의 비밀을 잘 폭로하고 대중의 앞에 무안을 잘 주어서 그 얼굴을 뜨겁게 한즉 내세에는 얼굴에 흉한 점이나 흉터가 있어서 평생을 활발하지 못하게 사느니라".

14 한 제자 여쭙기를 "벼락을 맞아 죽는 것은 어떠한 죄업

으로 인함이오니까". 대종사 말씀하시기를 "부지불각간에 벼락을 맞아 죽는 것은 그 죄업도 또한 부지불각간에 중인에게 벼락을 준 연고이니, 예를 들면 자기의 권력이나 무력 등을 남용하여 많은 대중을 살생하였다든지, 또는 악한 법을 강행하여 여러 사람들에게 많은 해를 입혔다든지 하는 등의 죄업으로 인한 수가 많으니라".

15 대종사 서울 교당에서 건축 감역을 하시는데, 여러 일꾼들이 서로 말하기를, 사람이 아무리 애를 써도 억지로는 잘 살 수 없는 것이요, 반드시 무슨 우연한 음조陰助가 있어야 되는 것이라고 하는지라, 대종사 들으시고 그후 제자들에게 말씀하시기를 "대저 우리 인간이 이 세상에 살아가자면 우연한 가운데 음조와 음해가 없지 아니하나니 모르는 사람들은 그것을 하나님이나 부처님이나 조상이나 귀신이 맡아놓고 주는 것인 줄로 알지마는 아는 사람은 그 모든 것이 다 각자의 심신을 작용한 결과로 과거에 자기가 지은 바를 현재에 받게 되고, 현재에 지은 바를 또한 미래에 받게 되는 것이요, 짓지 아니하고 받는 일은 하나도 없는 줄로 아나니, 그러므로 어리석은 사람들은 이치 아닌 자리에 부귀와 영화를 억지로 구하며 빈천과 고난을 억지로 면하려 하나, 지혜 있는 사람은 이미

지어놓은 죄복은 다 편안히 받으면서 미래의 복락을 위하여 꾸준히 노력을 계속하는 것이며, 같은 복을 짓는 중에도 국한 없는 공덕을 공중에 심어서 어느 때 어느 곳에서나 복록의 원천이 마르지 않게 하느니라".

16 대종사 말씀하시기를 "모든 사람에게 천만 가지 경전을 다 가르쳐주고 천만 가지 선善을 다 장려하는 것이 급한 일이 아니라, 먼저 생멸 없는 진리와 인과보응의 진리를 믿고 깨닫게 하여주는 것이 가장 급한 일이 되느니라".

17 대종사 말씀하시기를 "어리석은 사람은 남이 복 받는 것을 보면 욕심을 내고 부러워하나, 제가 복 지을 때를 당하여서는 짓기를 게을리하고 잠을 자나니, 이는 짓지 아니한 농사에 수확하기를 바라는 것과 같으니라. 농부가 봄에 씨 뿌리지 아니하면 가을에 거둘 것이 없나니 이것이 인과의 원칙이라, 어찌 농사에만 한한 일이리오".

18 대종사 말씀하시기를 "사람이 제가 지어놓은 것이 없으면 내생에 아무리 잘되기를 원하여도 그대로 되지 아니하는 것이 비하건대 현생에서도 아무리 좋은 집에 들어가 살고 싶

으나 자기의 집이 아니면 들어가 살 수 없는 경우와 같으니라. 공칠公七이를 보라! 이리裡里역에 내리면 몇 층 양옥이 즐비하되 그 집에는 감히 들어가볼 생심도 못하고, 그 찌그러진 자기 집에만 찾아들지 아니하는가. 이것이 곧 자기가 지어놓은 대로 가는 실례이며 지어놓은 그대로 받는 표본이니라".

19 대종사 말씀하시기를 "복이 클수록 지닐 사람이 지녀야 오래가나니, 만일 지니지 못할 사람이 가지고 보면 그것을 엎질러버리든지 또는 그로 인하여 재앙을 불러들이게 되느니라. 그러므로 지혜 있는 사람은 복을 지을 줄도 알고 지킬 줄도 알며 쓸 줄도 알아서, 아무리 큰 복이라도 그 복을 영원히 지니느니라".

20 대종사 말씀하시기를 "어리석은 사람들은 명예가 좋은 줄만 알고 헛된 명예라도 드러내려고만 힘을 쓰나니, 그는 헛명예가 마침내 자신을 해롭게 하는 화근인 줄을 모르는 연고라, 세상 이치가 실상된 명예는 아무리 숨기려 하여도 자연히 드러나는 것이요, 헛된 명예는 아무리 드러내려고 힘을 쓰나 마침내 떨어지는 것이 사실이니, 그러므로 실상이 없이 말로 얻은 명예는 필경 말로 훼을 당하고 권모술수로 얻은 명예는

권모술수로 욕을 당할 뿐 아니라 원래 있던 명예까지도 타락하게 될 것이며, 따라서 심하게 되면 생명 재산까지 빼앗기게 되나니 어찌 미리 주의할 바가 아니리오".

21 한 걸인이 김기천에게 복을 지으라 하매, 기천이 묻기를 "내가 복을 지으면 그대가 나에게 복을 줄 능력이 있느냐" 하니, 그 걸인이 대답하지 못하는지라, 기천이 말하기를 "어리석은 사람들은 흔히 제 개인이 살기 위하여 남에게 복을 지으라 하니, 그것이 도리어 죄를 짓는 말이 되리로다" 하였더니 대종사 들으시고 말씀하시기를 "기천의 말이 법설이로다. 세상 사람들이 복을 받기는 좋아하나 복을 짓는 사람은 드물고 죄를 받기는 싫어하나 죄를 짓는 사람은 많으니, 그러므로 이 세상에 고 받는 사람은 많고 낙 받는 사람은 적으니라".

22 대종사 말씀하시기를 "사람이 모든 악행을 방자히 하여 스스로 제재하지 못하면 반드시 사람이 제재할 것이요 사람이 제재하지 못하면 반드시 진리가 제재하나니, 그러므로 지각 있는 사람은 다른 사람이 막기 전에 제 스스로 악을 행하지 아니하며 진리가 막기 전에 사람의 충고를 감수하므로 그 악이 드러날 것을 겁내어 떨 일이 없으며 항상 그 마음이 편

안하니라".

23 대종사 말씀하시기를 "작은 재주로 작은 권리를 남용하는 자들이여! 대중을 어리석다고 속이고 해하지 말라. 대중의 마음을 모으면 하늘 마음이 되며, 대중의 눈을 모으면 하늘 눈이 되며, 대중의 귀를 모으면 하늘 귀가 되며, 대중의 입을 모으면 하늘 입이 되나니, 대중을 어찌 어리석다고 속이고 해하리오".

24 총부 부근의 사나운 개가 제 동류에게 물리어 죽게 된지라, 대종사 보시고 말씀하시기를 "저 개가 젊었을 때에는 성질이 사나와서 근동 개들 가운데 왕 노릇을 하며 온갖 사나운 짓을 제 마음대로 하더니, 벌써 그 과보로 저렇게 참혹하게 죽게 되니 저것이 불의한 권리를 남용하는 사람들에게 경계를 주는 일이라, 어찌 개의 일이라 하여 범연히 보아 넘기리오" 하시고, 또 말씀하시기를 "사람도 그 마음 쓰는 것을 보면 진급기에 있는 사람과 강급기에 있는 사람을 알 수 있으니, 진급기에 있는 사람은 그 심성이 온유 선량하여 여러 사람에게 해를 끼치지 아니하고 대하는 사람마다 잘 화하며 늘 하심下心을 주장하여 남을 높이고 배우기를 좋아하며, 특히

진리를 믿고 수행에 노력하며 남 잘되는 것을 좋아하며, 무슨 방면으로든지 약한 이를 북돋아주는 것이요, 강급기에 있는 사람은 그와 반대로 그 심성이 사나와서 여러 사람에게 이利를 주지 못하고 대하는 사람마다 잘 충돌하며 자만심이 강하여 남 멸시하기를 좋아하고 배우기를 싫어하며, 특히 인과의 진리를 믿지 아니하고 수행이 없으며, 남 잘되는 것을 못 보아서 무슨 방면으로든지 자기보다 나은 이를 깎아내리려 하느니라".

25 대종사 말씀하시기를 "나쁜 일을 자행하여 여러 사람의 입에 나쁘게 자주 오르내리면 그 사람의 앞길은 암담하게 되나니, 어떤 사람이 군郡 도사령이 되어가지고 혹독히 권리를 남용하여 여러 사람의 생명과 재산을 많이 빼앗으므로 사람들이 동리에 모여 앉으면 입을 모아 그 사람을 욕하더니, 그 말이 씨가 되어 그 사람이 생전에 처참한 신세가 되어 그 죄 받는 현상을 여러 사람의 눈앞에 보여주었다 하니, 과연 여러 사람의 입은 참으로 무서운 것이니라".

26 대종사 말씀하시기를 "중생들이 철없이 많은 죄업을 짓는 가운데 특히 무서운 죄업 다섯 가지가 있나니, 그 하나는

바른 이치를 알지 못하고 대중의 앞에 나서서 여러 사람의 정신을 그릇 인도함이요, 둘은 여러 사람에게 인과를 믿지 아니하게 하여 선한 업 짓는 것을 방해함이요, 셋은 바르고 어진 이를 헐고 시기함이요, 넷은 삿된 무리와 당을 짓고 삿된 무리에게 힘을 도와줌이요, 다섯은 대도정법의 신앙을 방해하며 정법 회상의 발전을 저해함이라, 이 다섯 가지 죄업 짓기를 쉬지 아니하는 사람은 삼악도를 벗어날 날이 없으리라".

27 대종사 말씀하시기를 "세상에 무서운 죄업 세 가지가 있으니, 그 하나는 겉눈치로 저 사람이 죄악을 범하였다고 단정하여 남을 모함하는 죄요, 둘은 남의 친절한 사이를 시기하여 이간하는 죄요, 셋은 삿된 지혜를 이용하여 순진한 사람을 그릇 인도하는 죄라, 이 세 가지 죄를 많이 지은 사람은 눈을 보지 못하는 과보나 말을 못하는 과보나 정신을 잃어버리는 과보 등을 받게 되느니라".

28 대종사 말씀하시기를 "옛날 어떤 선사는 제자도 많고 시주도 많아서 그 생활이 퍽 유족하였건마는, 과실나무 몇 주를 따로 심어놓고 손수 그것을 가꾸어 그 수입으로 상좌 하나를 따로 먹여 살리는지라, 모든 제자들이 그 이유를 물었더

니, 선사가 대답하기를 '그로 말하면 과거에도 지은 바가 없고 금생에도 남에게 유익 줄 만한 인물이 되지 못하거늘, 그에게 중인의 복을 비는 전곡을 먹이는 것은 그 빚을 훨씬 더하게 하는 일이라, 저는 한 세상 얻어먹은 것이 갚을 때에는 여러 세상 우마의 고를 겪게 될 것이므로, 나는 사제의 정의에 그의 빚을 적게 해주기 위하여 이와 같이 여가에 따로 벌어 먹이노라' 하였다 하니, 선사의 그 처사는 대중생활하는 사람에게 큰 법문이라, 그대들은 이 말을 범연히 듣지 말고 정신으로나 육신으로나 물질로나 남을 위하여 그만큼 일하는 바가 있다면 중인의 보시 받은 것을 먹어도 무방하려니와, 만일 제 일밖에 못하는 사람으로서 중인의 보시를 받아 먹는다면 그는 큰 빚을 지는 사람이라, 반드시 여러 세상의 노고를 각오하여야 하리라. 그러나, 대개 남을 위하는 사람은 오히려 보시 받기를 싫어하고 제 일밖에 못하는 사람이 도리어 보시 받기를 좋아하나니, 그대들은 날로 살피고 때로 살피어 대중에게 큰 빚을 지는 사람이 되지 아니하도록 조심하고 또 조심할지어다".

29 하루는 최내선崔內善이 대중공양大衆供養을 올리는지라 대종사 대중과 함께 공양을 마치신 후 말씀하시기를 "사람이

같은 분량의 복을 짓고도 그 과를 받는 데에는 각각 차등이 없지 아니하나니, 그것이 물질의 분량에만 있는 것이 아니라 마음의 심천에도 있는 것이며 또는 상대처의 능력 여하에도 있느니라. 영광에서 농부 한 사람이 어느 해 여름 장마에 관리 세 사람의 월천越川을 하여준 일이 있어서 그로 인하여 그들과 서로 알고 지내게 되었는데, 그 농부는 한날한시에 똑같은 수고를 들여 세 사람을 건네주었건마는 후일에 세 사람이 그 농부의 공을 갚는 데에는 각각 자기의 권리와 능력의 정도에 따라 상당한 차등이 있었다 하나니, 이것이 비록 현실에 나타난 일부의 말에 불과하나, 그 이치는 과거 현재 미래를 통하여 복 짓고 복 받는 내역이 대개 그러하니라".

30 대종사 영산에 계실 때 근동에 방탕하던 한 청년이 스스로 발심하여 과거의 잘못을 참회하고 대종사의 제자가 되어 사람다운 일을 하여보기로 맹세하더니, 그후 대종사께서 각처를 순회하시고 여러 달 후에 영산에 돌아오시니, 그가 그동안 다시 방탕하여 주색잡기로 가산을 탕패하고 전일에 맹세 드린 것을 부끄러이 생각하여 대종사를 피하여 다니다가, 하루는 노상에서 피하지 못하고 만나게 된지라, 대종사 말씀하시기를 "무슨 연고로 한 번도 나에게 오지 않았는가". 청년

이 사뢰기를 "그저 죄송할 뿐이옵니다". 대종사 말씀하시기를 "무엇이 죄송하다는 말인가". 청년이 사뢰기를 "제가 전 일에 맹세한 것이 이제 와서는 다 성인을 속임에 불과하게 되었사오니 어찌 죄송하지 아니하오리까. 널리 용서하여주시옵소서". 대종사 말씀하시기를 "그동안에 그대가 방심하여 그대의 가산을 탕진하고 그대가 모든 일에 곤란을 당하나니, 그러므로 나에게 용서를 구할 것이 따로 없느니라. 내가 그대를 대신하여 그대의 지은 죄를 받게 된다면 나에게 죄송하다고도 할 것이요 나를 피하려고도 할 것이나, 화복 간에 그대가 지은 일은 반드시 그대가 받는 것이라, 지금 그대는 나를 속였다고 생각하나 실상은 그대를 속인 것이니, 이 뒤부터는 공연히 나를 피하려 하지 말고 다시 그대의 마음을 단속하는 데에 힘쓸지어다".

31 대종사 영산에 계실 때에 하루는 채포菜圃에 나가시니, 채포 가에 있는 분항에 거름물이 가득하여 뭇 벌레가 화생하였는데, 마침 쥐 한 마리가 그것을 주워먹고 가는지라, 밭을 매던 제자들이 "저 쥐가 때로 와서 저렇게 주워먹고 가나이다" 하거늘, 대종사 말씀하시기를 "지금은 저 쥐가 벌레들을 마음대로 주워먹으나 며칠 안에 저 쥐가 벌레들에게 먹히는

바 되리라". 제자들이 말씀 뜻을 충분히 이해하지 못하여 "삼세인과가 어찌 그리 빠르리오" 하였더니, 며칠 후에 과연 그 쥐가 분항에 빠져 썩기 시작하매 뭇 벌레가 그 쥐를 빨아먹고 있는지라. 대종사 말씀하시기를 "내가 전일에 한 말을 그대들은 이상히 생각하는 듯하였으나 나는 다만 그 기틀을 보고 말한 것뿐이니라. 당시에는 분항 속에 거름이 가득하므로 쥐가 그 위를 횡행하며 벌레를 주워먹었으나, 채소밭을 매고서는 응당 그 거름을 퍼서 쓸 것이요, 그러면 그 항 속은 깊어져서 주의 없이 드나들던 저 쥐가 반드시 항 속에 빠져 죽을 것이며 그러하면 뭇 벌레의 밥이 될 수밖에 없는 것을 미리 추측한 것이니라" 하시고, 이어서 말씀하시기를 "사람의 죄복 간 인과도 그 일의 성질에 따라 후생에 받을 것은 후생에 받고 현생에 받을 것은 현생에 받게 되는 것이 이와 다를 것이 없느니라".

32 김삼매화金三昧華가 식당에서 육물을 썰고 있는지라 대종사 보시고 물으시기를 "그대는 도산지옥刀山地獄을 구경하였는가". 삼매화 사뢰기를 "구경하지 못하였나이다". 대종사 말씀하시기를 "도마 위에 고기가 도산지옥에 있나니 죽을 때에도 도끼로 찍히고 칼로 찢겨서 천 포 만 포가 되었으며 여

러 사람이 사다가 또한 집집에서 그렇게 천 칼 만 칼로 써니 어찌 두렵지 아니하리오".

33 대종사 말씀하시기를 "과거에는 마음이 거짓되고 악한 사람도 당대에는 혹 잘 산 사람이 많이 있었으나 앞으로는 마음이 거짓되고 악한 사람은 당대를 잘 살아나가기가 어려울 것이니, 사람들이 자기 일생을 통하여 지은 바 죄복을 자기 당대 안에 거의 다 받을 것이요, 후생으로 미루고 갈 것이 얼마 되지 아니하리라. 그러므로 세상이 밝아질수록 마음 하나가 참되고 선한 사람은 일체가 다 참되고 선하여 그 앞길이 광명하게 열릴 것이나, 마음 하나가 거짓되고 악한 사람은 일체가 다 거짓되고 악하여 그 앞길이 어둡고 막히리라".

제6 변의품辨疑品

1 대종사 선원 경강經講 시간에 출석하사 천지의 밝음이라는 문제로 여러 제자들이 변론함을 들으시다가 말씀하시기를 "그대들은 천지에 식識이 있다고 하는가, 없다고 하는가". 이 공주 사뢰기를 "천지에 분명한 식이 있다고 하나이다". 대종사 말씀하시기를 "무엇으로 식이 있는 것을 아는가". 공주 사뢰기를 "사람이 선을 지으면 우연한 가운데 복이 돌아오고 악을 지으면 우연한 가운데 죄가 돌아와서, 그 감응이 조금도 틀리지 않사오니 만일 식이 없다 하오면 어찌 그와 같이 죄복을 구분함이 있사오리까". 대종사 말씀하시기를 "그러면 그 구분하는 증거 하나를 들어서 아무라도 이해할 수 있도록 말하여보라". 공주 사뢰기를 "이것은 평소에 법설을 많이 들은

가운데 꼭 그렇겠다는 신념만 있을 뿐이요, 그 이치를 해부하여 증거로 변론하기는 어렵나이다". 대종사 말씀하시기를 "현묘한 지경은 알기도 어렵고 가령 안다 할지라도 충분히 증명하여 보이기도 어려우나, 이제 쉬운 말로 증거의 일단을 들어주리니 그대들은 이것을 미루어 가히 증거하기 어려운 지경까지 통하여 볼지어다. 무릇, 땅으로 말하면 오직 침묵하여 언어와 동작이 없으므로 세상 사람들이 다 무정지물로 인증하나 사실에 있어서는 참으로 소소영령한 증거가 있나니, 농사를 지을 때에 종자를 뿌려보면 땅은 반드시 그 종자의 생장을 도와주며, 또한 팥을 심은 자리에는 반드시 팥이 나게 하고 콩을 심은 자리에는 반드시 콩이 나게 하며, 또는 인공을 많이 들인 자리에는 수확도 많이 나게 하고 인공을 적게 들인 자리에는 수확도 적게 나게 하며, 인공을 잘못 들인 자리에는 손실도 나게 하여, 조금도 서로 혼란됨이 없이 종자의 성질과 짓는 바를 따라 밝게 구분하여주지 아니하는가. 이 말을 듣고 혹 말하기를 '그것은 종자가 스스로 생의 요소를 가지고 있고 사람이 공력을 들이므로 나는 것이요, 땅은 오직 바탕에 지나지 못하는 것이라'고 하리라. 그러나 종자가 땅의 감응을 받지 아니하고도 제 스스로 나서 자랄 수가 어디 있으며, 땅의 감응을 받지 아니하는 곳에 심고 거름하는 공력을 들인들 무슨 효과가 있겠는가. 뿐만 아니라, 땅에 의지한 일체만물이 하나도 땅의 감응을 받지 아니하고 나타나는 것이 없나니, 그러므로 땅은 일체만물을 통하여 간섭하지 않는 바가 없고, 생멸성쇠의 권능을 사용하지 않는 바가 없으며, 땅뿐 아니라 하늘과 땅이 둘이 아니요, 일월성신과 풍운우로상설이 모두 한 기운 한 이치여서 하나도 영험하지 않은 바가 없느니라. 그러므로 사람이 짓는 바 일체 선악은 아무리 은밀한 일이라도 다 속이지 못하며, 또는 그 보응을 항거하지 못하나니 이것이 모두 천지의 식이며 천지의 밝은 위력이니라. 그러나 천지의 식은 사람의 희로애락과는 같지 않은 식이니 곧 무념 가운데 행하는 식이며 상 없는 가운데 나타나는 식이며 공정하고 원만하여 사사가 없는 식이라, 이 이치를 아는 사람은 천지의 밝음을 두려워하여 어떠한 경계를 당할지라도 감히 양심을 속여 죄를 범하지 못하며, 한 걸음 나아가 천지의 식을 체받은 사람은 무량청정한 식을 얻어 천지의 위력을 능히 임의로 시행하는 수도 있느니라".

2 대종사 여러 제자에게 물으시기를 "사람이 마음 가운데 은밀히 악한 마음을 품으며 또는 은밀한 가운데 죄를 지어놓고도 천지만물을 대면하기가 스스로 부끄러운 마음이 없지

아니하나니, 그것이 어떠한 연고일꼬". 이원화李願華 사뢰기를 "사람이 혼자 가만히 한 일이라도 천지만물이 다 이를 아는 것이 마치 사람의 몸 한편에 조그마한 물것이 있어서 가만히 기어다니되 사람의 전체가 다 아는 것 같아서, 너른 천지 사이에 조그마한 사람 하나의 일이라도 천지만물이 자연히 다 알게 되므로 천지만물을 대면하기가 스스로 부끄러운가 하나이다". 대종사 말씀하시기를 "원화의 말이 그럴듯하나, 내 한 말 더하여주리라. 가령 악한 일을 하는 사람이 저 혼자 마음으로 가만히 결정한 일을 누가 알리오 하지마는 제 마음에 이미 결정한 때에는 곧 세상에 베풀어 쓸 것이요, 세상에 베풀어 쓰면 곧 세상이 알게 되므로 비록 은밀한 죄과라도 부끄러운 생각이 나는 것이니, 그러므로 사람의 가만히 한 일을 알고자 할진대 그 일에 나타남을 볼 것이어늘 사람들은 공연히 다른 사람의 비밀을 미리 알고자 하느니라".

 3 한 사람이 대종사께 여쭙기를 "동양 학설에는 하늘은 동하고 땅은 정한다 하고, 서양 학설에는 땅은 동하고 하늘이 정한다 하여, 두 말이 서로 분분하오니 청컨대 한 말씀으로 이를 판단하여주옵소서". 대종사 말씀하시기를 "이 학설들이 난 지가 이미 오래되고 이론이 또한 많으나, 나의 소견을 간

단히 말하자면 하늘과 땅은 원래 둘이 아닌지라 그 동과 정이 서로 다르지 아니하여, 동하는 것으로 보면 하늘과 땅이 다 동하고 정하는 것으로 보면 하늘과 땅이 다 정하느니라. 이것이 비유하건대 한 사람의 기운과 형체가 그 동·정을 서로 같이하는 것 같으니, 하늘의 기운과 땅의 바탕이 서로 연하여 끊임없이 순환함으로써 조화를 이루느니라. 그러나 주와 종으로 논하자면 기운은 주가 되고 바탕은 종이 되어 기운이 행함에 바탕이 따르게 되나니 이것이 곧 만고에 바꾸지 못할 원리이니라".

4 서대원徐大圓이 여쭙기를 "과거 부처님 말씀에 이 세계가 괴겁壞劫에는 소천소지燒天燒地로 없어진다 하오니 사실로 그러하오니까". 대종사 말씀하시기를 "그러하니라". 또 여쭙기를 "소천소지가 되오면 현재 나타나 있는 천지는 다 없어지고 다시 새 천지가 조판되나이까". 대종사 말씀하시기를 "소천소지가 된다 하여 일시에 천지가 소멸되는 것은 아니니, 비하건대 인간의 생로병사와 같아서 인생이 한편에서는 낳고 한편에서는 늙고 한편에서는 병들고 한편에서는 죽는 것이 끊임없이 계속되는 것같이, 천지에도 성주괴공成住壞空의 이치가 천만 가지 분야로 운행되어 지금 이 시간에도 이루어지는 부

분이 있고 그대로 머물러 있는 부분도 있으며 무너지는 부분도 있고 없어지는 부분도 있어서 늘 소천소지가 되고 있느니라".

5 또 여쭙기를 "과거 부처님 말씀에 삼천대천세계가 있다 하오니 사실로 있나이까". 대종사 말씀하시기를 "있느니라. 그러나 삼천대천세계가 이 세계 밖에 따로 건립된 것이 아니라 이 세계 안에 분립된 가지 가지의 세계를 이른 것이니, 그 수효를 헤아려보면 삼천대천세계로도 오히려 부족하니라". 다시 여쭙기를 "현 천문학계에서도 이 우주에는 우리가 살고 있는 세계 밖에 더 큰 세계가 많이 있다 하옵는데 어떠하나이까". 대종사 말씀하시기를 "부처님 말씀은 해석하는 사람의 견지에 따라 다른 것이며 현재의 학설도 비록 분분하나 멀지 않은 장래에 견성한 큰 학자가 나의 말을 인증할 것이니 나를 믿는 사람이라면 다시 의심하지 말라".

6 또 여쭙기를 "천지에 진강급 進降級이 있다 하오니 조선이 지금 어느 기期에 있나이까". 대종사 말씀하시기를 "진급기에 있느니라". 다시 여쭙기를 "진강급의 기한은 얼마나 되나이까". 대종사 말씀하시기를 "과거 부처님 말씀에 일대겁一大劫

으로 천지의 한 진강급기를 잡으셨느니라".

7 또 여쭙기를 "이 천지가 성주괴공이 될 때에는 무엇으로 되나이까". 대종사 말씀하시기를 "과거 부처님 말씀과 같이 수화풍水火風 삼륜三輪으로 되어지느니라".

8 또 여쭙기를 "선성의 말씀에 일월과 성신은 천지만물의 정령이라 한 바가 있사오니 사실로 그러하나이까". 대종사 말씀하시기를 "그러하니라".

9 전주의 교도 한 사람이 천주교인과 서로 만나 담화하는 중 천주교인이 묻기를 "귀하는 조물주를 아는가" 하는데 그가 능히 대답하지 못하였더니, 그 사람이 "우리 천주께서는 전지전능하시니 이가 곧 조물주라"고 말하는지라, 후일에 대종사께서 그 교도의 보고를 들으시고 웃으시며 말씀하시기를 "그대가 그 사람에게 다시 가서, 귀하가 천주를 조물주라 하니 귀하는 천주를 보았느냐고 물어보라. 그리하여, 보지 못하였다고 하거든 그러면 알지 못하는 것과 같지 않으냐고 말한 후에, 내가 다시 생각하여보니 조물주가 다른 데 있는 것이 아니라 귀하의 조물주는 곧 귀하요, 나의 조물주는 곧 나며, 일

체 생령이 다 각각 자기가 자기의 조물주인 것을 알았노라 하라. 이것이 가장 적절한 말이니 그 사람이 만일 이 뜻에 깨달음이 있다면 바로 큰 복음이 되리라".

10 한 제자 여쭙기를 "극락과 지옥이 어느 곳에 있나이까". 대종사 말씀하시기를 "네 마음이 죄복과 고락을 초월한 자리에 그쳐 있으면 그 자리가 곧 극락이요, 죄복과 고락에 사로잡혀 있으면 그 자리가 곧 지옥이니라". 또 여쭙기를 "어찌하여야 길이 극락생활만 하고 지옥에 떨어지지 아니하오리까". 대종사 말씀하시기를 "성품의 본래 이치를 오득하여 마음이 항상 자성을 떠나지 아니하면 길이 극락생활을 하게 되고 지옥에 떨어지지 아니하리라".

11 한 제자 여쭙기를 "과거 부처님 말씀에 천상에 삼십삼천이 있다 하오니 그 하늘이 저 허공계에 층층으로 나열되어 있나이까". 대종사 말씀하시기를 "천상세계는 곧 공부의 정도를 구분하여놓은 것에 불과하니 하늘이나 땅이나 실력 갖춘 공부인 있는 곳이 곧 천상이니라". 또 여쭙기를 "그 가운데 차차 천상에 올라갈수록 천인天人의 키가 커진다는 말씀과 의복 무게가 가벼워진다는 말씀이 있사온데 무슨 뜻이오니까".

대종사 말씀하시기를 "키가 커진다는 것은 도력이 향상될수록 정신 기운이 커오르는 현상을 이른 것이요, 의복 무게가 가벼워진다는 것은 도력이 향상될수록 탁한 기운이 가라앉고 정신이 가벼워지는 현상을 이른 것이니라. 그러나 설사 삼십삼천의 구경에 이른 천인이라도 대원정각大圓正覺을 하지 못한 사람은 복이 다하면 타락하게 되느니라".

12 조전권이 여쭙기를 "제가 과거에 동리 근처의 오래된 나무를 베거나 혹 함부로 하여 벌을 받는 것을 본 일이 있사온데, 그러한 무정지물에도 인과관계가 있어 그러하나이까". 대종사 말씀하시기를 "그것은 나무와의 인과로 그리된 것이 아니라, 과거 음 시대에는 몸을 받지 못한 이매망량魑魅魍魎의 무리가 많이 있어서 그러한 나무나 혹은 성황城隍이나 명산대천에 의지하여 어리석은 대중의 정성을 많이 받고 있다가, 제 기운보다 약한 사람이 저를 해롭게 하면 혹은 병도 주고 혹은 벌도 내린 일이 없지 아니하였으나, 지금은 양 시대가 되어가는지라 앞으로는 그러한 무리가 감히 인간계를 해치지 못하리라".

13 한 제자 여쭙기를 "어떠한 주문을 외고 무슨 방법으로

하여야 심령이 열리어 도를 속히 통할 수 있사오리까". 대종사 말씀하시기를 "큰 공부는 주문 여하에 있는 것이 아니요 오직 사람의 정성 여하에 있나니, 그러므로 옛날에 무식한 짚신장수 한 사람이 수도에 발심하여 한 도인에게 도를 물었더니 '즉심시불卽心是佛'이라 하는지라, 무식한 정신에 '짚신 세 벌'이라 하는 줄로 알아듣고 여러 해 동안 '짚신 세 벌'을 외고 생각하였는데 하루는 문득 정신이 열리어 마음이 곧 부처인 줄을 깨달았다 하며, 또 어떤 수도인은 고기를 사는데 '정한 데로 떼어달라' 하니, 그 고기장수가 칼을 고기에 꽂아놓고 '어디가 정하고 어디가 추하냐'는 물음에 도를 깨쳤다 하니, 이는 도를 얻는 것이 어느 곳 어느 때 어느 주문에만 있는 것이 아님을 여실히 보이는 말이라, 그러나 우리는 이미 정한 바 주문이 있으니 그로써 정성을 들임이 공이 더욱 크리라".

14 여자 교도 한 사람이 대종사께 여쭙기를 "저도 전무출신專務出身들과 같이 깨끗이 재계하옵고 기도를 올리고 싶사오나 가정에 매이어 제 자유가 없는 몸이므로 그 뜻을 이루지 못하오니 어찌하면 좋겠나이까". 대종사 말씀하시기를 "마음 재계하는 것은 출가 재가가 다를 것이 없나니, 그대의 마음만 깨끗이 재계하고 정성껏 기도를 올리라. 그러하면 그 정성에

따라 그만한 위력을 얻는 것이 아무 차별이 없으리라".

15 한 사람이 이재철에게 묻기를 "들은즉 귀하의 선생님이 성인이시라 하니 사리 간에 무엇이든지 다 아시는가". 재철이 말하기를 "다 아시느니라". 그 사람이 말하기를 "비행기나 기차 제조하는 법도 아시는가". 재철이 말하기를 "성인은 사리의 대체를 아시는 것이요, 그러한 기술 부분은 거기에 전문하는 사람이 아느니라". 그 사람이 말하기를 "그러면 사리 간에 다 아신다는 것이 모순된 말이 아닌가". 재철이 말하기를 "대체라 하는 것은 그 근본을 이름이니 무엇이든지 그 근본을 알면 가지와 잎은 다 그 가운데 있느니라. 이에 한 예를 들어 말하자면 가령 한 지방의 장관이나 한 나라의 원수가 저 말단에 가서는 한 서기나 기사의 아는 것을 다 알지 못할 수가 있으나 그 행정의 대체를 잘 알아서 각 부분을 순서 있게 지도한다면 그가 그 일을 알았다고 하겠는가 몰랐다고 하겠는가. 성현의 지견도 또한 이와 같아서 대소유무와 시비이해의 대의를 통달하시므로 사리를 다 아신다 하는 것이요, 말단의 기술 부분까지 아신다는 것이 아니니, 그 대의에 통달하시므로 천만 지식이 모두 그 강령과 범위 안에 들어 있느니라" 하고, 돌아와 대종사께 그대로 고하였더니, 대종사 말씀하시기를 "일

산一山의 말이 대의에 옳다" 하시니라.

16 대종사 서울에 계실 때에 민자연화閔自然華가 매양 대종사의 공양하시고 남은 밥을 즐겨 먹거늘 대종사 그 연유를 물으시니 자연화 사뢰기를 "불서에 부처님 공양하고 남은 음식을 먹으면 천도도 받고 성불도 할 수 있다 하였삽기로 그러하나이다". 대종사 말씀하시기를 "그것은 그대가 나를 지극히 믿고 존경함에서 나온 생각임을 알겠으나 그대가 그 말을 사실로 해석하여 알고 믿는가 또는 알지 못하고 미신으로 믿는가". 자연화 사뢰기를 "그저 믿을 뿐이옵고 그 참뜻을 분석해 보지는 못하였나이다". 대종사 말씀하시기를 "사람이 부처님의 공양하시고 남은 밥을 먹게 된 때에는 그만큼 부처님과 친근하게 된 것이라, 자연히 보는 것은 부처님의 행동이요, 듣는 것은 부처님의 말씀이요, 깨닫는 것은 부처님의 정법이요, 물드는 것은 부처님의 습관이 되어, 이에 따라 천도받기도 쉽게 되고 성불도 쉽게 할 수 있을 것이 아닌가. 이것이 곧 그 말씀의 참뜻이니라".

17 한 제자 여쭙기를 "사원의 탑을 많이 돌면 죽은 후에 왕생극락을 한다 하와 신자들이 탑을 돌며 예배하는 일이 많사

오니 사실로 그러하오니까". 대종사 말씀하시기를 "그는 우리 육신이 돌로 만든 탑만 돌라는 말씀이 아니라, 지수화풍으로 모인 자기 육신의 탑을 자기의 마음이 항상 돌아서 살피면 극락을 수용할 수 있다는 뜻이니 몸이 돌로 만든 탑만 돌고 육신의 탑을 마음이 돌 줄을 모른다면 어찌 그 참뜻을 알았다 하리오".

18 한 제자 여쭙기를 "과거 부처님 말씀에 공부가 순숙되면 삼명육통三明六通을 얻는다 하였사오니, 어느 법위에나 오르면 삼명육통을 얻게 되나이까". 대종사 말씀하시기를 "삼명 가운데 숙명宿命·천안天眼의 이명과 육통 가운데 천안天眼·천이天耳·타심他心·숙명宿命·신족神足의 오통은 정식 법강항마위가 되지 못한 사람도 부분적으로 혹 얻을 수가 있으나 정식 법강항마위 이상 도인도 얻지 못하는 수가 있으며, 누진명漏盡明과 누진통은 대원정각을 한 불보살이라야 능히 얻게 되느니라".

19 한 제자 여쭙기를 "금강경 가운데 사상四相의 뜻을 알고 싶나이다". 대종사 말씀하시기를 "사상에 대하여 고래로 여러 학자들의 해석이 많이 있는 모양이나 간단히 실지에 부합

시켜 말하여주리라. 아상我相이라 함은 모든 것을 자기 본위로만 생각하여 자기와 자기의 것만 좋다 하는 자존심을 이름이요, 인상人相이라 함은 만물 가운데 사람은 최령하니 다른 동물들은 사람을 위하여 생긴 것이라 마음대로 하여도 상관없다는 인간 본위에 국한됨을 이름이요, 중생상衆生相이라 함은 중생과 부처를 따로 구별하여 나 같은 중생이 무엇을 할 것이냐 하고 스스로 타락하여 향상이 없음을 이름이요, 수자상壽者相이라 함은 연령이나 연조나 지위가 높다는 유세로 시비는 가리지 않고 그것만 앞세우는 장노의 상을 이름이니, 이 사상을 가지고는 불지에 이르지 못하느니라". 또 여쭙기를 "이 사상을 무슨 방법으로 없애오리까". 대종사 말씀하시기를 "아상을 없애는 데는 내가 제일 사랑하고 위하는 이 육신이나 재산이나 지위나 권세도 죽는 날에는 아무 소용이 없으니 모두가 정해진 내 것이 아니라는 무상의 이치를 알아야 될 것이며, 인상을 없애는 데는 육도사생이 순환무궁하여 서로 몸이 바뀌는 이치를 알아야 될 것이며, 중생상을 없애는 데는 본시 중생과 부처가 둘이 아니라 부처가 매하면 중생이요 중생이 깨치면 부처인 줄을 알아야 될 것이며, 수자상을 없애는 데는 육신에 있어서는 노소와 귀천이 있으나 성품에는 노소와 귀천이 없는 줄을 알아야 할 것이니, 수도인이 이 사상만 완전히 떨어지면 곧 부처니라".

20 이춘풍이 유가의 규모를 벗어나 출가하여 대종사를 뵈옵고 사뢰기를 "제가 대종사를 뵈오니 마음이 황홀하와 삼천 제자를 거느렸던 공자님을 뵈온 것 같사오나 원래 불교는 유교 선성들이 수긍하지 아니한 점이 있사와 늘 마음에 걸리나이다". 대종사 말씀하시기를 "그 점이 무엇이던가". 춘풍이 사뢰기를 "불교는 허무적멸을 주장하므로 무부무군無父無君이 된다고 하였나이다". 대종사 말씀하시기를 "부처님의 본의가 영겁다생에 많은 부모와 자녀를 위하사 제도의 문을 열어놓으셨건마는 후래 제자로서 혹 그 뜻에 어그러진 바가 없지도 않았으나, 앞으로는 모든 법을 시대에 적응하게 하여 불교를 믿음으로써 가정의 일이 잘되게 하고, 불교를 믿음으로써 사회 국가의 일이 잘되도록 하려 하노니 무부무군이 될까 염려하지 말 것이며, 또는 주역周易의 무극과 태극이 곧 허무적멸의 진경이요, 공자의 인仁이 곧 사욕이 없는 허무적멸의 자리요, 자사子思의 미발지중未發之中이 허무적멸이 아니면 적연부동한 중中이 될 수 없고, 대학의 명명덕明明德이 허무적멸이 아니면 명덕을 밝힐 수 없는 바라, 그러므로 각종 각파가 말은 다르고 이름은 다르나 그 진리의 본원인즉 같으니라. 그러

나 허무적멸에만 그쳐버리면 큰 도인이 될 수 없나니 허무적멸로 도의 체를 삼고 인의예지로 도의 용을 삼아서 인간만사에 풀어 쓸 줄 알아야 원만한 대도니라".

21 한 제자 여쭙기를 "어떠한 사람이 와서 대종사의 스승을 묻자옵기로 우리 대종사님께서는 스스로 대각을 이루셨는지라 직접 스승이 아니 계신다고 하였나이다". 대종사 말씀하시기를 "후일에 또다시 나의 스승을 묻는 사람이 있으면 너희 스승은 내가 되고 나의 스승은 너희가 된다고 답하라". 또 한 제자 여쭙기를 "대종사의 법통은 어느 부처님이 본사本師가 되시나이까". 대종사 말씀하시기를 "한 판이 바뀌는 때이나 석가세존이 본사가 되시느니라".

22 한 제자 여쭙기를 "우리는 불상 숭배를 개혁하였사오니 앞으로 어느 때까지든지 대종사 이하 역대 법사의 기념상도 조성할 수 없사오리까". 대종사 말씀하시기를 "기념상을 조성하여 유공인을 기념할 수는 있으나 신앙의 대상으로 삼지는 못하리라".

23 한 제자 여쭙기를 "사은에 경중이 있어서 천지·부모는

하감지위下鑑之位라 하고, 동포·법률은 응감지위應鑑之位라 하나이까". 대종사 말씀하시기를 "경중을 따로 논할 것은 없으나 항렬行列로써 말하자면 천지·부모는 부모 항이요, 동포·법률은 형제 항이라 그러므로 하감·응감으로써 구분하였느니라".

24 한 제자 여쭙기를 "정전 가운데 천지 보은의 강령에 "사람이 천지 보은을 하기로 하면 먼저 그 도를 체받아 실행하라" 하였사오니, 천지는 우리에게 그러한 큰 은혜를 입혔사온데 우리는 한갓 천지의 도를 본받아 행하는 것만으로써 어찌 보은이 된다 하겠나이까". 대종사 말씀하시기를 "이에 대하여 한 예를 들어 말한다면 과거 불보살의 회상이나 성현 군자의 문정門庭에 그 제자가 선생의 가르치신 은혜를 받은 후 설사 물질의 보수는 없다 할지라도 그 선생의 아는 것을 다 알고 행하는 것을 다 행하여 선생의 사업을 능히 계승한다면 우리는 그를 일러 선생의 보은자라 할 것인가, 배은자라 할 것인가. 이것을 미루어 생각할 때에 천지의 도를 본받아 행함이 천지 보은이 될 것임을 가히 알지니라".

25 한 제자 여쭙기를 "부모 보은의 조목에 "공부의 요도와

인생의 요도를 유루 없이 밟으라" 하셨사오니 그것이 어찌 부모 보은이 되나이까". 대종사 말씀하시기를 "공부의 요도를 지내고 나면 부처님의 지견을 얻을 것이요 인생의 요도를 밟고 나면 부처님의 실행을 얻을지니, 자녀된 자로서 부처님의 지행을 얻어 부처님의 사업을 이룬다면 그 꽃다운 이름이 너른 세상에 드러나서 자연 부모의 은혜까지 드러나게 될 것이라, 그리된다면 그 자녀로 말미암아 부모의 영명榮名이 천추에 길이 전하여 만인의 존모할 바 될 것이니, 어찌 단촉한 일생에 시봉만 드리는 것에 비하겠는가. 그러므로 이는 실로 무량한 보은이 되느니라". 또 여쭙기를 "자력 없는 타인의 부모라도 내 부모와 같이 보호하라 하셨사오니 그것은 어찌 부모 보은이 되나이까". 대종사 말씀하시기를 "과거 부처님이 말씀하신 다생의 이치로써 미루어 보면 과거 미래 수천만 겁을 통하여 정하였던 부모와 정할 부모가 실로 한이 없고 수가 없을 것이니, 이 많은 부모의 은혜를 어찌 현생 부모 한두 분에게만 보은함으로써 다하였다 하리오. 그러므로 현생 부모가 생존하시거나 열반하신 후나 힘이 미치는 대로 자력 없는 타인 부모의 보호법을 쓰면 이는 삼세 일체 부모의 큰 보은이 되느니라".

26 한 제자 여쭙기를 "정전 가운데 상시응용 주의사항 각 조목과 삼학과의 관계는 어떠하나이까". 대종사 말씀하시기를 "상시응용 주의사항은 곧 삼학을 분해하여 제정한 것이니 오조는 정신수양을 진행시키는 길이요, 이조·삼조·사조는 사리연구를 진행시키는 길이요, 일조는 작업취사를 진행시키는 길이요, 육조는 삼학 공부 실행하고 아니한 것을 살피고 대조하는 길이니라". 또 여쭙기를 "상시응용 주의사항 각 조목을 동·정 두 사이로 나누어 보면 어떻게 되나이까". 대종사 말씀하시기를 "삼조·사조·오조는 정할 때 공부로서 동할 때 공부의 자료를 준비하는 길이 되고, 일조·이조·육조는 동할 때 공부로서 정할 때 공부의 자료를 준비하는 길이 되나니, 서로서로 도움이 되는 길이며, 일분일각도 공부를 놓지 않게 하는 길이니라". 또 여쭙기를 "상시응용 주의사항과 교당 내왕시 주의사항의 관계는 어떠하나이까". 대종사 말씀하시기를 "상시응용 주의사항은 유무식·남녀·노소·선악·귀천을 막론하고 인간생활을 하여가면서도 상시로 공부할 수 있는 빠른 법이 되고, 교당 내왕시 주의사항은 상시응용 주의사항의 길을 도와주고 알려주는 법이 되느니라".

27 대종사 선원들의 변론함을 들으시니, 한 선원은 말하기

를 "같은 밥 한 그릇으로도 한 사람에게만 주는 것보다 열 사람에게 고루 나누어주는 공덕이 더 크다" 하고, 또 한 선원은 말하기를 "열 사람이 다 만족하지 못하게 주는 것보다 한 사람이라도 만족하게 주는 공덕이 더 크다" 하여 서로 해결을 못 짓고 있는지라, 대종사 판단하여 말씀하시기를 "같은 한 물건이지마는 한 사람에게만 주면 그 한 사람이 즐겨하고 갚을 것이요, 또는 한 동리나 한 나라에 주면 그 동리나 나라에서 즐겨하고 갚을 것이요, 국한 없는 세계 사업에 주고 보면 전 세계에서 즐겨하고 갚게 될 것이라, 그러므로 같은 것을 가지고도 국한 있게 쓴 공덕과 국한 없이 쓴 공덕을 비교한다면 국한 없이 쓴 공덕이 국한 있게 쓴 공덕보다 한량없이 더 크니라".

28 한 제자 여쭙기를 "유상보시有相布施와 무상보시의 공덕의 차이가 어떻게 다르나이까". 대종사 말씀하시기를 "보시를 하는 것이 비하건대 과수에 거름을 하는 것과 같으니 유상보시는 거름을 위에다가 흩어주는 것 같고 무상보시는 거름을 한 후에 묻어주는 것 같으니라. 위에다가 흩어준 거름은 그 기운이 흩어지기 쉬운 것이요, 묻어준 거름은 그 기운이 오래 가고 든든하니, 유상보시와 무상보시의 공덕의 차이도 또한

이와 같으니라".

29 조원선曺元善이 여쭙기를 "동학 가사에 '이로운 것이 궁궁을을에 있다利在弓弓乙乙' 하였사오니 무슨 뜻이오니까". 대종사 말씀하시기를 "세상에는 구구한 해석이 많이 있으나 글자 그대로 궁궁은 무극 곧 일원이 되고 을을은 태극이 되나니 곧 도덕의 본원을 밝히심이요, 이러한 원만한 도덕을 주장하여 모든 척이 없이 살면 이로운 것이 많다는 것이니라". 또 여쭙기를 "궁을가를 늘 부르면 운이 열린다 하였사오니 무슨 뜻이오리까". 대종사 말씀하시기를 "그러한 도덕을 신봉하면서 염불이나 주송呪誦을 많이 계속하면 자연 일심이 청정하여 각자의 내심에 원심과 독심이 녹아질 것이며, 그에 따라 천지 허공법계가 다 청정하고 평화하여질 것이라는 말씀이니 그보다 좋은 노래가 어디 있으리오. 많이 부르라".

30 최수인화崔修仁華는 여러 대의 동학 신자로 우연히 발심하여 입교하였더니 하루는 대종사께 여쭙기를 "저는 동학을 신앙하올 때 늘 수운水雲 선생의 갱생을 믿고 기다렸삽던바, 대종사를 한번 뵈오니 곧 그 어른을 뵈옵는 것 같사와 더욱 정의가 두터워지고 기쁜 마음을 억제할 수 없나이다" 하거

늘, 대종사 웃으시며 말씀하시기를 "그러한 성현들은 심신의 거래를 자유자재하시는지라 일의 순서를 따라 나신 국토에 다시 나기도 하고 동양에나 서양에 임의로 수생하여 조금도 구애를 받지 아니하시느니라. 과거에도 이 나라에 무등無等한 도인이 많이 나셨지마는 이후로도 무등한 도인이 사방에서 모여들어 전무후무한 도덕 회상을 마련할 것이니, 그대는 나를 믿을 때에 나의 도덕을 보고 믿을지언정 어디에 의지하는 마음으로 믿지는 말라".

31 한 제자 남의 시비를 함부로 논평하는 습관이 있어 하루는 증산甑山 선생을 광인이라 이르는지라 대종사 들으시고 말씀하시기를 "그대가 어찌 선인先人들의 평을 함부로 하리오. 그 제자들의 허물을 보고 그 스승까지 논죄함은 옳지 못하며, 또는 그 사람이 아니면 그 사람을 모르는지라 저의 주견이 투철하게 열리지 못한 사람은 함부로 남의 평을 못하느니라". 그 제자 여쭙기를 "그러하오면, 그분이 어떠한 분이오니까". 대종사 말씀하시기를 "증산 선생은 곧 드물게 있는 선지자요 신인이라, 앞으로 우리 회상이 세상에 드러난 뒤에는 수운 선생과 함께 길이 받들고 기념하게 되리라".

32 김기천이 여쭙기를 "선지자들이 말씀하신 후천개벽 後天開闢의 순서를 날이 새는 것에 비유한다면 수운 선생의 행적은 세상이 깊이 잠든 가운데 첫새벽의 소식을 먼저 알리신 것이요, 증산 선생의 행적은 그다음 소식을 알리신 것이요, 대종사께서는 날이 차차 밝으매 그 일을 시작하신 것이라 하오면 어떠하오리까". 대종사 말씀하시기를 "그럴듯하니라". 이호춘李昊春이 다시 여쭙기를 "그 일을 또한 일 년 농사에 비유한다면 수운 선생은 해동이 되니 농사지을 준비를 하라 하신 것이요, 증산 선생은 농력農曆의 절후를 일러주신 것이요, 대종사께서는 직접으로 농사법을 지도하신 것이라 하오면 어떠하오리까". 대종사 말씀하시기를 "또한 그럴듯하니라". 송도성이 다시 여쭙기를 "그분들은 그만한 신인이온데 그 제자들로 인하와 세인의 논평이 한결같지 않사오니, 그분들이 뒷세상에 어떻게 되오리까". 대종사 말씀하시기를 "사람의 일이 인증할 만한 이가 인증하면 그대로 되나니, 우리가 오늘에 이 말을 한 것도 우리 법이 드러나면 그분들이 드러나는 것이며, 또는 그분들은 미래 도인들을 많이 도왔으니 그 뒤 도인들은 먼저 도인들을 많이 추존하리라".

33 한 사람이 여쭙기를 "우리나라 전래의 비결에 '앞으로

정鄭도령이 계룡산에 등극하여 천하를 평정하리라' 하였사오니 사실로 그러하오리까". 대종사 말씀하시기를 "계룡산이라 함은 곧 밝아오는 양陽 세상을 이름이요, 정도령이라 함은 곧 바른 지도자들이 세상을 주장하게 됨을 이름이니 돌아오는 밝은 세상에는 바른 사람들이 가정과 사회와 국가와 세계를 주장하게 될 것을 예시豫示한 말이니라".

34 김기천이 여쭙기를 "견성을 못한 사람으로서 정식 법강 항마위에 승급할 수 있나이까". 대종사 말씀하시기를 "승급할 수 없느니라".

35 또 여쭙기를 "보통급에서 항마위에 오르는 공력과 항마위에서 여래위如來位에 오르는 공력이 어느 편이 어렵나이까". 대종사 말씀하시기를 "그는 근기에 따라 다르나니 혹 최상근기는 항마하면서 바로 여래위에 오르는 사람도 있고 항마위에 올라가서 오랜 시일을 지체하는 근기도 있느니라".

36 또 여쭙기를 "수도인이 공부를 하여 나아가면 시해법尸解法을 행하는 경지가 있다 하오니 어느 위位에나 승급하여야 그리되나이까". 대종사 말씀하시기를 "여래위에 오른 사람

도 그리 안 되는 사람이 있고, 설사 견성도 못하고 항마위에 승급도 못한 사람이라도 일방 수양에 전공하여 그와 같이 되는 수가 있으나, 그것으로 원만한 도를 이루었다고는 못하느니라. 그러므로 돌아오는 시대에는 아무리 위로 천문을 통하고 아래로 지리를 통하며 골육이 분형되고 영통을 하였다 할지라도 인간 사리를 잘 알지 못하면 조각 도인이니, 그대들은 삼학의 공부를 병진하여 원만한 인격을 양성하라".

37 또 여쭙기를 "법강항마위 승급 조항에 생로병사에 해탈을 얻어야 한다고 한 바가 있사오니, 과거 고승들과 같이 좌탈입망坐脫立亡의 경지를 두고 이르심이오니까". 대종사 말씀하시기를 "그는 불생불멸의 진리를 요달하여 나고 죽는 데에 끌리지 않는다는 말이니라".

38 또 여쭙기를 "앞으로 종법사 선거에 어느 위에 오른 분이라야 추대될 수 있사오리까". 대종사 말씀하시기를 "아무리 말세라도 항마위 이상이라야 종법사의 자격이 있느니라". 또 여쭙기를 "혹 당대 종법사보다 법력 높은 도인이 날 때에는 법위 승급을 어떻게 하오리까". 대종사 말씀하시기를 "대중의 공의를 얻어 하느니라".

39 한 제자 여쭙기를 "어느 위에나 오르면 불퇴전不退轉이 되나이까". 대종사 말씀하시기를 "출가위出家位 이상이라야 되느니라. 그러나 불퇴전에만 오르면 공부심을 놓아도 퇴전 하지 않는 것이 아니니, 천하의 진리가 어느 것 하나라도 그 대로 머물러 있는 것이 없는지라 불퇴전 위에 오르신 부처님 께서도 공부심은 여전히 계속되어야 어떠한 순역경계와 천마 외도라도 그 마음을 물러나게 하지 못할지니 이것이 이른바 불퇴전이니라".

40 또 여쭙기를 "최상의 근기는 일시에 돈오돈수頓悟頓修 를 한다 하였사오니 일시에 오悟와 수修를 끝마치나이까". 대 종사 말씀하시기를 "과거 불조 가운데 돈오돈수를 하였다 하 는 이가 더러 있으나, 실은 견성의 경로도 천만 층이요 수행 도 여러 계단을 거쳐서 돈오돈수를 이루는 것이니 비하건대 날이 샐 때에 어둠이 가는지 모르게 물러가고 밝음이 오는 줄 모르게 오는 것 같으니라".

제7 성리품性理品

1 대종사 대각을 이루시고 그 심경을 시로써 읊으시되 "청풍월상시淸風月上時에 만상자연명萬像自然明이라" 하시니라.

2 대종사 말씀하시기를 "사람의 성품이 정한즉 선도 없고 악도 없으며, 동한즉 능히 선하고 능히 악하나니라".

3 대종사 말씀하시기를 "선과 악을 초월한 자리를 지선至善이라 이르고, 고와 낙을 초월한 자리를 극락이라 이르느니라".

4 대종사 말씀하시기를 "큰 도는 원융圓融하여 유와 무가 둘이 아니요, 이理와 사事가 둘이 아니며, 생과 사가 둘이 아

니요, 동과 정이 둘이 아니니, 둘 아닌 이 문에는 포함하지 아니한 바가 없느니라".

5 대종사 말씀하시기를 "큰 도는 서로 통하여 간격이 없건마는 사람이 그것을 알지 못하므로 스스로 간격을 짓게 되나니, 누구나 만법을 통하여 한 마음 밝히는 이치를 알아 행하면 가히 대원정각을 얻으리라".

6 대종사 말씀하시기를 "만일, 마음은 형체가 없으므로 형상을 가히 볼 수 없다고 하며 성품은 언어가 끊어졌으므로 말로 가히 할 수 없다고만 한다면 이는 참으로 성품을 본 사람이 아니니, 이에 마음의 형상과 성품의 체가 완연히 눈앞에 있어서 눈을 궁굴리지 아니하고도 능히 보며 입만 열면 바로 말할 수 있어야 가히 밝게 불성을 본 사람이라고 하리라".

7 대종사 말씀하시기를 "수도하는 사람이 견성을 하려는 것은 성품의 본래 자리를 알아, 그와 같이 결함 없게 심신을 사용하여 원만한 부처를 이루는 데에 그 목적이 있나니, 만일 견성만 하고 성불하는 데에 공을 들이지 아니한다면 이는 보기 좋은 납도끼와 같아서 별 소용이 없느니라".

8 대종사 말씀하시기를 "견성見性이라 하는 것은 비하건대 거부 장자가 자기의 재산을 자기의 재산으로 알지 못하고 지내다가 비로소 알게 된 것과 같고, 솔성率性이라 하는 것은 이미 자기의 소유인 것을 알았으나 전일에 잃어버리고 지내는 동안 모두 다른 사람에게 빼앗긴 바 되었는지라 여러모로 주선하여 그 잃었던 권리를 회복함과 같으니라".

9 대종사 말씀하시기를 "종교의 문에 성리를 밝힌 바가 없으면 이는 원만한 도가 아니니 성리는 모든 법의 조종이 되고 모든 이치의 바탕이 되는 까닭이니라".

10 대종사 봉래정사에 계시더니 때마침 큰비가 와서 층암 절벽 위에서 떨어지는 폭포와 사방 산골에서 흐르는 물이 줄기차게 내리는지라, 한참 동안 그 광경을 보고 계시다가 이윽고 말씀하시기를 "저 여러 골짜기에서 흐르는 물이 지금은 그 갈래가 비록 다르나 마침내 한곳으로 모아지리니 만법귀일萬法歸一의 소식도 또한 이와 같으니라".

11 대종사 봉래정사에서 제자들에게 글 한 수를 써주시되 "변산구곡로邊山九曲路에 석립청수성石立聽水聲이라 무무역무

무無無亦無無요 비비역비비非非亦非非라" 하시고 "이 뜻을 알면 곧 도를 깨닫는 사람이라" 하시니라.

12 대종사 영산으로부터 봉래정사에 돌아오사 한 제자에게 말씀하시기를 "내가 영산에서 윤선輪船으로 이곳에 올 때에 바닷물을 보니 깊고 넓은지라 그 물을 낱낱이 되어보았으며 고기 수도 낱낱이 헤어보았노니, 그대도 혹 그 수를 알겠는가" 하신데, 그 사람이 말씀 뜻을 짐작하지 못하니라.

13 대종사 봉래정사에서 모든 제자에게 말씀하시기를 "옛날 어느 학인學人이 그 스승에게 도를 물었더니 스승이 말하되 '너에게 가르쳐주어도 도에는 어긋나고 가르쳐주지 아니하여도 도에는 어긋나나니, 그 어찌하여야 좋을꼬' 하였다 하니, 그대들은 그 뜻을 알겠는가". 좌중이 묵묵하여 답이 없거늘 때마침 겨울이라 흰 눈이 뜰에 가득한데 대종사 나가시사 친히 도량의 눈을 치시니 한 제자 급히 나가 눈가래를 잡으며 대종사께 방으로 들어가시기를 청하매, 대종사 말씀하시기를 "나의 지금 눈을 치는 것은 눈만 치기 위함이 아니라 그대들에게 현묘한 자리를 가르침이었노라".

14 대종사 봉래정사에서 문정규에게 물으시기를 "벽에 걸린 저 달마대사의 영상을 능히 걸릴 수 있겠는가". 정규 사뢰기를 "능히 걸리겠나이다". 대종사 말씀하시기를 "그러면 한번 걸려보라". 정규 곧 일어나 몸소 걸어가거늘 대종사 말씀하시기를 "그것은 정규가 걷는 것이니, 어찌 달마의 화상을 걸렸다 하겠는가". 정규 말하기를 "동천에서 오는 기러기 남천으로 갑니다" 하니라.

15 대종사 봉래정사에 계시더니 선승禪僧 한 사람이 금강산으로부터 와서 뵈옵는지라, 물으시기를 "그대가 수고를 생각하지 아니하고 멀리 찾아왔으니 무슨 구하는 바가 있는가". 선승이 사뢰기를 "도를 듣고자 하나이다. 도가 있는 데를 일러주옵소서". 대종사 말씀하시기를 "도가 그대의 묻는 데에 있느니라". 선승이 예배하고 물러가니라.

16 선승 한 사람이 봉래정사에 와서, 대종사께 뵈옵고 여쭙기를 "여래如來는 도솔천兜率天을 여의지 아니하시고 몸이 이미 왕궁가에 내리셨으며, 어머니의 태중에서 중생 제도하시기를 다 마치셨다 하였사오니 무슨 뜻이오니까". 대종사 말씀하시기를 "그대가 실상사實相寺를 여의지 아니하고 몸이 석

두암石頭庵에 있으며, 비록 석두암에 있으나 드디어 중생 제도를 다 마쳤느니라".

17 대종사 봉래정사에 계시더니 한 사람이 서중안徐中安의 인도로 와서 뵈옵거늘 대종사 물으시기를 "어떠한 말을 듣고 이러한 험로에 들어왔는가". 그가 사뢰기를 "선생님의 높으신 도덕을 듣고 일차 뵈오러 왔나이다". 대종사 말씀하시기를 "나를 보았으니 무슨 원하는 것이 없는가". 그가 사뢰기를 "저는 항상 진세塵世에 있어서 번뇌와 망상으로 잠시도 마음이 바로잡히지 못하오니 그 마음을 바로잡기가 원이옵니다". 대종사 말씀하시기를 "마음 바로잡는 방법은 먼저 마음의 근본을 깨치고 그 쓰는 곳에 편벽됨이 없게 하는 것이니 그 까닭을 알고자 하거든 이 의두를 연구해보라" 하시고 "만법귀일萬法歸一하니 일귀하처一歸何處오"라고 써주시니라.

18 대종사 봉래정사에 계실 때에 백학명白鶴鳴선사가 내왕하며 간혹 격외格外의 설說로써 성리 이야기하기를 즐기는지라 대종사 하루는 짐짓 동녀 이청풍李淸風에게 몇 말씀 일러두시었더니, 다음날 선사가 월명암月明庵으로부터 오는지라, 대종사 맞으시며 말씀하시기를 "저 방아 찧고 있는 청풍이가

도가 익어가는 것 같도다" 하시니, 선사가 곧 청풍의 앞으로 가서 큰 소리로 "발을 옮기지 말고 도를 일러오라" 하니 청풍이 엄연히 서서 절굿대를 공중에 쳐들고 있는지라. 선사가 말 없이 방으로 들어오니 청풍이 그 뒤를 따라 들어오거늘, 선사 말하되 "저 벽에 걸린 달마를 걸릴 수 있겠느냐". 청풍이 말하기를 "있습니다". 선사 말하기를 "걸려보라". 청풍이 일어서서 서너 걸음 걸어가니 선사 무릎을 치며 십삼세각十三歲覺이라고 허락하는지라. 대종사 그 광경을 보시고 미소하시며 말씀하시기를 "견성하는 것이 말에 있지도 아니하고 없지도 아니하나, 앞으로는 그런 방식을 가지고는 견성의 인가印可를 내리지 못하리라" 하시니라.

19 하루는 학명선사가 글 한 수를 지어 보내기를 "투천산절정透天山絶頂이여 귀해수성파歸海水成波로다 불각회신로不覺回身路하여 석두의작가石頭倚作家로다"라 한지라. 대종사 화답하여 보내시기를 "절정천진수絶頂天眞秀요 대해천진파大海天眞波로다 부각회신로復覺回身路하니 고로석두가高露石頭家로다"라 하시니라.

20 김광선이 여쭙기를 "천지만물의 미생전未生前에는 무엇

이 체體가 되었나이까". 대종사 말씀하시기를 "그대가 말하기 전 소식을 묵묵히 반조返照하여보라". 또 여쭙기를 "수행하는 데 견성이 무슨 필요가 있나이까". 대종사 말씀하시기를 "국문國文에 본문을 아는 것과 같으니라".

21 한 제자 여쭙기를 "견성을 하면 어찌되나이까". 대종사 말씀하시기를 "우주만물의 본래 이치를 알게 되고 목수가 잣대와 먹줄을 얻은 것같이 되느니라".

22 대종사 선원에서 김기천의 성리 설하는 것을 들으시고 말씀하시기를 "오늘 내가 비몽사몽간에 여의주를 얻어 삼산三山에게 주었더니 받아먹고 즉시로 환골탈태하는 것을 보았는데, 실지로 삼산의 성리 설하는 것을 들으니 정신이 상쾌하다" 하시고 말씀하시기를 "법은 사정私情으로 주고받지 못할 것이요, 오직 저의 혜안이 열려야 그 법을 받아들이나니, 용龍은 여의주를 얻어야 조화가 나고 수도인은 성품을 보아서 단련할 줄 알아야 능력이 나느니라" 하시니, 문정규 여쭙기를 "저희가 일찍부터 정산을 존경하옵는데 그도 견성을 하였나이까". 대종사 말씀하시기를 "집을 짓는데 큰 집과 작은 집을 다 같이 착수는 하였으나, 한 달에 끝날 집도 있고 혹은 일 년

혹은 수년을 걸려야 끝날 집도 있듯이 정산은 시일이 좀 걸리리라".

23 한 제자 여쭙기를 "견성성불이라 하였사오니 견성만 하면 곧 성불이 되나이까". 대종사 말씀하시기를 "근기에 따라 견성하는 즉시로 성불하는 사람도 있으나 그는 드문 일이요 대개는 견성하는 공보다 성불에 이르는 공이 더 드느니라. 그러나 과거에는 인지가 어두운 고로 견성만 하면 곧 도인이라 하였지마는 돌아오는 세상에는 견성만으로는 도인이라 할 수 없을 것이며 거개의 수도인들이 견성만은 일찍이 가정에서 쉽게 마치고 성불을 하기 위하여 큰 스승을 찾아다니며 공을 들이리라".

24 대종사 선원 대중에게 말씀하시기를 "성리를 말로는 다할 수 없다고 하나 또한 말로도 여실히 나타낼 수 있어야 하나니, 여러 사람 가운데 증득하였다고 생각하는 사람이 있으면 나의 묻는 말에 대답하여보라. 만법귀일이라 하였으니 그하나로 돌아가는 내역을 말하여보고 일귀하처오 하였으니 그하나는 어디로 돌아가는가를 말하여보라". 대중이 차례로 대답을 올리되 인가하지 아니하시는지라, 한 제자 일어나 절하

고 여쭙기를 "대종사께서 다시 한번 저에게 물어주옵소서". 대종사 다시 그대로 물으시니, 그 제자 말하기를 "만법이 본래 완연完然하여 애당초에 돌아간 바가 없거늘 하나인들 어디로 돌려보낼 필요가 있겠나이까". 대종사 웃으시며 또한 말씀이 없으시니라.

25 대종사 말씀하시기를 "근래에 왕왕 성리를 다루는 사람들이 말없는 것으로만 해결을 지으려고 하는 수가 많으나 그것이 큰 병이라, 참으로 아는 사람은 그 자리가 원래 두미頭尾가 없는 자리지마는 두미를 분명하게 갈라낼 줄도 알고, 언어도言語道가 끊어진 자리지마는 능히 언어로 형언할 줄도 아나니, 참으로 아는 사람은 아무렇게 하더라도 아는 것이 나오고, 모르는 사람은 아무렇게 하여도 모르는 것이 나오느니라. 그러나 또한 말 있는 것만으로 능사를 삼을 것도 아니니 불조들의 천경만론은 마치 저 달을 가리키는 손가락과 같으니라".

26 대종사 선원 대중에게 말씀하시기를 "누가 이 가운데 허공법계를 완전히 자기 소유로 이전 증명 낸 사람이 있느냐". 대중이 묵연하여 답이 없는지라, 대종사 다시 말씀하시기를 "삼세의 모든 불보살들은 형상도 없고 보이지도 않는 허

공법계를 다 자기 소유로 내는 데에 공을 들였으므로 형상 있는 천지만물도 자기의 소유로 수용하나, 범부와 중생들은 형상 있는 것만을 자기 소유로 내려고 탐착하므로 그것이 영구히 제 소유가 되지도 못할 뿐 아니라 아까운 세월만 허송하고 마나니, 이 어찌 허망한 일이 아니리오. 그러므로 그대들은 형상 있는 물건만 소유하려고 허덕이지 말고 형상 없는 허공법계를 소유하는 데에 더욱 공을 들이라".

　27 대종사 선원 대중에게 말씀하시기를 "대大를 나누어 삼라만상 형형색색의 소小를 만들 줄도 알고, 형형색색으로 벌여 있는 소小를 한덩어리로 뭉쳐서 대大를 만들 줄도 아는 것이 성리의 체體를 완전히 아는 것이요, 또는 유를 무로 만들 줄도 알고 무를 유로 만들 줄도 알아서 천하의 모든 이치가 변하여도 변하지 않고 변하지 않는 중에 변하는 진리를 아는 것이 성리의 용用을 완전히 아는 것이라, 성리를 알았다는 사람으로서 대와 무는 대략 짐작하면서도 소와 유의 이치를 해득하지 못한 사람이 적지 아니하나니 어찌 완전한 성리를 깨쳤다 하리오".

　28 대종사 선원 대중에게 말씀하시기를 "사람 하나를 놓고

심성이기心性理氣로 낱낱이 나누어도 보고, 또한 사람 하나를 놓고 전체를 심 하나로 합하여보기도 하고, 성 하나로 합하여 보기도 하고, 이 하나로 합하여보기도 하고, 기 하나로 합하여보기도 하여, 그것을 이 자리에서 말하여보라". 대중이 말씀에 따라 여러 가지 답변을 올리었으나 인가하지 아니하시고 말씀하시기를 "예를 들면 한 사람이 염소를 먹이는데 무엇을 일시에 많이 먹여서 한꺼번에 키우는 것이 아니라, 키우는 절차와 먹이는 정도만 고르게 하면 자연히 큰 염소가 되어서 새끼도 낳고 젖도 나와 사람에게 이익을 주나니, 도가에서 도를 깨치게 하는 것도 이와 같으니라".

29 대종사 조실에 계시더니, 때마침 시찰단 일행이 와서 인사하고 여쭙기를 "귀교의 부처님은 어디에 봉안하였나이까". 대종사 말씀하시기를 "우리집 부처님은 방금 밖에 나가 있으니 보시려거든 잠깐 기다리라". 일행이 말씀의 뜻을 알지 못하여 의아하게 여기더니, 조금 후 점심때가 되매 산업부원 일동이 농구를 메고 들에서 돌아오거늘 대종사 그들을 가리키시며 말씀하시기를 "저들이 다 우리집 부처니라". 그 사람들이 더욱 그 뜻을 알지 못하니라.

30 대종사 선원에서 송도성에게 "과거 칠불七佛의 전법게송傳法偈頌을 해석하라" 하시니, 도성이 칠불의 게송을 차례로 해석하여 제칠 석가모니불에 이르러 "법은 본래 무법無法에 법하였고 무법이란 법도 또한 법이로다. 이제 무법을 부촉할 때에 법을 법하려 하니 일찍이 무엇을 법할꼬" 하거늘, 대종사 "그 새김을 그치라" 하시고 말씀하시기를 "본래에 한 법이라고 이름 지을 것도 없지마는 하열한 근기를 위하사 한 법을 일렀으나 그 한 법도 참법은 아니니 이 게송의 참뜻만 깨치면 천만 경전을 다 볼 것이 없으리라".

31 원기 이십육년 일월에 대종사 게송을 내리신 후 말씀하시기를 "유有는 변하는 자리요 무無는 불변하는 자리나, 유라고도 할 수 없고 무라고도 할 수 없는 자리가 이 자리며, 돌고 돈다, 지극하다 하였으나 이도 또한 가르치기 위하여 강연히 표현한 말에 불과하니, 구공이다, 구족하다를 논할 여지가 어디 있으리오. 이 자리가 곧 성품의 진체이니 사량으로 이 자리를 알아내려고 말고 관조로써 이 자리를 깨쳐 얻으라".

제8 불지품佛地品

1 대종사 말씀하시기를 "이 세상에 크고 작은 산이 많이 있으나 그중에 가장 크고 깊고 나무가 많은 산에 수많은 짐승이 의지하고 살며, 크고 작은 냇물이 곳곳마다 흐르나 그중에 가장 넓고 깊은 바다에 수많은 고기가 의지하고 사는 것같이, 여러 사람이 다 각각 세상을 지도한다고 하나 그중에 가장 덕이 많고 자비慈悲가 너른 인물이라야 수많은 중생이 몸과 마음을 의지하여 다 같이 안락한 생활을 하게 되느니라".

2 대종사 말씀하시기를 "부처님의 대자대비大慈大悲는 저 태양보다 다습고 밝은 힘이 있나니, 그러므로 이 자비가 미치는 곳에는 중생의 어리석은 마음이 녹아서 지혜로운 마음으

로 변하며, 잔인한 마음이 녹아서 자비로운 마음으로 변하며, 인색하고 탐내는 마음이 녹아서 혜시하는 마음으로 변하며, 사상四相의 차별심이 녹아서 원만한 마음으로 변하여, 그 위력과 광명이 무엇으로 가히 비유할 수 없느니라".

3 대종사 말씀하시기를 "대자大慈라 하는 것은 저 천진난만한 어린 자녀가 몸이 건강하고 충실하여 그 부모를 괴롭게도 아니하고, 또는 성질이 선량하여 언어 동작이 다 얌전하면 그 부모의 마음에 심히 기쁘고 귀여운 생각이 나서 더욱 사랑하여주는 것같이 부처님께서도 모든 중생을 보실 때에 그 성질이 선량하여, 나라에 충성하고 부모에게 효도하며 형제 간에 우애하고 스승에게 공경하며, 이웃에 화목하고 빈병인 貧病人을 구제하며, 대도를 수행하여 반야지般若智를 얻어가며 응용에 무념하여 무루無漏의 공덕을 짓는 사람이 있으면 크게 기뻐하시고 사랑하시사 더욱더욱 선도로 인도하여주시는 것이요, 대비大悲라 하는 것은 저 천지 분간 못하는 어린 자녀가 제 눈을 제 손으로 찔러서 아프게 하며 제가 칼날을 잡아서 제 손을 상하게 하건마는 그 이유는 알지 못하고 울고 야단을 하는 것을 보면 그 부모의 마음에 측은하고 가엾은 생각이 나서 더욱 보호하고 인도하여주는 것같이, 부처님께서도

모든 중생이 탐진치에 끌려서 제 스스로 제 마음을 태우며, 제 스스로 제 몸을 망하게 하며, 제 스스로 악도에 떨어질 일을 지어 제가 지은 그대로 죄를 받건마는 천지와 선령을 원망하며 동포와 법률을 원망하는 것을 보시면 크게 슬퍼하시고 불쌍히 여기사 천만 방편으로 제도하여주시는 것이니, 이것이 곧 부처님의 대자와 대비니라. 그러나 중생들은 그러한 부처님의 대자대비 속에 살면서도 그 은혜를 알지 못하건마는 부처님께서는 거기에 조금도 주저하지 아니하시고 천겁 만겁을 오로지 제도사업에 정성을 다하시나니, 그러므로 부처님은 삼계의 대도사요 사생의 자부라 하느니라".

4 대종사 말씀하시기를 "불보살들은 행·주·좌·와·어·묵·동·정 간에 무애자재無礙自在하는 도가 있으므로 능히 정할 때에 정하고 동할 때에 동하며, 능히 클 때에 크고 작을 때에 작으며, 능히 밝을 때에 밝고 어둘 때에 어두우며, 능히 살 때에 살고 죽을 때에 죽어서, 오직 모든 사물과 모든 처소에 조금도 법도에 어그러지는 바가 없느니라".

5 대종사 말씀하시기를 "음식과 의복을 잘 만드는 사람은 그 재료만 있으면 마음대로 그것을 만들어내기도 하고 잘못

되었으면 뜯어고치기도 하는 것같이, 모든 법에 통달하신 큰 도인은 능히 만법을 주물러서 새 법을 만들어내기도 하고 묵은 법을 뜯어고치기도 하시나, 그렇지 못한 도인은 만들어놓은 법을 쓰거나 하고 전달하기는 할지언정 창작하거나 고치는 재주는 없느니라". 한 제자 여쭙기를 "어느 위位에나 올라야 그러한 능력이 생기나이까". 대종사 말씀하시기를 "출가위 이상 되는 도인이라야 하나니, 그런 도인들은 육근六根을 동작하는 바가 다 법으로 화하여 만대의 사표가 되느니라".

6 대종사 송벽조에게 "중용中庸의 솔성지도率性之道를 해석하여보라" 하시니, 그가 사뢰기를 "유가에서는 천리天理 자연의 도에 잘 순응하는 것을 솔성하는 도라 하나이다". 대종사 말씀하시기를 "천도에 잘 순응만 하는 것은 보살의 경지요 천도를 잘 사용하여야 부처의 경지이니, 비하건대 능한 기수騎手는 좋은 말이나 사나운 말이나 다 잘 부려 쓰는 것과 같으니라. 그러므로 범부중생은 육도의 윤회와 십이 인연에 끌려다니지만 부처님은 천업天業을 돌파하고 거래와 승강을 자유자재하시느니라".

7 한 제자 여쭙기를 "진묵震默대사도 주색에 끌린 바가 있

는 듯하오니 그러하오니까". 대종사 말씀하시기를 "내 들으니 진묵대사가 술을 좋아하시되 하루는 술을 마신다는 것이 간수를 한 그릇 마시고도 아무 일이 없었다 하며, 또 한번은 감나무 아래에 계시는데 한 여자가 사심을 품고 와서 놀기를 청하는지라 그 원을 들어주려 하시다가 홍시가 떨어지매 무심히 그것을 주우러 가시므로 여자가 무색하여 스스로 물러갔다는 말이 있나니, 어찌 그 마음에 술이 있었으며 여색이 있었겠는가. 그런 어른은 술 경계에 술이 없었고 색 경계에 색이 없으신 여래如來시니라".

8 대종사 말씀하시기를 "중생은 희로애락에 끌려서 마음을 쓰므로 이로 인하여 자신이나 남이나 해를 많이 보고, 보살은 희로애락에 초월하여 마음을 쓰므로 이로 인하여 자신이나 남이나 해를 보지 아니하며, 부처는 희로애락을 노복같이 부려 쓰므로 이로 인하여 자신이나 남이나 이익을 많이 보느니라".

9 대종사 말씀하시기를 "법위法位가 항마위에만 오르더라도 천인天人 아수라阿修羅가 먼저 알고 숭배하느니라. 그러나 그 도인이 한번 자취를 감추려 들면 그 이상 도인이 아니고는

그 자취를 알 수 없느니라".

10 대종사 말씀하시기를 "공부가 최상 구경에 이르고 보면 세 가지로 통함이 있나니 그 하나는 영통靈通이라, 보고 듣고 생각하지 아니하여도 천지만물의 변태와 인간 삼세의 인과보응을 여실히 알게 되는 것이요, 둘은 도통道通이라, 천조의 대소유무와 인간의 시비이해에 능통하는 것이요, 셋은 법통法通이라, 천조의 대소유무를 보아다가 인간의 시비이해를 밝혀서 만세 중생이 거울 하고 본뜰 만한 법을 제정하는 것이니, 이 삼통 가운데 법통만은 대원정각을 하지 못하고는 얻을 수 없느니라".

11 대종사 말씀하시기를 "아무리 큰 살림이라도 하늘 살림과 합산한 살림같이 큰 살림이 없고, 아무리 큰 사람이라도 하늘 기운과 합한 사람같이 큰 사람이 없느니라".

12 대종사 말씀하시기를 "우주의 진리를 잡아 인간의 육근 동작에 둘러씌워 활용하는 사람이 곧 천인이요 성인이요 부처니라".

13 대종사 말씀하시기를 "천지에 아무리 무궁한 이치가 있고 위력이 있다 할지라도 사람이 그 도를 보아다가 쓰지 아니하면 천지는 한 빈 껍질에 불과할 것이어늘 사람이 그 도를 보아다가 각자의 도구같이 쓰게 되므로 사람은 천지의 주인이요 만물의 영장이라 하느니라. 사람이 천지의 할 일을 다 못하고 천지가 또한 사람의 할 일을 다 못한다 할지라도 천지는 사리 간에 사람에게 이용되므로 천조의 대소유무를 원만히 깨달아서 천도를 뜻대로 잡아 쓰는 불보살들은 곧 삼계의 대권을 행사함이니, 미래에는 천권天權보다 인권人權을 더 존중할 것이며, 불보살들의 크신 권능을 만인이 다 같이 숭배하리라".

14 대종사 말씀하시기를 "중생들은 그릇이 작은지라, 없던 것이 있어진다든지 모르던 것이 알아지고 보면 곧 넘치기가 쉽고 또는 가벼이 흔들려서 목숨까지 위태롭게도 하나, 불보살들은 그 그릇이 국한이 없는지라, 있어도 더한 바가 없고 없어도 덜할 바가 없어서 그 살림의 유무를 가히 엿보지 못하므로 그 있는 바를 온전히 지키고 그 명命을 편안히 보존하느니라".

15 대종사 선원 대중에게 말씀하시기를 "범부들은 인간락에만 탐착하므로 그 낙이 오래가지 못하지만 불보살들은 형상 없는 천상락을 수용하시므로 인간락도 아울러 받을 수 있나니, 천상락이라 함은 곧 도로써 즐기는 마음락을 이름이요, 인간락이라 함은 곧 형상 있는 세간의 오욕락을 이름이라. 알기 쉽게 말하자면 처자로나 재산으로나 지위로나 무엇으로든지 형상 있는 물건이나 환경에 의하여 나의 만족을 얻는 것은 인간락이니, 과거에 실달悉達 태자가 위는 장차 국왕의 자리에 있고 몸은 이미 만민의 위에 있어서 이목의 좋아하는 바와 심지의 즐거워하는 바를 마음대로 할 수 있었던 것은 인간락이요, 이와 반면에 정각을 이루신 후 형상 있는 물건이나 환경을 초월하고 생사고락과 선악인과에 해탈하시어 당하는 대로 마음이 항상 편안한 것은 천상락이니, 옛날에 공자孔子가 '나물 먹고 물 마시고 팔을 베고 누웠을지라도 낙이 그 가운데 있으니, 의 아닌 부와 귀는 나에게는 뜬구름 같다' 하신 말씀은 색신을 가지고도 천상락을 수용하는 천인의 말씀이니라. 그러나 인간락은 결국 다할 날이 있으니, 온 것은 가고 성한 것은 쇠하며 난 것은 죽는 것이 천리의 공도라. 비록 천하에 제일가는 부귀공명을 가졌다 할지라도 노병사老病死 앞에서는 저항할 힘이 없나니 이 육신이 한번 죽을 때에는 전일에

온갖 수고와 온갖 욕심을 다 들여놓은 처자나 재산이나 지위가 다 뜬구름같이 흩어지고 말 것이나, 천상락은 본래 무형한 마음이 들어서 알고 행하는 것이므로 비록 육신이 바뀐다 할지라도 그 낙은 여전히 변하지 아니할 것이니, 비유하여 말하자면 이 집에서 살 때에 재주가 있던 사람은 다른 집으로 이사를 갈지라도 재주는 그대로 있는 것과 같으니라".

16 대종사 이어서 말씀하시기를 "그러므로 옛 성인의 말씀에 "사흘의 마음공부는 천년의 보배요, 백년의 탐낸 물건은 하루아침 티끌이라" 하였건마는 범부는 이러한 이치를 알지 못하므로 자기의 몸만 귀히 알고 마음은 한 번도 찾지 아니하며, 도를 닦는 사람들은 이러한 이치를 알므로 마음을 찾기 위하여 몸을 잊느니라. 그런즉 그대들은 너무나 무상한 모든 유有에 집착하지 말고 영원한 천상락을 구하기에 힘을 쓰라. 만일 천상락을 오래오래 계속한다면, 결국은 심신의 자유를 얻어서 삼계의 대권을 잡고 만상의 유무와 육도의 윤회를 초월하여 육신을 받지 아니하고 영단靈丹만으로 시방세계에 주유할 수도 있고, 금수곤충의 세계에도 임의로 출입하여 도무지 생사거래에 걸림이 없으며, 어느 세계에 들어가 색신을 받는다 할지라도 거기에 조금도 물들지 아니하고 길이 낙을 누

릴 것이니 이것이 곧 극락이니라. 그러나 천상락을 길게 받지 못하는 원인은 형상 있는 낙에 욕심이 발하여 물질에 돌아감 이니 비록 천상락을 받는 사람이라도 천상락 받을 일은 하지 않고 낙만 받을 욕심이 한번 발하면 문득 타락하여 심신의 자유를 잃고 순환하는 대자연의 수레바퀴에 끌려서 또다시 육도의 윤회를 면하지 못하느니라".

17 한 사람이 대종사께 뵈옵고 여러 가지로 담화하는 가운데 "전주·이리 사이의 경편철도輕便鐵道는 본래 전라도 각지의 부호들이 주식 출자로 경영하는 것이라, 그들은 언제나 그 경편차를 무료로 이용하고 다닌다" 하면서 매우 부러워하는 태도를 보이거늘, 대종사 말씀하시기를 "그대는 참으로 가난하도다. 아직 그 차 하나를 그대의 소유로 삼지 못하였는 가". 그 사람이 놀라 여쭙기를 "경편차 하나를 소유하자면 상당한 돈이 있어야 할 것이온데 이같은 무산자로서 어떻게 그것을 소유할 수 있사오리까". 대종사 말씀하시기를 "그러므로 그대를 가난한 사람이라 하였으며, 설사 그대가 경편차 하나를 소유하였다 할지라도 나는 그것으로 그대를 부유한 사람이라고는 아니할 것이니, 이제 나의 살림하는 이야기를 좀 들어보라. 나는 저 전주 경편차뿐 아니라 나라 안의 차와 세계

의 모든 차까지도 다 내 것을 삼은 지가 벌써 오래되었노니, 그대는 이 소식을 아직도 모르는가". 그 사람이 더욱 놀라 사뢰기를 "그 말씀은 실로 요량 밖의 교훈이시므로 어리석은 소견으로는 그 뜻을 살피지 못하겠나이다". 대종사 말씀하시기를 "사람이 기차 하나를 자기의 소유로 하려면 거액의 자금을 일시에 들여야 할 것이요 운영하는 모든 책임을 직접 담당하여 많은 괴로움을 받아야 할 것이나, 나의 소유하는 법은 그와 달라서 단번에 거액을 들이지도 아니하며 모든 운영의 책임을 직접 지지도 아니하고, 다만 어디를 가게 되면 그때마다 얼마씩의 요금만 지불하고 나의 마음대로 이용하는 것이니, 주야로 쉬지 않고 우리 차를 운전하며 우리 철도를 수선하며 우리 사무를 관리하여주는 모든 우리 일꾼들의 급료와 비용이 너무 싸지 아니한가. 또 나는 저번에 서울에 가서 한양공원에 올라가 산책하면서 맑은 공기를 한없이 호흡도 하고 온 공원의 흥취를 다 같이 즐기기도 하였으되 누가 우리를 가라는 법도 없고 다시 오지 말라는 말도 아니하였나니, 피서 지대에 정자 몇 간만 두어도 매년 적지 않은 수호비가 들 것인데 우리는 그러지 아니하고도 그 좋은 공원을 충분히 내 것으로 이용하지 아니하였는가. 대저 세상 사람이 무엇이나 제 것을 삼으려는 본의는 다 자기의 편리를 취함이어늘 기차나 공원을 모두 다 이와 같이 이용할 대로 이용하였으니 어떻게 소유한들 이 위에 더 나은 방법이 있겠는가. 그러므로 나는 이것을 모두 다 내 것이라고 하였으며, 그뿐 아니라 세상의 모든 것과 그 모든 것을 싣고 있는 대지 강산까지도 다 내 것을 삼아두고, 경우에 따라 그것을 이용하되 경위에만 어긋나지 않게 하면 아무도 금하고 말리지 못하나니, 이 얼마나 너른 살림인가. 그러나 속세 범상한 사람들은 기국器局이 좁아서 무엇이나 기어이 그것을 자기 앞에 갖다놓기로만 위주하여 공연히 일 많고 걱정되고 책임 무거울 것을 취하기에 급급하나니, 이는 참으로 국한 없이 큰 본가 살림을 발견하지 못한 연고니라".

18 대종사 동선 해제를 마치시고 제자 몇 사람으로 더불어 걸어서 봉서사鳳棲寺에 가시더니, 도중에 한 제자가 탄식하여 말하기를 "우리는 돈이 없어서 대종사를 도보로 모시게 되었으니 어찌 한스럽지 아니하리오" 하는지라, 대종사 들으시고 말씀하시기를 "사람이 누구나 이 세상에 출신하여 자기의 육근을 잘 이용하면 그에 따라 모든 법이 화하게 되며 돈도 그 가운데서 벌어지나니, 그러므로 각자의 심신은 곧 돈을 버는 기관이요, 이 세상 모든 것은 곧 이용하기에 따라 다 돈이 될

수 있는 것이니 어찌 돈이 없다고 한탄만 하리오. 그러나 우리 수도인에 있어서는 돈에 마음을 끌리지 아니하고 돈이 있으면 있는 대로 없으면 없는 대로 안심하면서 그 생활을 개척하여나가는 것이 그 본분이며 그 사람이 참으로 부유한 사람이니라".

19 한 제자 사뢰기를 "방금 서울에서 큰 박람회를 개최중이라 하오니 한번 관람하고 오심이 어떠하오리까". 대종사 말씀하시기를 "박람회는 곧 과거와 현재를 비교하여 사농공상의 진보된 정도를 알리는 것이요, 또는 견문을 소통하여 민지의 발달에 도움이 되게 하는 것이니, 참다운 뜻을 가지고 본다면 거기에서도 물론 소득이 많을 것이나, 나는 오늘 그대에게 참으로 큰 박람회 하나를 일러주리니 잘 들어보라. 무릇 이 박람회는 한없이 넓고 커서 동서남북 사유四維상하가 다 그 회장이요, 천지만물 그 가운데 한 가지도 출품되지 않은 것이 없으며, 개회 기간도 몇억만 년이든지 항상 여여하니, 이에 비하면 그대의 말한 바 저 서울의 박람회는 한 터럭끝만도 못한 것이라 거기에서 아무리 모든 물품을 구비 진열한다 할지라도, 여기서 보는 저 배산이나 황등호수는 옮겨다 놓지 못할 것이요, 세계에 유명한 금강산은 출품하지 못하였을 것

이며, 또는 박물관에는 여러 가지 고물을 구하여다 놓았다고 하나 고물 가운데 가장 고물인 이 산하대지를 출품하지는 못하였을 것이요, 수족관에는 몇 가지의 어류를 잡아다 놓았고 미곡관에는 몇 가지의 쌀을 실어다 놓았다 하나 그것은 오대양의 많은 수족 가운데 억만 분의 일도 되지 못할 것이며 육대주의 많은 쌀 가운데 태산의 한 모래도 되지 못할 것이요, 모든 출품이 모두 이러한 비례로 될 것이니, 큰 지견과 너른 안목으로 인조의 그 박람회를 생각할 때에 어찌 옹졸하고 조작스러움을 느끼지 아니하리오. 그러므로 이 큰 박람회를 발견하여 항상 이와 같은 도량으로 무궁한 박람회를 구경하는 사람은 늘 무궁한 소득이 있을 것이니, 보는 대로 얻을 것이요 듣는 대로 얻을 것이라, 그러므로 예로부터 지금까지 모든 부처와 성현들은 다 이 무궁한 박람회를 보아서 이 회장에 진열된 대소유무의 모든 이치를 본받아 인간의 시비이해를 지어나가시므로 조금도 군색함이 없었느니라".

20 대종사 하루는 조송광과 전음광을 데리시고 교외 남중리에 산책하시는데 길가의 큰 소나무 몇 주가 심히 아름다운지라 송광이 말하기를 "참으로 아름다와라, 이 솔이여! 우리 교당으로 옮기었으면 좋겠도다" 하거늘 대종사 들으시고 말

씀하시기를 "그대는 어찌 좁은 생각과 작은 자리를 뛰어나지 못하였는가. 교당이 이 노송을 떠나지 아니하고 이 노송이 교당을 떠나지 아니하여 노송과 교당이 모두 우리 울안에 있거늘 기어이 옮겨놓고 보아야만 할 것이 무엇이리오. 그것은 그대가 아직 차별과 간격을 초월하여 큰 우주의 본가를 발견하지 못한 연고니라". 송광이 여쭙기를 "큰 우주의 본가는 어떠한 곳이오니까". 대종사 말씀하시기를 "그대가 지금 보아도 알지 못하므로 내 이제 그 형상을 가정하여 보이리라" 하시고, 땅에 일원상을 그려 보이시며 말씀하시기를 "이것이 곧 큰 우주의 본가이니 이 가운데에는 무궁한 묘리와 무궁한 보물과 무궁한 조화가 하나도 빠짐없이 갖추어 있느니라". 음광이 여쭙기를 "어찌하면 그 집에 찾아들어 그 집의 주인이 되겠나이까". 대종사 말씀하시기를 "삼대력의 열쇠를 얻어야 들어갈 것이요, 그 열쇠는 신분의성으로써 조성하느니라".

21 목사 한 사람이 와서 뵈옵거늘 대종사 말씀하시기를 "귀하가 여기에 찾아오심은 무슨 뜻인가". 목사 말하기를 "좋은 법훈을 얻어들을까 함이로소이다". 대종사 말씀하시기를 "그러면 귀하가 능히 예수교의 국한을 벗어나서 광활한 천지를 구경하였는가". 목사 여쭙기를 "그 광활한 천지가 어느 곳

이오니까". 대종사 말씀하시기를 "한번 마음을 옮기어 널리 살피는 데에 있나니, 널리 살피지 못하는 사람은 항상 저의 하는 일에만 고집하며 저의 집 풍속에만 성습되어 다른 일은 비방하고 다른 집 풍속은 배척하므로 각각 그 규모와 구습을 벗어나지 못하고 드디어 한 편에 떨어져서 그 간격이 은산철 벽같이 되나니, 나라와 나라 사이나 교회와 교회 사이나 개인 과 개인 사이에 서로 반목하고 투쟁하는 것이 다 이에 원인함 이라, 어찌 본래의 원만한 큰 살림을 편벽되이 가르며, 무량 한 큰 법을 조각조각으로 나누리오. 우리는 하루속히 이 간격 을 타파하고 모든 살림을 융통하여 원만하고 활발한 새 생활 을 전개하여야 할 것이니 그러한다면 이 세상에는 한 가지도 버릴 것이 없느니라".

22 대종사 또 말씀하시기를 "이 세상에 있는 좋은 것은 좋 은 대로 낮은 것은 낮은 대로 각각 경우를 따라 그곳에 마땅 하게만 이용하면 우주 안의 모든 것이 다 나의 이용물이요, 이 세상 모든 법은 다 나의 옹호 기관이니, 이에 한 예를 들어 말하자면 시장에 진열된 모든 물건 가운데에는 좋은 물건과 낮은 물건이 각양각색으로 있을 것이나 우리들이 그 좋은 것 만 취해 쓰고 낮은 것은 다 버리지는 아니하나니, 아무리 좋

은 것이라도 쓰지 못할 경우가 있고 비록 낮은 것이라도 마땅히 쓰일 경우가 있어서, 금옥이 비록 중보라 하나 당장의 주림을 위로함에는 한 그릇 밥만 못할 것이요, 양잿물이 아무리 독한 것이라 하나 세탁을 하는 데에는 필수품이 될 것이니, 이와 같이 물건 물건의 성질과 용처가 각각이거늘, 이것을 이해하지 못하고 그 한 편만을 보아 저의 바라고 구하는 바 외에는 온 시장의 모든 물품이 다 쓸데없는 것이라고 생각한다면 그 얼마나 편협한 소견이며 우치한 마음이리오" 하시니, 목사 감동하여 말하기를 "참으로 광대하옵니다. 선생의 도량이시여!" 하니라.

23 대종사 말씀하시기를 "불보살들은 이 천지를 편안히 살고 가는 안주처를 삼기도 하고, 일을 하고 가는 사업장을 삼기도 하며, 유유자재하게 놀고 가는 유희장을 삼기도 하느니라".

제9 천도품薦度品

1 대종사 말씀하시기를 "범상한 사람들은 현세現世에 사는 것만 큰일로 알지마는, 지각이 열린 사람들은 죽는 일도 크게 아나니, 그는 다름이 아니라 잘 죽는 사람이라야 잘 나서 잘 살 수 있으며, 잘 나서 잘 사는 사람이라야 잘 죽을 수 있다는 내역과, 생은 사의 근본이요 사는 생의 근본이라는 이치를 알기 때문이니라. 그러므로 이 문제를 해결하는 데에는 조만 早晚이 따로 없지마는 나이가 사십이 넘으면 죽어가는 보따리를 챙기기 시작하여야 죽어갈 때에 바쁜 걸음을 치지 아니하리라".

2 대종사 말씀하시기를 "사람이 세상에 나면 누구를 막론

하고 열반의 시기가 없지 아니한지라, 내 오늘은 그대들을 위하여 사람이 열반에 들 즈음에 그 친근자로서 영혼을 보내는 방법과 영혼이 떠나는 사람으로서 스스로 취할 방법을 말하여주리니 이 법을 자상히 들으라. 만일 사람이 급한 병이나 무슨 사고로 불시에 열반하게 된다든지, 또는 워낙 신심이 없어서 지도하는 바를 듣지 아니할 때에는 모든 법을 다 베풀기가 어려울 것이나, 불시의 열반이 아니고 또는 조금이라도 신심이 있는 사람에게는 이 법을 행하고 보면 최후의 마음을 더욱 굳게 하여 영혼 구제에 큰 도움이 되리라. 열반이 가까운 병자에 대하여 그 친근자로서는, 첫째, 병실에 가끔 향을 불사르고 실내를 깨끗이 하라. 만일 실내가 깨끗하지 못하면 병자의 정신이 깨끗하지 못하리라. 둘째, 병자가 있는 곳에는 항상 그 장내를 조용히 하라. 만일 장내가 조용하지 못하면 병자의 정신이 전일하지 못하리라. 셋째, 병자의 앞에서는 선한 사람의 역사를 많이 말하며 당인의 평소 용성用性한 가운데 좋은 실행이 있을 때에는 그 조건을 찬미하여 마음을 위안하라. 그러하면 그 좋은 생각이 병자의 정신에 인상되어 내생의 원습관이 되기 쉬우리라. 넷째, 병자의 앞에서는 악한 소리와 간사한 말을 하지 말며, 음란하고 방탕한 이야기를 금지하라. 만일 그러하면, 그 악한 형상이 병자의 정신에 인상되어 또한 내생의 원습관이 되기 쉬우리라. 다섯째, 병자의 앞에서는 가산에 대한 걱정이나 친족에 대한 걱정 등 애연한 말과 비창한 태도를 보이지 말라. 만일 그러하면, 병자의 애착과 탐착을 조장하여 영혼으로 하여금 영원히 그곳을 떠나지 못하게 하며, 그 착된 곳에서 인도수생의 기회가 없을 때에는 자연히 악도에 떨어지기가 쉬우리라. 여섯째, 병자의 앞에서는 기회를 따라 염불도 하고 경도 보고 설법도 하되, 만일 음성을 싫어하거든 또한 선정으로 대하라. 그러하면 병자의 정신이 거기에 의지하여 능히 안정을 얻을 수 있으리라. 일곱째, 병자가 열반이 임박하여 곧 호흡을 모을 때에는 절대로 울거나 몸을 흔들거나 부르는 등 시끄럽게 하지 말라. 그것은 한갓 떠나는 사람의 정신만 어지럽게 할 따름이요 아무 이익이 없는 것이니, 인정상 부득이 슬픔을 발하게 될 때에는 열반 후 몇 시간을 지내서 하라".

3 대종사 이어서 말씀하시기를 "열반이 가까운 병자로서는 스스로 열반의 시기가 가까움을 깨닫거든 만사를 다 방념하고 오직 정신 수습으로써 공부를 삼되 혹 부득이한 관계로 유언할 일이 있을 때에는 미리 처결하여 그 관념을 끊어서 정신 통일에 방해가 되지 않게 할지니, 그때에는 정신 통일하는 외

에 다른 긴요한 일이 없느니라. 또는 스스로 생각하되 평소에 혹 누구에게 원망을 품었거나 원수를 맺은 일이 있거든 그 상대자를 청하여 될 수 있는 대로 전혐前嫌을 타파할 것이며, 혹 상대자가 없을 때에는 당인 혼자라도 그 원심을 놓아버리는 데에 전력하라. 만일 마음 가운데 원진을 풀지 못하면 그것이 내생의 악한 인과의 종자가 되느니라. 또는 스스로 생각하되 평소부터 혹 어떠한 애욕 경계에 집착하여 그 착을 여의지 못한 경우가 있거든 오직 강연히라도 그 마음을 놓아버리는 데에 전력하라. 만일 착심을 여의지 못하면 자연히 참열반을 얻지 못하며, 그 착된 바를 따라 영원히 악도윤회의 원인이 되느니라. 병자가 이 모든 조항을 힘써오다가 최후의 시간이 이른 때에는 더욱 청정한 정신으로 일체의 사념을 돈망하고 선정 혹은 염불에 의지하여 영혼이 떠나게 하라. 그러하면 평소에 비록 생사 진리에 투철하지 못한 사람일지라도 능히 악도를 면하고 선도에 돌아오게 되리라. 그러나 이 법은 한갓 사람이 열반에 들 때에만 보고 행하라는 말이 아니라 평소부터 근본적 신심이 있고 단련이 있는 사람에게 더욱 최후사를 부탁함이요, 만일 신심과 단련이 없는 사람에게는 비록 임시로 행하고자 하나 잘 되지 아니하리니, 그대들은 이 뜻을 미리 각오하여 임시불급臨時不及의 한탄이 없게 할 것이며, 이 모든 조항을 항상 명심불망하여 영혼 거래에 큰 착이 없게 하라. 생사의 일이 큼이 되나니, 가히 삼가지 아니하지 못할지니라".

4 대종사 이공주·성성원에게 "영천영지영보장생永天永地永保長生 만세멸도상독로萬世滅度常獨露 거래각도무궁화去來覺道無窮花 보보일체대성경步步一切大聖經"을 외게 하시더니, "이가 천도를 위한 성주聖呪로 되나니라".

5 대종사 천도를 위한 법문으로 "열반 전후에 후생길 인도하는 법설"을 내리시니 이러하니라. "아무야 정신을 차려 나의 말을 잘 들으라. 이 세상에서 네가 선악 간 받은 바 그것이 지나간 세상에 지은 바 그것이요, 이 세상에서 지은 바 그것이 미래 세상에 또다시 받게 될 바 그것이니, 이것이 곧 대자연의 천업이라. 부처와 조사는 자성의 본래를 각득하여 마음의 자유를 얻었으므로 이 천업을 돌파하고 육도와 사생을 자기 마음대로 수용하나, 범부와 중생은 자성의 본래와 마음의 자유를 얻지 못한 관계로 이 천업에 끌려 무량고를 받게 되므로, 부처와 조사며 범부와 중생이며 귀천과 화복이며 명지장단命之長短을 다 네가 짓고 짓느니라. 아무야 일체 만사를 다 네가 짓는 줄로 이제 확연히 아느냐. 아무야 또 들으라. 생사

의 이치는 부처님이나 너나 일체중생이나 다 같은 것이며, 성품 자리도 또한 다 같은 본연청정한 성품이며 원만구족한 성품이니라. 성품이라 하는 것은 허공의 달과 같이 참달은 허공에 홀로 있건마는 그 그림자 달은 일천 강에 비치는 것과 같이, 이 우주와 만물도 또한 그 근본은 본연청정한 성품 자리로 한 이름도 없고 한 형상도 없고, 가고 오는 것도 없고 죽고 나는 것도 없고, 부처와 중생도 없고 허무와 적멸도 없고, 없다 하는 말도 또한 없는 것이며, 유도 아니요 무도 아닌 그것이나, 그중에서 그 있는 것이 무위이화無爲而化 자동적으로 생겨나, 우주는 성주괴공으로 변화하고, 만물은 생로병사를 따라 육도와 사생으로 변화하고, 일월은 왕래하여 주야를 변화시키는 것과 같이 너의 육신 나고 죽는 것도 또한 변화는 될지언정 생사는 아니니라. 아무야 듣고 듣느냐, 이제 이 성품 자리를 확연히 깨달아 알았느냐. 또 들으라. 이제 네가 이 육신을 버리고 새 육신을 받을 때에는 너의 평소 짓던 바에 즐겨하여 애착이 많이 있는 데로 좇아 그 육신을 받게 되나니, 그 즐겨하는 바가 불보살 세계가 승勝하면 불보살 세계에서 그 육신을 받아 무량한 낙을 얻게 될 것이요, 또한 그 반대로 탐진치가 승하고 보면 그곳에서 그 육신을 받아 무량겁無量劫을 통하여 놓고 무수한 고를 얻을 것이니라. 듣고 듣느냐. 아무야 또 들으라. 네가 이때를 당하여 더욱 마음을 견고히 하라. 만일 호리라도 애착 탐착을 여의지 못하고 보면 자연히 악도에 떨어져 가나니, 한번 이 악도에 떨어져 가고 보면 어느 세월에 또다시 사람의 몸을 받아 성현의 회상을 찾아 대업大業을 성취하고 무량한 혜복을 얻으리오. 아무야 듣고 들었느냐".

6 대종사 서울 박람회에서 화재보험회사의 선전 시설을 보시고 한 감상을 얻었다 하시며 말씀하시기를 "우리가 항상 말하기를 생사고락에 해탈을 하자고 하지마는 생사의 원리를 알지 못하면 해탈이 잘 되지 않을 것이니, 만일 사람이 한번 죽으면 다시 회복되는 이치가 없다고 생각할진대 죽음의 경우를 당하여 그 섭섭함과 슬픔이 얼마나 더하리오. 이것은 마치 화재보험에 들지 못한 사람이 졸지에 화재를 당하여 모든 재산을 일시에 다 소실한 것과 같다 하리라. 그러나 그 원리를 아는 사람은 이 육신이 한 번 나고 죽는 것은 옷 한 벌 갈아입는 것에 조금도 다름이 없을 것이니, 변함에 따르는 육신은 이제 죽어진다 하여도 변함이 없는 소소昭昭한 영식靈識은 영원히 사라지지 아니하고, 또다시 다른 육신을 받게 되므로 그 일 점의 영식은 곧 저 화재보험 증서 한 장이 다시 새 건물

을 이뤄내는 능력이 있는 것같이 또한 사람의 영생을 보증하고 있느니라. 그러므로 이 이치를 아는 사람은 생사에 편안할 것이요, 모르는 사람은 초조 경동할 것이며, 또는 모든 고락에 있어서도 그 원리를 아는 사람은 정당한 고락으로 무궁한 낙을 준비할 것이나, 그렇지 못한 사람은 그러한 희망이 없고 준비가 없는지라 아득한 고해에서 벗어날 기약이 없나니, 생각이 있는 이로 이런 일을 볼 때에 어찌 걱정스럽지 아니하며 가련하지 아니하리오".

7 대종사 말씀하시기를 "사람이 행할 바 도道가 많이 있으나 그것을 요약하면 생과 사의 도에 벗어나지 아니하나니, 살 때에 생의 도를 알지 못하면 능히 생의 가치를 발하지 못할 것이요, 죽을 때에 사의 도를 알지 못하면 능히 악도를 면하기 어려우니라".

8 대종사 말씀하시기를 "사람의 생사는 비하건대 눈을 떴다 감았다 하는 것과도 같고, 숨을 들이쉬었다 내쉬었다 하는 것과도 같고, 잠이 들었다 깼다 하는 것과도 같으니, 그 조만의 차이는 있을지언정 이치는 같은 바로서 생사가 원래 둘이 아니요 생멸이 원래 없는지라, 깨친 사람은 이를 변화로 알고

깨치지 못한 사람은 이를 생사라 하느니라".

9 대종사 말씀하시기를 "저 해가 오늘 비록 서천에 진다 할지라도 내일 다시 동천에 솟아오르는 것과 같이, 만물이 이생에 비록 죽어 간다 할지라도 죽을 때에 떠나는 그 영식이 다시 이 세상에 새 몸을 받아 나타나게 되느니라".

10 대종사 말씀하시기를 "세상 말이 살아 있는 세상을 이승이라 하고 죽어 가는 세상을 저승이라 하여 이승과 저승을 다른 세계같이 생각하고 있으나, 다만 그 몸과 위치를 바꿀 따름이요 다른 세상이 따로 있는 것이 아니니라".

11 대종사 말씀하시기를 "사람의 영식이 이 육신을 떠날 때에 처음에는 그 착심을 좇아가게 되고, 후에는 그 업을 따라 받게 되어 한없는 세상에 길이 윤회하나니, 윤회를 자유하는 방법은 오직 착심을 여의고 업을 초월하는 데에 있느니라".

12 정일성鄭一成이 여쭙기를 "일생을 끝마칠 때에 최후의 일념을 어떻게 하오리까". 대종사 말씀하시기를 "온전한 생각으로 그치라". 또 여쭙기를 "죽었다가 다시 나는 경로가 어떠

하나이까". 대종사 말씀하시기를 "잠자고 깨는 것과 같으니, 분별없이 자버리매 일성이가 어디로 간 것 같지마는 잠을 깨면 도로 그 일성이니, 어디로 가나 그 일성이인 한 물건이 저의 업을 따라 한없이 다시 나고 다시 죽느니라".

13 한 제자 여쭙기를 "영혼이 이 육신을 버리고 새 육신을 받는 경로와 상태를 알고 싶나이다". 대종사 말씀하시기를 "영혼이 이 육신과 갈릴 때에는 육신의 기식氣息이 완전히 끊어진 뒤에 뜨는 것이 보통이나, 아직 육신의 기식이 남아 있는데 영혼만 먼저 뜨는 수도 있으며, 영혼이 육신에서 뜨면 약 칠칠七七일 동안 중음中陰으로 있다가 탁태되는 것이 보통이나, 뜨면서 바로 탁태되는 수도 있고, 또는 중음으로 몇 달 혹은 몇 해 동안 바람같이 떠돌아다니다가 탁태되는 수도 있는데, 보통 영혼은 새 육신을 받을 때까지는 잠잘 때 꿈꾸듯 자기의 육신을 그대로 가진 것으로 알고 돌아다니다가 한번 탁태를 하면 먼저 의식은 사라지고 탁태된 육신을 자기 것으로 아느니라".

14 한 제자 여쭙기를 "저는 아직 생사에 대한 의심이 해결되지 못하와 저의 사는 것이 하루살이 같은 느낌이 있사오

며, 이 세상이 모두 허망하게만 보이오니 어찌하여야 하오리까". 대종사 말씀하시기를 "옛글에 '대개 그 변하는 것으로 보면 천지도 한 때를 그대로 있지 아니하고, 그 불변하는 것으로 보면 만물과 내가 다 다함이 없다' 한 구절이 있나니 이 뜻을 많이 연구하여보라".

15 대종사 말씀하시기를 "세상의 유정有情 무정無情이 다 생의 요소가 있으며 하나도 아주 없어지는 것은 없고 다만 그 형상을 변해갈 따름이니, 예를 들면 사람의 시체가 땅에서 썩은즉 그 땅이 비옥하여 그 근방의 풀이 무성하여질 것이요, 그 풀을 베어다가 거름을 한즉 곡식이 잘될 것이며, 그 곡식을 사람이 먹은즉 피도 되고 살도 되어 생명을 유지하며 활동을 하게 될 것이니, 이와 같이 본다면 우주만물이 모두 다 영원히 죽어 없어지지 아니하고 저 지푸라기 하나까지도 백억 화신을 내어 갖은 조화와 능력을 발휘하느니라. 그러므로 그대들은 이러한 이치를 깊이 연구하여 우주만유가 다 같이 생멸 없는 진리 가운데 한량없는 생을 누리는 것을 깨쳐 얻으라".

16 대종사 신년식에서 대중에게 말씀하시기를 "어제가 별

날이 아니고 오늘이 별 날이 아니건마는, 어제까지를 일러 거년이라 하고 오늘부터를 일러 금년이라 하는 것같이, 우리가 죽어도 그 영혼이요 살아도 그 영혼이건마는 죽으면 저승이라 하고 살았을 때에는 이승이라 하나니, 지수화풍 사대四大로 된 육체는 비록 죽었다 살았다 하여 이 세상 저 세상이 있으나 영혼은 영원불멸하여 길이 생사가 없나니, 그러므로 아는 사람에 있어서는 인생의 생로병사가 마치 춘하추동 사시 바뀌는 것과 같고 저 생生과 이 생이 마치 거년과 금년 되는 것 같으니라".

17 대종사 말씀하시기를 "사람이 평생에 비록 많은 전곡을 벌어놓았다 하더라도 죽을 때에는 하나도 가져가지 못하나니, 하나도 가져가지 못하는 것을 어찌 영원한 내 것이라 하리오. 영원히 나의 소유를 만들기로 하면, 생전에 어느 방면으로든지 남을 위하여 노력과 보시를 많이 하되 상相에 주함이 없는 보시로써 무루의 복덕을 쌓아야 할 것이요, 참으로 영원한 나의 소유는 정법에 대한 서원과 그것을 수행한 마음의 힘이니, 서원과 마음공부에 끊임없는 공을 쌓아야 한없는 세상에 혜복의 주인공이 되느니라".

18 대종사 선원 대중에게 말씀하시기를 "그대들은 염라국閻羅國과 명부사자冥府使者를 아는가. 염라국이 다른 데가 아니라 곧 자기 집 울타리 안이며 명부사자가 다른 이가 아니라 곧 자기의 권속이니, 어찌하여 그런고 하면 보통 사람은 이생에 얽힌 권속의 정애情愛로 인하여 몸이 죽는 날에 영이 멀리 뜨지 못하고 도로 자기 집 울안에 떨어져서 인도수생의 기회가 없으면 혹은 그 집의 가축도 되며 혹은 그 집안에 곤충류의 몸을 받기도 하나니, 그러므로 예로부터 제불조사가 다 착 없이 가며 착 없이 행하라고 권장하신 것은 그리하여야 능히 악도에 떨어지는 것을 면할 수 있기 때문이니라".

19 대종사 말씀하시기를 "사람이 평소에 착 없는 공부를 많이 익히고 닦을지니 재색명리와 처자와 권속이며, 의식주 등에 착심이 많은 사람은 그것이 자기 앞에서 없어지면 그 괴로움과 근심이 보통에 비하여 훨씬 더할 것이라, 곧 현실의 지옥생활이며 죽어갈 때에도 또한 그 착심에 끌리어 자유를 얻지 못하고 죄업의 바다에 빠지게 되나니 어찌 조심할 바 아니리오".

20 대종사 말씀하시기를 "근래 사람들이 혹 좋은 묘터를

미리 잡아놓고 거기에 자기가 묻히리라는 생각을 굳게 가지는 수가 더러 있으나, 그러한 사람은 명을 마치는 찰나에 영식이 바로 그 터로 가게 되어 그 주위에 인도수생의 길이 없으면 부지중 악도에 떨어져서 사람 몸을 받기가 어렵게 되나니 어찌 조심할 바 아니리오".

21 한 제자 무슨 일에 대종사의 명령하심을 어기고 자기의 고집대로 하려 하는지라, 대종사 말씀하시기를 "작은 일에 그대의 고집을 세우면 큰일에도 고집을 세울 것이니, 그러한다면 모든 일을 다 그대의 주견대로 행하여 결국은 나의 제도나 천도를 받지 못할지라 제도와 천도를 받지 못할 때에는 내 비록 그대를 구원하고자 하나 어찌할 수 없으리라".

22 대종사 선원 대중에게 말씀하시기를 "그대들이 이와 같이 세간의 모든 애착과 탐착을 여의고 매일매일 법설을 들어 정신을 맑히고 정력을 얻어나가면 자신의 천도만 될 뿐 아니라 그 법력이 허공법계에 사무쳐서 이 주위에 살고 있는 미물 곤충까지도 부지중 천도가 될 수 있나니, 비하건대 태양광선이 눈과 얼음을 녹이려는 마음이 없이 무심히 비치건만 눈과 얼음이 자연 녹아지듯이 사심잡념이 없는 도인들의 법력에는

범부중생의 업장이 부지중에 또한 녹아지기도 하느니라".

23 대종사 말씀하시기를 "사람 가운데에는 하늘 사람과 땅 사람이 있나니, 하늘 사람은 항시 욕심이 담박하고 생각이 고상하여 맑은 기운이 위로 오르는 사람이요, 땅 사람은 항상 욕심이 치성하고 생각이 비열하여 탁한 기운이 아래로 처지는 사람이라, 이것이 곧 선도와 악도의 갈림길이니 누구를 막론하고 다 각기 마음을 반성하여보면 자기는 어느 사람이며 장차 어찌될 것을 알 수 있으리라".

24 대종사 말씀하시기를 "저 하늘에는 검은 구름이 걷혀버려야 밝은 달이 나타나서 삼라만상을 비춰줄 것이요, 수도인의 마음 하늘에는 욕심의 구름이 걷혀버려야 지혜의 달이 솟아올라서 만세 중생을 비춰주는 거울이 되며, 악도중생을 천도하는 대법사가 되리라".

25 대종사 말씀하시기를 "내가 어느 날 아침 영광에서 부안 변산 쪽을 바라다보매 허공 중천에 맑은 기운이 어리어 있는지라, 그후 그곳으로 가보았더니 월명암에 수도 대중이 모여들어 선을 시작하였더라. 과연 정신을 모아 마음을 맑히고

보면 더럽고 탁한 기운은 점점 가라앉고 신령하고 맑은 기운
은 구천九天에 솟아올라서 시방삼계가 그 두렷한 기운 안에
들고 육도사생이 그 맑은 법력에 싸이어 제도와 천도를 아울
러 받게 되느니라".

26 대종사 야회에 출석하사 등불 아래로 대중을 일일이 내
려다보시며 말씀하시기를 "그대들의 기운 뜨는 것이 각각 다
르니 이 가운데에는 수양을 많이 쌓아서 탁한 기운이 다 가
라앉고 순전히 맑은 기운만 오르는 사람과, 맑은 기운이 많
고 탁한 기운이 적은 사람과, 맑은 기운과 탁한 기운이 상반
되는 사람과, 탁한 기운이 많고 맑은 기운이 적은 사람과, 순
전히 탁한 기운만 있는 사람이 있도다" 하시고, 또 말씀하시
기를 "사람이 욕심이 많을수록 그 기운이 탁해져서 높이 뜨지
못하나니, 그러한 사람이 명을 마치면 다시 사람의 몸을 받지
못하고 축생이나 곤충의 무리가 되기도 하며, 또는 욕심은 그
다지 없으나 안으로 수양과 밖으로 인연작복을 무시하고 아
는 데에만 치우친 사람은 그 기운이 가벼이 뜨기는 하나 무게
가 없으므로 수라修羅나 새의 무리가 되느니라. 그러므로 수
도인이 마음을 깨쳐 알고, 안 뒤에는 맑게 키우고 사邪와 정正
을 구분하여 행을 바르게 하면 마침내 영단을 이루어 육도의

242

수레바퀴에 휩쓸리지 아니하고 몸 받는 것을 마음대로 하며, 색신을 벗어나서 영단만으로 허공법계에 주유周遊하면서 수양에만 전공하는 능력도 갖추느니라".

27 대종사 말씀하시기를 "정성과 정성을 다하여 항상 심지가 요란하지 않게 하며, 항상 심지가 어리석지 않게 하며, 항상 심지가 그르지 않게 하고 보면 그 힘으로 지옥 중생이라도 천도할 능력이 생기나니, 부처님의 정법에 한 번 인연을 맺어 주는 것만 하여도 영겁을 통하여 성불할 좋은 종자가 되느니라".

28 김광선이 열반하매 대종사 눈물을 흘리시며, 대중에게 말씀하시기를 "팔산八山으로 말하면 이십여 년 동안 고락을 같이하는 가운데 말할 수 없는 정이 들었는지라 법신은 비록 생멸성쇠가 없다 하나, 색신은 이제 또다시 그 얼굴로 대하지 못하게 되었으니 그 어찌 섭섭하지 아니하리오. 내 이제 팔산의 영을 위하여 생사거래와 업보멸도業報滅度에 대한 법을 설하리니 그대들은 팔산을 위로하는 마음으로 이 법을 더욱 잘 들으라. 그대들이 이 말을 듣고 깨달음이 있다면 그대들에게 이익이 있을 뿐 아니라 팔산에게도 또한 이익이 되리라. 과거

부처님 말씀에 생멸거래가 없는 큰 도를 얻어 수행하면 다생의 업보가 멸도된다 하셨나니, 그 업보를 멸도시키는 방법은 이러하니라. 누가 나에게 고통과 손해를 끼쳐주는 일이 있거든 그 사람을 속깊이 원망하거나 미워하지 말고 과거의 빚을 갚은 것으로 알아 안심하며 또한 그에 대항하지 말라. 이편에서 갚을 차례에 져버리면 그 업보는 쉬어버리느니라. 또는 생사거래와 고락이 구공한 자리를 알아서 마음이 그 자리에 그치게 하라. 거기에는 생사도 없고 업보도 없나니, 이 지경에 이르면 생사 업보가 완전히 멸도되었다 하리라".

29 박제봉朴濟奉이 여쭙기를 "칠칠 천도재薦度齋나 열반 기념의 재식을 올리는 것이 그 영에 대하여 어떠한 이익이 있나이까". 대종사 말씀하시기를 "천지에는 묘하게 서로 응하는 이치가 있나니, 사람이 땅에 곡식을 심고 비료를 주면 땅도 무정한 것이요 곡식도 무정한 것이며 비료도 또한 무정한 것이언마는 그 곡출에 효과의 차를 내나니, 무정한 곡식도 그러하거든 하물며 최령한 사람이 어찌 정성에 감응이 없으리오. 모든 사람이 돌아간 영을 위하여 일심으로 심고를 올리고 축원도 드리며 헌공도 하고 선지식의 설법도 한즉, 마음과 마음이 서로 통하고 기운과 기운이 서로 응하여, 바로 천도를 받

을 수도 있고, 설사 악도에 떨어졌다 하더라도 차차 진급이 되는 수도 있으며, 또는 전생에 많은 빚을 지고 갔을지라도 헌공금獻貢金을 잘 활용하여 영위의 이름으로 공중 사업을 하여주면 그 빚을 벗어버리기도 하고 빚이 없는 사람은 무형한 가운데 복이 쌓이기도 하나니, 이 감응되는 이치를 다시 말하자면 전기와 전기가 서로 통하는 것과 같다 하리라".

30 한 제자 여쭙기를 "예로부터 자녀나 친척이나 동지된 사람이 자기 관계인의 영을 위하여 혹 불전에 헌공도 하고 선지식을 청하여 설법과 송경도 하게 하옵는바 그에 따라 어떠한 효과가 나타나오며 그 정성과 도력의 차등에 따라 그 효과에 어떠한 차이가 있사오리까". 대종사 말씀하시기를 "영을 위하여 축원을 올리고 헌공을 하는 것은 그 정성을 표함이니, 지성이면 감천으로 그 정성의 등급을 따라 축원한 바 효과가 나타나게 되는 것이며, 또는 설법을 하여주고 송경을 하여주는 것도 당시 선지식의 도력에 따라 그 위력이 나타나는 것이니, 혹은 과거에 지은 악업을 다 받은 후에야 자기도 모르는 가운데 선도에 돌아오기도 하며, 혹은 모든 업장을 벗어나서 바로 선도에 돌아오기도 하며, 혹은 앞길 미한 중음계에서 후생길을 찾지 못하다가 다시 찾아가기도 하며, 혹은 잠깐 착

에 걸려 있다가 그 착심을 놓아버리고 천상 인간에 자유하여 복락 수용을 하는 수도 있으나, 만일 자녀의 정성이 특별하지 못하고 선지식의 도력이 부족하다면 그 영근靈根에 별스러운 효과를 주지 못하게 되나니, 어찌하여 그런고 하면 지극한 정성이 아니면 참된 위력이 나타나지 아니하는 것이, 비하건대 농부가 농사를 지을 때에 그 정성과 역량을 다 들이지 아니하면 곡출이 적은 것과 서로 같으니라".

31 서대원이 여쭙기를 "천도를 받는 영으로서 천도법문을 그대로 알아들을 수 있나니이까". 대종사 말씀하시기를 "혹 듣는 영도 있고 못 듣는 영도 있으나 영가靈駕가 그 말을 그대로 알아들어서 깨침을 얻는 것보다 그 들이는 공력이 저 영혼에 쏠히어서 알지 못하는 가운데 천도의 인因이 되느니라. 그리하여 마치 파리가 제힘으로는 천리를 갈 수 없으나 천리마의 몸에 붙으면 부지중에 천리를 갈 수도 있듯이 그 인연으로 차차 법연을 찾아오게 되느니라".

32 김대거 여쭙기를 "오늘 두 살 된 어린아이의 사십구일 천도재를 지냈사온데 어른도 모든 의식을 다 이해하여 천도 받기가 어려울 것이어늘, 그 어린 영이 어떻게 알아듣고 천도

를 받사오리까". 대종사 말씀하시기를 "영혼에는 어른과 아이의 구별이 없나니, 천도되는 이치가 마치 식물에 거름하는 것 같으며 지남철 있는 곳에 뭇 쇠가 따라붙는 것 같으니, 일체 동물은 허공계에 영근을 박고 살므로 허공법계를 통하여 진리로 재를 올리는 것이 그대로 영근에 거름이 되어 효과를 내느니라".

33 또 여쭙기를 "그렇게 재를 올리오면 각자의 평소에 지은 바 죄업이 그 경중을 물론하고 일시에 소멸되어 천도를 받게 되나이까". 대종사 말씀하시기를 "각자의 업의 경중과 기념주의 정성과 법사의 도력에 따라서 마치 태양이 얼음을 녹이는 것과 같이 일시적으로 녹일 수도 있고 오랜 시일이 걸릴 수도 있으나, 재를 올리는 공이 결코 헛되지는 아니하여 반드시 그 영혼으로 하여금 선연을 맺게 하여주느니라".

34 또 여쭙기를 "천도재를 어찌 사십구일로 정하였나이까". 대종사 말씀하시기를 "사람이 죽으면 대개 약 사십구일 동안 중음에 어렸다가 각기 업연業緣을 따라 몸을 받게 되므로 다시 한번 청정일념을 더하게 하기 위하여, 과거 부처님 말씀을 인연하여 그날로 정해서 천도 발원을 하는 것이나, 명

을 마친 즉시로 착심을 따라 몸을 받게 되는 영혼도 허다하느니라".

35 또 여쭙기를 "열반경涅槃經에 이르시기를 '전생 일을 알고자 할진대 금생에 받은 바가 그것이요, 내생 일을 알고자 할진대 금생에 지은 바가 그것이라'고 하였사온데, 금생에 죄 받고 복 받는 것을 보오면 그 마음 작용하는 바는 죄를 받아야 마땅할 사람이 도리어 부귀가에서 향락생활을 하는 수가 있삽고, 또는 그 마음이 착하여 당연히 복을 받아야 할 사람이 도리어 빈천한 가정에서 비참한 고통을 받는 수가 있사오니, 인과의 진리가 적확하다 할 수 있사오리까". 대종사 말씀하시기를 "그러므로 모든 불조들이 최후일념을 청정하게 가지라고 경계하셨나니, 이 생에서 그 마음은 악하나 부귀를 누리는 사람은 전생에 초년에는 선행을 하여 복을 지었으나 말년에는 선 지을 것이 없다고 타락하여 악한 일념으로 명을 마친 사람이며, 이 생에 마음은 선하나 일생에 비참한 생활을 하는 사람은 전생에 초년에는 부지중 악을 지었으나 말년에는 참회개과하여 회향回向을 잘 한 사람이니, 이와 같이 이 생의 최후일념은 내생의 최초일념이 되느니라".

36 또 여쭙기를 "사람이 죽은 후에는 유명幽明이 서로 다르온데 영식만은 생전과 다름없이 임의로 거래할 수 있나이까". 대종사 말씀하시기를 "그 식심識心만은 생전 사후가 다름이 없으나 오직 탐진치에 끌린 영과 탐진치를 조복받은 영이 그 거래에는 다름이 있나니, 탐진치에 끌린 영은 죽어 갈 때에 착심에 묶인 바가 되어 거래에 자유가 없고 무명의 업력에 가리워서 착심 있는 곳만 밝으므로 그곳으로 끌려가게 되며, 몸을 받을 때에도 보는 바가 모두 전도되어 축생과 곤충 등이 아름답게도 보여서 색정色情으로 탁태하되 꿈꾸는 것과 같이 저도 모르게 입태하며, 인도수생의 부모를 정할 때에도 색정으로 상대하여 탁태하게 되며, 혹 무슨 결정보決定報의 원을 세웠으나 사람 몸을 받지 못할 때에는 축생이나 곤충계에서 그에 비슷한 보를 받게도 되어, 이와 같이 생사에 자유가 없고 육도윤회에 쉴 날이 없이 무수한 고를 받으며, 십이인연十二因緣에 끌려다니느니라. 그러나 탐진치를 조복받은 영은 죽어 갈 때에 이 착심에 묶인 바가 없으므로 그 거래가 자유로우며 바르게 보고 바르게 생각하여 정당한 곳과 부정당한 곳을 구분해서 업에 끌리지 않으며, 몸을 받을 때에도 태연자약하여 정당하게 몸을 받고 태중에 들어갈 때에도 그 부모를 은의로 상대하여 탁태되며, 원을 세운 대로 대소사 간에 결정

보를 받게 되어, 오직 생사에 자유하고 육도윤회에 끌리는 바가 없이 십이인연을 임의로 궁굴리고 다니느니라".

37 또 여쭙기를 "어떠한 연유로 하여 가까운 인연이 되나이까". 대종사 말씀하시기를 "중생들은 보통 친애하는 선연과 미워하는 악연으로 가까운 인연을 맺게 되나 불보살들은 중생을 제도하기 위하여 자비로 모든 인연을 가까이 맺으시느니라".

38 또 여쭙기를 "사람이 죽은 후에만 천도를 받나이까". 대종사 말씀하시기를 "천도에는 생사가 다름이 없으므로 죽은 후에 다른 사람이 하는 것보다 생전에 자기 스스로 하는 것이 더욱 효과가 있으리라. 그러므로, 평소에 자기 마음을 밝고 조촐하고 바르게 길들여, 육식六識이 육진六塵 가운데 출입하되 물들고 섞이지 아니할 정도에 이르면 남을 천도하는 데에도 큰 능력이 있을 뿐 아니라 자기 생전에 자기의 천도를 마쳤다 할 것이나, 이러한 사람은 그리 흔하지 아니하니, 그러므로 삼세의 수도인들이 모두 바쁘게 수도하였느니라".

제10 신성품信誠品

    1 대종사 말씀하시기를 "스승이 제자를 만나매 먼저 그의 신성信誠을 보나니 공부인이 독실한 신심이 있으면 그 법이 건네고 공을 이룰 것이요, 신심이 없으면 그 법이 건네지 못하고 공을 이루지 못하느니라. 그런즉 무엇을 일러 신심이라 하는가. 첫째는 스승을 의심하지 않는 것이니, 비록 천만 사람이 천만 가지로 그 스승을 비방할지라도 거기에 믿음이 흔들리지 아니하며 혹 직접 보는 바에 무슨 의혹되는 점이 있을지라도 거기에 사량심思量心을 두지 않는 것이 신이요, 둘째는 스승의 모든 지도에 오직 순종할 따름이요 자기의 주견과 고집을 세우지 않는 것이 신이요, 셋째는 스승이 혹 과도한 엄교嚴教 중책重責을 하며 혹 대중의 앞에 허물을 드러내

며 혹 힘에 과한 고역을 시키는 등 어떠한 방법으로 대하더라
도 다 달게 받고 조금도 불평이 없는 것이 신이요, 넷째는 스
승의 앞에서는 자기의 허물을 도무지 숨기거나 속이지 아니
하고 사실로 직고하는 것이 신이니, 이 네 가지가 구비하면
특별한 신심이라, 능히 불조의 법기法器를 이루게 되리라".

2 대종사 말씀하시기를 "모든 공부인의 근기根機가 천층
만층으로 다르나 대체로 그를 상중하 세 근기로 구분하나니,
상근기는 정법을 보고 들을 때에 바로 판단과 신심이 생겨나
서 모든 공부를 자신하고 행하는 근기요, 중근기는 자세히 아
는 것도 없고 혹은 모르지도 아니하여 항상 의심을 풀지 못
하고 법과 스승을 저울질하는 근기요, 하근기는 사邪와 정正
의 분별도 없으며 계교와 의심도 내지 아니하여 인도하면 인
도하는 대로 순응하는 근기라, 이 세 가지 근기 가운데 도가
에서 가장 귀히 알고 요구하는 것은 상근기이니, 이 사람은
자기의 공부도 지체함이 없을 것이요 도문의 사업도 날로 확
장하게 할 것이며, 둘째로 가히 인도할 만한 것은 하근기로
서 독실한 신심이 있는 사람이니, 이 사람은 비록 자신은 없
다 할지라도 법을 중히 알고 스승을 돈독히 믿는 데 따라 그
진행하는 정성이 쉬지 않으므로 필경은 성공할 수 있느니라.

그러나 그중에 가장 가르치기 힘들고 변덕이 많은 것은 중근기니, 이 사람은 법을 가벼이 알고 스승을 업신여기기 쉬우며 모든 일에 철저한 발원과 독실한 성의가 없으므로 공부나 사업이나 성공을 보기가 대단히 어려우니라. 그러므로 중근기 사람들은 그 근기를 뛰어넘는 데에 공을 들여야 할 것이며 하근기로서도 혹 바로 상근기의 경지에 뛰어오르는 사람이 있으나, 만일 그렇지 못하고 중근기의 과정을 밟아올라가게 될 때에는 그때가 또한 위험하나니 주의하여야 하느니라".

3 한 제자 여쭙기를 "저는 본래 재질이 둔하온데 겸하여 공부하온 시일이 아직 짧사와 성취의 기한이 아득한 것 같사오니 어찌하오리까". 대종사 말씀하시기를 "도가의 공부는 원래 재질의 유무나 시일의 장단에 큰 관계가 있는 것이 아니라 오직 신信과 분忿과 의疑와 성誠으로 정진精進하고 못하는 데에 큰 관계가 있나니, 누구나 신분의성만 지극하면 공부의 성취는 날을 기약하고 가히 얻을 수 있느니라".

4 대종사 말씀하시기를 "보통 사람들은 어떠한 경계에 발심을 한 때에는 혹 하늘을 뚫는 신심이 나는 듯하다가도 시일이 좀 오래되면 그 신심이 까라지는 수가 있으며, 또는 없던

권리가 있어진다든지, 있던 권리가 없어진다든지, 불화하던 가정이 화락하게 되었다든지, 화락하던 가정이 불화하게 되었다든지 하는 등의 변동이 생길 때에 그 신심이 또한 변동되는 수가 있나니, 이러한 경계를 당할수록 더욱 그 신심을 살펴서 역경을 돌리어 능히 순경을 만들며, 순경이면 또한 간사하고 넘치는 데에 흐르지 않게 하는 꿋꿋한 대중이 계속되어야 가히 큰 공부를 성취하리라".

5 대종사 말씀하시기를 "세상에 지위가 높은 사람이나 권세가 있는 사람이나 재산이 풍부한 사람이나 학식이 많은 사람은 큰 신심을 발하여 대도에 들기가 어려운데, 그러한 사람으로서 수도에 발심하며 공도에 헌신한다면 그는 전세에 깊은 서원을 세우고 이 세상에 나온 사람이니라".

6 대종사 말씀하시기를 "여러 사람 가운데에는 나와 사제의 분의分義는 맺었으나 그 신信을 오롯하게 하지 못하고 제 재주나 주견에 집착하여 제 뜻대로 하려는 사람이 없지 아니하니, 나를 만난 보람이 어디 있으리오. 공부인이 큰 서원과 신성을 발하여 전적으로 나에게 마음을 바치었다면 내가 무슨 말을 하고 어떠한 일을 맡겨도 의심과 트집이 없을 것이

니, 이리된 뒤에야 내 마음과 제 마음이 서로 연하여 나의 공들인 것과 저의 공들인 것이 헛되지 아니하리라".

7 대종사 말씀하시기를 "도가에서 공부인의 신성을 먼저 보는 것은 신이 곧 법을 담는 그릇이 되고, 모든 의두를 해결하는 원동력이 되며, 모든 계율을 지키는 근본이 되기 때문이니, 신이 없는 공부는 마치 죽은 나무에 거름하는 것과 같아서 마침내 결과를 보지 못하느니라. 그러므로 그대들도 먼저 독실한 신을 세워야 자신을 제도하게 될 것이며, 남을 가르치는 데에도 신 없는 사람에게 신심 나게 하는 것이 첫째가는 공덕이 되느니라".

8 대종사 말씀하시기를 "삼보三寶를 신앙하는 데에도 타력신과 자력신의 두 가지가 있나니, 타력신은 사실로 나타난 불佛과 법法과 승僧을 사실적으로 믿고 받드는 것이요, 자력신은 자성 가운데 불과 법과 승을 발견하여 안으로 믿고 수행함이라, 이 두 가지는 서로 근본이 되므로 자력과 타력의 신앙을 아울러나가야 하나, 공부가 구경처에 이르고 보면 자타의 계한이 없이 천지만물 허공법계가 다 한 가지 삼보로 화하느니라".

9 대종사 제자들에게 물으시기를 "그대들이 나를 오랫동안 보지 못하면 보고 싶은 생각과 가까이 있고자 하는 마음이 얼마나 간절하던가". 제자들이 사뢰기를 "심히 간절하더이다". 대종사 말씀하시기를 "그러하리라. 그러나 자녀가 아무리 효도한다 하여도 부모가 그 자녀 생각하는 마음을 당하기 어렵고, 제자가 아무리 정성스럽다 하여도 스승이 그 제자 생각하는 마음을 당하기 어려우리니, 만일 제자가 스승 신봉하고 사모하는 마음이 스승이 제자 사랑하고 생각하는 마음의 반만 되어도 가히 그 법이 건네게 되리라".

10 대종사 말씀하시기를 "제자로서 스승에게 법을 구할 때에 제 마음을 다 바치지 아니하거나 정성에 끊임이 있으면 그 법을 오롯이 받지 못하느니라. 옛날에 구정九鼎선사는 처음 출가하여 몹시 추운 날 솥을 걸라는 스승의 명을 받고 밤새도록 아홉 번이나 솥을 고쳐 걸고도 마음에 추호의 불평이 없으므로 드디어 구정이라는 호를 받고 중이 되었는데, 그후 별다른 법문을 듣는 일도 없이 여러 십 년 동안 시봉만 하되 스승을 믿고 의지하는 정성이 조금도 쉬지 아니하였고, 마침내 스승의 병이 중하매 더욱 정성을 다하여 간병에 전력하다가 홀연히 마음이 열려 자기가 스스로 깨치는 것이 곧 법을 받는

것임을 알았다 하니, 법을 구하는 사람이 이만한 신성이 있어야 그 법을 오롯이 받게 되느니라".

11 대종사 말씀하시기를 "봄바람은 사私가 없이 평등하게 불어주지마는 산 나무라야 그 기운을 받아 자라고, 성현들은 사가 없이 평등하게 법을 설하여주지마는 신信 있는 사람이라야 그 법을 오롯이 받아갈 수 있느니라".

12 대종사 금강산을 유람하고 돌아오시어 대중에게 말씀하시기를 "내가 이번에 산에서 유숙한 여관의 주인이 마침 예수교인으로서 그 신앙이 철저하여 대단한 낙생활을 하고 있기에 그의 경력을 물어보았더니, 그는 신앙생활 삼십여 년에 자기의 생활상에 많은 풍파도 있었으나 그러한 굴곡을 당할 때마다 좋은 일이 돌아오면 하나님께서 사랑하여주시니 감사하고 낮은 일이 돌아오면 저의 잘못을 경계하여주시니 또한 감사하다 하여, 좋으나 낮으나 경계를 대할 때마다 마음이 더욱 묶어지고 신앙이 더욱 깊어져서 이렇듯 낙생활을 하게 되었다고 하더라. 그런즉 그대들도 각각 신앙 정도를 마음 깊이 대조하여보라. 그 사람은 아직 타력신앙에 그치어 진리의 근본을 다 더위잡지 못하였으나 그러한 생활을 하게 되었거든

하물며 자력신과 타력신을 병진하는 그대들로서 만일 파란곡
절에 조금이라도 마음이 흘러간다면 그 어찌 바른 신앙이며
참다운 정성이라 하겠는가. 그대들은 같은 신앙 가운데에도
이 원만하고 사실다운 신앙처를 만났으니 마음을 항상 챙기
고 또 챙겨서 신앙으로 모든 환경을 지배는 할지언정 환경으
로 신앙이 흔들리는 용렬한 사람은 되지 말라".

13 대종사 석두암에 계실 때에, 장적조張寂照 구남수具南守
이만갑李萬甲 등이 여자의 연약한 몸으로 백리의 먼길을 내왕
하며 알뜰한 신성을 바치는지라, 대종사 기특히 여기시어 말
씀하시기를 "그대들의 신심이 이렇게 독실하니 지금 내가 똥
이라도 먹으라 하면 바로 먹겠는가" 하시니, 세 사람이 바로
나가 똥을 가져오는지라, 대종사 "그대로 앉으라" 하시고 말
씀하시기를 "그대들의 거동을 보니 똥보다 더한 것이라도 먹
을 만한 신심이로다. 그러나 지금은 회상이 단순해서 그대들
을 친절히 챙겨줄 기회가 자주 있지마는 이 앞으로 회상이 커
지고 보면 그대들의 오고가는 것조차 내가 일일이 알 수 없을
지 모르니, 그러한 때에라도 오늘 같은 신성이 계속되겠는가
생각하여보아서 오늘의 이 신성으로 영겁을 일관하라".

14 대종사 설법하실 때에 김정각金正覺이 앞에서 조는지라, 꾸짖어 말씀하시기를 "앞에서 졸고 있는 것이 보기 싫기가 물소 같다" 하시니, 정각이 곧 일어나 사배를 올리고 웃는지라, 대종사 말씀하시기를 "내가 그동안 정각에게 정이 떨어질 만한 야단을 많이 쳤으나 조금도 그 신심에 변함이 없었나니, 저 사람은 죽으나 사나 나를 따라다닐 사람이라" 하시고, 또 말씀하시기를 "제자로서 스승에게 다 못할 말이 있고 스승이 제자에게 다 못해줄 말이 있으면 알뜰한 사제는 아니니라".

15 대종사 말씀하시기를 "내가 오늘 조실에 앉았으니 노덕송옥盧德頌玉의 얼굴이 완연히 눈앞에 나타나서 얼마 동안 없어지지 아니하는 것을 보았노라. 그는 하늘에 사무치는 신성을 가진지라 산하가 백여 리에 가로막혀 있으나 그 지극한 마음이 이와 같이 나타난 것이니라".

16 정석현鄭石現이 사뢰기를 "저는 환경에 고통스러울 일이 많사오나 법신불전에 매일 심고 올리는 재미로 사나이다". 대종사 말씀하시기를 "석현이가 법신불의 공덕과 위력을 알아서 진정한 재미를 붙였는가는 알 수 없으나 그것이 곧 고 가운데 낙을 발견하는 한 방법이니 이러한 방법으로 살아간

다면 고통스러울 환경에서도 낙을 수용受用할 수가 없지 아니하니라. 내가 봉래산에 있을 때에 같이 있는 몇몇 사람은 그 험산궁곡險山窮谷에서 거처와 음식이 기구하고 육신의 노력은 과중하여 모든 방면에 고생이 막심하였으되 오직 법을 듣고 나를 시봉하는 재미로 항상 낙도생활을 하여왔고, 또는 영광에서 최초의 구인으로 말하더라도 본래 노동도 아니하여 본 사람들로서 엄동설한에 간석지를 막아낼 때에 그 고생이 말할 수 없었건마는 조금도 불평과 불만이 없이 오직 이 회상을 창립하는 기쁨 가운데 모든 고생을 낙으로 돌렸으며 나의 하는 말이면 다 즐거이 감수 복종하였나니, 그때 그 사람들로 말하면 남 보기에는 못 이길 고생을 하는 것 같았으나 그 실은 마음속에 낙이 진진하여 이 세상에서 바로 천상락을 수용하였느니라. 그런즉 그대들도 기위 이 공부와 사업을 하기로 하면 먼저 굳은 신념과 원대한 희망으로 어떠한 천신만고가 있을지라도 이를 능히 초월하여 모든 경계를 항상 낙으로 돌리는 힘을 얻은 후에야 한없는 세상에 길이 낙원의 생활을 계속할 수 있으리라".

17 제자 가운데 신信을 바치는 뜻으로 손을 끊은 사람이 있는지라, 대종사 크게 꾸짖어 말씀하시기를 "몸은 곧 공부와

사업을 하는 데에 없지 못할 자본이어늘 그 중요한 자본을 상하여 신을 표한들 무슨 이익이 있으며, 또는 진정한 신성은 원래 마음에 달린 것이요 몸에 있는 것이 아니니, 앞으로는 누구든지 절대로 이러한 일을 하지 말라" 하시고, 이어서 말씀하시기를 "아무리 지식과 문장이 출중하고 또는 한때의 특행特行으로 여러 사람의 신망이 높아진다 하더라도, 그것만으로는 이 회상의 종통을 잇지 못하는 것이요, 오직 이 공부 이 사업에 죽어도 변하지 않을 신성으로 혈심血心 노력한 사람이라야 되느니라".

18 문정규 여쭙기를 "송규·송도성·서대원 세 사람이 지금은 젊사오나 앞으로 누가 더 유망하겠나이까". 대종사 한참 동안 묵연하시는지라, 정규 다시 여쭙기를 "서로 장단이 다르오니 저로서는 판단하기 어렵나이다". 대종사 말씀하시기를 "송규는 정규의 지량으로 능히 측량할 사람이 아니로다. 내가 송규 형제를 만난 후 그들로 인하여 크게 걱정하여본 일이 없었고, 무슨 일이나 내가 시켜서 아니 한 일과 두 번 시켜본 일이 없었노라. 그러므로 나의 마음이 그들의 마음이 되고 그들의 마음이 곧 나의 마음이 되었느니라".

19 대종사 말씀하시기를 "주세主世의 성인들은 천지의 대운을 타고 나오는지라, 중생들이 그 성인과 그 회상에 정성을 다 바치며 서원을 올리면 그 서원이 빨리 이루어지고, 그 반면에 불경하거나 훼방하면 죄벌이 또한 크게 미치나니, 다만 그 한 분뿐 아니라, 그러한 분과 심법心法이 완전히 합치된 사람도 그 위력이 또한 다름없으니라".

제11 요훈품要訓品

1 대종사 말씀하시기를 "모든 학술을 공부하되 쓰는 데에 들어가서는 끊임이 있으나, 마음 작용하는 공부를 하여놓으면 일분일각도 끊임이 없이 활용되나니, 그러므로 마음공부는 모든 공부의 근본이 되느니라".

2 대종사 말씀하시기를 "수도인이 구하는 바는, 마음을 알아서 마음의 자유를 얻자는 것이며, 생사의 원리를 알아서 생사를 초월하자는 것이며, 죄복의 이치를 알아서 죄복을 임의로 하자는 것이니라".

3 대종사 말씀하시기를 "한 마음이 선하면 모든 선이 이에

따라 일어나고, 한 마음이 악하면 모든 악이 이에 따라 일어나나니, 그러므로 마음은 모든 선악의 근본이 되느니라".

4 대종사 말씀하시기를 "마음이 바르지 못한 사람이 돈이나 지식이나 권리가 많으면 그것이 도리어 죄악을 짓게 하는 근본이 되나니, 마음이 바른 뒤에야 돈과 지식과 권리가 다 영원한 복으로 화하느니라".

5 대종사 말씀하시기를 "선이 좋은 것이나 작은 선에 얽매이면 큰 선을 방해하고, 지혜가 좋은 것이나 작은 지혜에 얽매이면 큰 지혜를 방해하나니, 그 작은 것에 얽매이지 아니하는 공부를 하여야 능히 큰 것을 얻으리라".

6 대종사 말씀하시기를 "자기가 어리석은 줄을 알면, 어리석은 사람이라도 지혜를 얻을 것이요, 자기가 지혜 있는 줄만 알고 없는 것을 발견하지 못하면, 지혜 있는 사람이라도 점점 어리석은 데로 떨어지느니라".

7 대종사 말씀하시기를 "큰 도를 닦는 사람은 정과 혜를 같이 운전하되, 정 위에 혜를 세워 참지혜를 얻고, 큰 사업을 하

는 사람은 덕德과 재才를 같이 진행하되, 덕 위에 재를 써서 참재주를 삼느니라".

8 대종사 말씀하시기를 "용맹 있는 사람이 강적 만나기 쉽고, 재주 있는 사람이 일 그르치기 쉬우니라".

9 대종사 말씀하시기를 "어리석은 사람은 근심과 걱정이 있을 때에는 없애기에 노력하지마는, 없을 때에는 다시 장만하기에 분주하니, 그러므로 그 생활에 근심과 걱정이 다할 날이 없느니라".

10 대종사 말씀하시기를 "큰 도에 발원한 사람은 짧은 시일에 속히 이루기를 바라지 말라. 잦은 걸음으로는 먼길을 걷지 못하고 조급한 마음으로는 큰 도를 이루기 어려우니, 저 큰 나무도 작은 싹이 썩지 않고 여러 해 큰 결과요 불보살도 처음 발원을 퇴전退轉하지 않고 오래오래 공을 쌓은 결과이니라".

11 대종사 말씀하시기를 "큰 공부를 방해하는 두 마장魔障이 있나니, 하나는 제 근기를 스스로 무시하고 자포자기하여

향상을 끊음이요, 둘은 작은 지견에 스스로 만족하고 자존자 대하여 향상을 끊음이니, 이 두 마장을 벗어나지 못하고는 큰 공부를 이루지 못하느니라".

12 대종사 말씀하시기를 "희망이 끊어진 사람은 육신은 살아 있으나 마음은 죽은 사람이니, 살도음殺盜淫을 행한 악인이라도 마음만 한번 돌리면 불보살이 될 수도 있지마는, 희망이 끊어진 사람은 그 마음이 살아나기 전에는 어찌할 능력이 없느니라. 그러므로 불보살들은 모든 중생에게 큰 희망을 열어주실 원력願力을 세우시고 세세생생 끊임없이 노력하시느니라".

13 대종사 말씀하시기를 "여의보주如意寶珠가 따로 없나니, 마음에 욕심을 떼고, 하고 싶은 것과 하기 싫은 것에 자유자재하고 보면 그것이 곧 여의보주니라".

14 대종사 말씀하시기를 "다른 사람을 바루고자 하거든 먼저 나를 바루고, 다른 사람을 가르치고자 하거든 먼저 내가 배우고, 다른 사람의 은혜를 받고자 하거든 먼저 내가 은혜를 베풀라. 그러하면 나의 구하는 바를 다 이루는 동시에 자타가

고루 화합을 얻으리라".

15 대종사 말씀하시기를 "다른 사람을 이기는 것이 그 힘이 세다 하겠으나 자기를 이기는 것은 그 힘이 더하다 하리니, 자기를 능히 이기는 사람은 천하 사람이라도 능히 이길 힘이 생기느니라".

16 대종사 말씀하시기를 "세상에 두 가지 어리석은 사람이 있나니, 하나는 제 마음도 마음대로 쓰지 못하면서 남의 마음을 제 마음대로 쓰려는 사람이요, 둘은 제 일 하나도 제대로 처리하지 못하면서 남의 일까지 간섭하다가 시비 가운데 들어서 고통받는 사람이니라".

17 대종사 말씀하시기를 "모든 것을 구하는 데에 도가 있건마는 범부는 도가 없이 구하므로 구하면 구할수록 멀어지고, 불보살은 도로써 구하므로 아쉽게 구하지 아니하여도 자연히 돌아오는 이치가 있느니라".

18 대종사 말씀하시기를 "그 일을 먼저 하고 먹기를 뒤에 하는 사람은 군자요, 그 일을 뒤에 하고 먹기를 먼저 하는 사

람은 소인이니라".

19 대종사 말씀하시기를 "어리석은 사람은 복을 받기는 좋아하나 복을 짓기는 싫어하고, 화禍를 받기는 싫어하나 죄를 짓기는 좋아하나니, 이것이 다 화복의 근원을 알지 못함이요, 설사 안다 할지라도 실행이 없는 연고니라".

20 대종사 말씀하시기를 "정신·육신·물질로 혜시를 많이 하는 사람이 장차 복을 많이 받을 사람이요, 어떠한 경계를 당하든지 분수에 편안한 사람이 제일 편안한 사람이며, 어떠한 처지에 있든지 거기에 만족을 얻는 사람이 제일 부귀한 사람이니라".

21 대종사 말씀하시기를 "중생은 영리하게 제 일만 하는 것 같으나 결국 자신이 해를 보고, 불보살은 어리석게 남의 일만 해주는 것 같으나 결국 자기의 이익이 되느니라".

22 대종사 말씀하시기를 "지혜 있는 사람은 지위의 고하를 가리지 않고 거짓 없이 그 일에만 충실하므로 시일이 갈수록 그 일과 공덕이 찬란하게 드러나고, 어리석은 사람은 그 일에

는 충실하지 아니하면서 이름과 공만을 구하므로 결국 이름
과 공이 헛되이 없어지고 마느니라".

23 대종사 말씀하시기를 "제가 스스로 높은 체하는 사람은
반드시 낮아지고, 항상 남을 이기기로만 주장하는 사람은 반
드시 지게 되느니라".

24 대종사 말씀하시기를 "선은 들추어낼수록 그 공덕이 작
아지고 악은 숨겨둘수록 그 뿌리가 깊어지나니, 그러므로 선
은 숨겨두는 것이 그 공덕이 커지고 악은 들추어내는 것이 그
뿌리가 얕아지느니라".

25 대종사 말씀하시기를 "덕도 음조陰助하는 덕이 더 크고,
죄도 음해陰害하는 죄가 더 크니라".

26 대종사 말씀하시기를 "선을 행하고도 남이 몰라주는 것
을 원망하면 선 가운데 악의 움이 자라나고, 악을 범하고도
참회를 하면 악 가운데 선의 움이 자라나나니, 그러므로 한
때의 선으로 자만자족하여 향상을 막지도 말며, 한때의 악으
로 자포자기하여 타락하지도 말 것이니라".

27 대종사 말씀하시기를 "어리석은 사람은 공것이라 하면 좋아만 하고 그로 인하여 몇 배 이상의 손해를 받는 수가 있음을 알지 못하나, 지혜 있는 사람은 공것을 좋아하지도 아니하려니와 그것이 생기면 다 차지하지 아니하고 정당한 곳에 나누어 써서, 재앙이 따라오기 전에 미리 액을 방비하느니라".

28 대종사 말씀하시기를 "진인眞人은 마음에 거짓이 없는지라 모든 행사가 다 참으로 나타나고, 성인聖人은 마음에 상극相克이 없는지라 모든 행사가 다 덕으로 나타나나니, 그러므로 진인은 언제나 마음이 발라서 삿됨이 없고 성인은 언제나 마음이 안온하여 괴로움이 없느니라".

29 대종사 말씀하시기를 "빈말로 남에게 무엇을 준다든지 또는 많이 주었다고 과장하여 말하지 말라. 그 말이 도리어 빚이 되고 덕을 상하느니라. 또는 허공법계에 빈말로 맹세하지 말라. 허공법계를 속인 말이 무서운 죄고의 원인이 되느니라".

30 대종사 말씀하시기를 "자기 마음 가운데 악한 기운과 독한 기운이 풀어진 사람이라야 다른 사람의 악한 기운과 독

한 기운을 풀어줄 수 있느니라".

31 대종사 말씀하시기를 "상극의 마음이 화禍를 불러들이는 근본이 되고, 상생의 마음이 복을 불러들이는 근본이 되느니라".

32 대종사 말씀하시기를 "아무리 한때에 악을 범한 사람이라도 참마음으로 참회하고 공덕을 쌓으면 몸에 악한 기운이 풀어져서 그 앞길이 광명하게 열릴 것이요, 아무리 한때에 선을 지은 사람이라도 마음에 원망이나 남을 해칠 마음이 있으면 그 몸에 악한 기운이 싸고 돌아서 그 앞길이 암담하게 막히느니라".

33 대종사 말씀하시기를 "중생들은 열 번 잘해준 은인이라도 한 번만 잘못하면 원망으로 돌리지마는 도인들은 열 번 잘못한 사람이라도 한 번만 잘하면 감사하게 여기나니, 그러므로 중생들은 은혜에서도 해害만 발견하여 난리와 파괴를 불러오고, 도인들은 해에서도 은혜를 발견하여 평화와 안락을 불러오느니라".

34 대종사 말씀하시기를 "선한 사람은 선으로 세상을 가르치고 악한 사람은 악으로 세상을 깨우쳐서, 세상을 가르치고 깨우치는 데에는 그 공이 서로 같으나, 선한 사람은 자신이 복을 얻으면서 세상일을 하게 되고 악한 사람은 자신이 죄를 지으면서 세상일을 하게 되므로, 악한 사람을 미워하지 말고 불쌍히 여겨야 하느니라".

35 대종사 말씀하시기를 "이용하는 법을 알면 천하에는 버릴 것이 하나도 없느니라".

36 대종사 말씀하시기를 "사람이 말 한 번 하고 글 한 줄 써가지고도 남에게 희망과 안정을 주기도 하고, 낙망과 불안을 주기도 하나니, 그러므로 사람이 근본적으로 악해서만 죄를 짓는 것이 아니라, 죄 되고 복 되는 이치를 알지 못하여 자신도 모르는 가운데 죄를 짓는 수가 허다하느니라".

37 대종사 말씀하시기를 "살도음 같은 중계重戒를 범하는 것도 악이지마는 사람의 바른 신심을 끊어서 영겁다생에 그 앞길을 막는 것은 더 큰 악이며, 금전이나 의식을 많이 혜시하는 것도 선이지마는 사람에게 바른 신심을 일으켜서 영겁

다생에 그 앞길을 열어주는 것은 더 큰 선이 되느니라".

38 대종사 말씀하시기를 "세상에 세 가지 제도하기 어려운 사람이 있나니, 하나는 마음에 어른이 없는 사람이요, 둘은 모든 일에 염치가 없는 사람이요, 셋은 악을 범하고도 부끄러운 마음이 없는 사람이니라".

39 대종사 말씀하시기를 "대중 가운데 처하여 대중의 규칙을 어기는 것은 곧 그 단체를 파괴하는 것이요, 대중의 뜻을 무시하는 것은 곧 천의를 어김이 되느니라".

40 대종사 말씀하시기를 "대중 가운데 처하여 비록 특별한 선과 특별한 기술은 없다 할지라도 오래 평범을 지키면서 꾸준한 공을 쌓는 사람은 특별한 인물이니, 그가 도리어 큰 성공을 보게 되리라".

41 대종사 말씀하시기를 "도가의 명맥은 시설이나 재물에 있지 아니하고, 법의 혜명慧命을 받아 전하는 데에 있느니라".

42 대종사 말씀하시기를 "참자유는 방종을 절제하는 데에

서 오고 큰 이익은 사욕을 버리는 데에서 오나니, 그러므로 참자유를 원하는 사람은 먼저 계율을 잘 지키고 큰 이익을 구하는 사람은 먼저 공심公心을 양성하느니라".

43 대종사 말씀하시기를 "중생들은 불보살을 복전福田으로 삼고, 불보살들은 중생을 복전으로 삼느니라".

44 대종사 말씀하시기를 "사람으로서 육도와 사생의 세계를 널리 알지 못하면 이는 한 편 세상만 아는 사람이요, 육도와 사생의 승강되는 이치를 두루 알지 못하면 이는 또한 눈앞의 일밖에 모르는 사람이니라".

45 대종사 말씀하시기를 "그 마음에 한 생각의 사私가 없는 사람은 곧 시방삼계를 소유하는 사람이니라".

제12 실시품實示品

1 한 때에 대종사 법성法聖에서 배를 타시고 부안扶安 봉래 정사로 오시는 도중, 뜻밖에 폭풍이 일어나 배가 크게 요동하매, 뱃사람과 승객들이 모두 정신을 잃고, 혹은 우는 사람도 있고 토하는 사람도 있으며 거꾸러지는 사람도 있어서 배 안이 크게 소란하거늘, 대종사 태연정색하시고 말씀하시기를 "사람이 아무리 죽을 경우를 당할지라도 정신을 수습하여, 옛날 지은 죄를 뉘우치고 앞날의 선업을 맹세한다면, 천력天力을 빌어서 살길이 열리기도 하나니, 여러 사람들은 정신을 차리라" 하시니, 배에 탄 모든 사람이 다 그 위덕에 신뢰하여 마음을 겨우 진정하였던바, 조금 후에 점점 바람이 자고 물결이 평온하여지거늘, 사람들이 모두 대종사의 그 태연부동하신

태도와 자비윤택하신 성체를 뵈옵고 흠앙함을 마지아니하느
니라.

　2 대종사 하루는 실상사에 가시었더니, 때에 노승 두 사람
이 한 젊은 상좌에게 참선을 하라 하되 종시 듣지 아니한다
하여 무수히 꾸짖고 나서, 대종사께 고하기를 "저런 사람은
당장에 천불이 출세하여도 제도하지 못하리니 이는 곧 세상
에 버린 물건이라" 하거늘 대종사 웃으시며 말씀하시기를 "화
상和尙들이 저 사람을 생각하기는 하였으나 저 사람으로 하
여금 영영 참선을 못하게 하는 것도 화상들이로다" 하시니,
한 노승이 말하기를 "어찌하여 우리가 저 사람에게 참선을
못하게 한다 하시나이까". 대종사 말씀하시기를 "남의 원 없
는 것을 강제로 권하는 것은 그 사람으로 하여금 영영 그 일
을 싫어하게 함이니라. 내가 지금 화상에게 저 산의 바위 속
에 금이 들었으니 그것을 부수고 금을 캐라고 무조건 권하면
화상은 곧 나의 말을 믿고 바로 채굴을 시작하겠는가". 노승
이 한참 동안 생각한 후에 말하기를 "그 말씀을 믿고 바로 채
굴은 못하겠나이다". 대종사 말씀하시기를 "화상이 그와 같이
확신을 하여주지 않는데 내가 만일 강제로 권하면 화상은 어
찌하겠는가. 필시 내 말을 더욱 허망하게 알고 말 것이니, 저

사람은 아직 참선에 대한 취미도 모르고 아무 발원도 없는데, 그것을 억지로 권함은 저 사람으로 하여금 참선을 도리어 허망하게 알게 함이요, 허망하게 아는 때에는 영영 참선을 아니할 것이 아닌가. 그러므로 이는 사람 제도하는 묘방이 아니니라". 노승이 말하기를 "그러하오면 어떻게 하는 것이 제도하는 묘방이 되오리까". 대종사 말씀하시기를 "저 바위 속에 금이 든 줄을 알았거든 내가 먼저 채굴하여다가 그것을 광채 있게 쓰면 사람들이 나의 부유해진 연유를 알고자 하리니, 그 알고자 하는 마음의 정도를 보아서 그 내역을 말하여준다면 그 사람들도 얼마나 감사히 그 금을 채굴하려 할 것인가. 이것이 곧 사람을 제도하는 묘방일까 하노라". 노승들이 고쳐 앉으며 말하기를 "선생의 제도하시는 방법은 참으로 광대하나이다" 하니라.

3 대종사 봉래정사에 계실 때에 하루는 저녁 공양을 아니 드시므로 시봉하던 김남천·송적벽이 그 연유를 여쭈었더니, 대종사 말씀하시기를 "내가 이곳에 있으매 그대들의 힘을 입음이 크거늘 그대들이 오늘밤에는 싸움을 하고 내일 아침 해가 뜨기 전에 떠나갈 터이라 내 미리 밥을 먹지 아니하려 하노라". 두 사람이 서로 사뢰기를 "저희 사이가 특별히 다정하

온데 설령 어떠한 일로 마음이 좀 상한들 가는 일까지야 있겠
나이까, 어서 공양에 응하소서" 하더니, 몇 시간 뒤에 별안간
두 사람이 싸움을 하며 서로 분을 참지 못하여 짐을 챙기다가
남천은 대종사의 미리 경계하심이 생각되어 그대로 머물러
평생에 성훈을 지켰고, 적벽은 이튿날 아침에 떠나가니라.

4 원기 구년에 익산益山 총부를 처음 건설한 후 가난한 교
단생활의 첫 생계로 한동안 엿飴 만드는 업을 경영한 바 있
었더니, 대종사 항상 여러 제자에게 이르시기를 "지금 세상은
인심이 고르지 못하니 대문 단속과 물품 간수를 철저히 하여
도난을 당하는 일이 없도록 하라. 만일 도난을 당하게 된다면
우리의 물품을 손실할 뿐만 아니라 또한 남에게 죄를 짓게 해
줌이 되나니 주의할 바이니라" 하시고, 친히 자물쇠까지 챙
겨주시었으나 제자들은 아직 경험이 부족한 관계로 미처 모
든 단속을 철저히 하지 못하다가 어느 날 밤에 엿과 엿 목판
을 다 잃어버린지라, 제자들이 황공하고 근심됨을 이기지 못
하매, 대종사 말씀하시기를 "근심하지 말라. 어젯밤에 다녀간
사람이 그대들에게는 큰 선생이니, 그대들이 나를 제일 존중
한 스승으로 믿고 있으나, 일전에 내가 말한 것만으로는 정신
을 차리지 못하다가 이제부터는 내가 말하지 아니하여도 크

게 주의를 할 것이니, 어젯밤 약간의 물품 손실은 그 선생을 대접한 학비로 알라".

5 한 제자 성행性行이 거칠어서 출가한 지 여러 해가 되도록 전일의 악습을 도무지 고치지 못하므로, 제자들이 대종사께 사뢰기를 "그는 비록 백년을 법하에 두신다 하더라도 별이익이 없을 듯하오니, 일찍 돌려보내시어 도량의 풍기를 깨끗이 함이 좋을까 하나이다". 대종사 말씀하시기를 "그대들이 어찌 그런 말을 하는가. 그가 지금 도량 안에 있어서도 그와 같으니 사회에 내보내면 그 장래가 더욱 어찌되겠는가. 또는 사회와 도량을 따로 보는 것은 소승의 생각이요 독선의 소견이니, 큰 견지로 본다면 사회의 부정이 곧 도량의 부정이요 도량의 부정이 곧 사회의 부정이라, 도량의 부정만을 제거하여 사회에 옮기고자 하는 것이 어찌 원만한 일이라 하리오. 무릇 불법의 대의는 모든 방편을 다하여 끝까지 사람을 가르쳐서 선으로 인도하자는 것이어늘, 만일 선한 사람만 상대하기로 한다면 그 본분이 어디 있겠는가. 그러므로 그대들은 가르쳐서 곧 화하지 않는 사람이라고 미리 미워하여버리지 말고 끝까지 최선을 다하되, 제가 능히 감당하지 못하여 나간다면이어니와 그렇지 아니하면 다 같은 불제자로 함께 성불할

인연을 길이 놓지 말게 할지어다".

6 한 제자 교칙敎則에 크게 어그러진 바 있어 대중이 추방하기로 공사를 하는지라, 대종사 말씀하시기를 "너희가 어찌 차마 이러한 공사를 하느냐. 그는 나의 뜻이 아니로다. 나는 몇만 명 제자만이 나의 사람이 아니요 몇만 평 시설만이 나의 도량이 아니라, 온 세상 사람이 다 나의 사람이요 온 세계 시설이 다 나의 도량이니, 나를 따르던 사람으로 제가 나를 버리고는 갈지언정 내가 먼저 저를 버리지는 아니하리라" 하시고, 그 제자를 직접 부르시사 혹은 엄히 꾸짖기도 하시고 혹은 타이르기도 하시어 마침내 개과천선의 길을 얻게 하여주시니라.

7 대종사 영산에 계실 때에 창부 몇 사람이 입교하여 내왕하는지라 좌우 사람들이 꺼리어 사뢰기를 "이 청정한 법석에 저러한 사람들이 내왕하오면 외인의 치소가 있을 뿐 아니라 반드시 발전에 장애가 될 것이오니, 미리 오지 못하게 하는 것이 좋을까 하나이다". 대종사 웃으시며 말씀하시기를 "그대들은 어찌 그리 녹록한 말을 하는가. 대개 불법의 대의는 항상 대자대비의 정신으로 일체중생을 두루 제도하는 데에 있

거니, 어찌 그들만은 그 범위에서 제외하리오. 제도의 문은 도리어 그러한 죄고중생을 위하여 열리었나니, 그러한 중생일수록 더 반가이 맞아들여, 그 악을 느껴 스스로 깨치게 하고 그 업을 부끄러워 스스로 놓게 하는 것이 교화의 본분이라, 어찌 다른 사람의 치소를 꺼리어 우리의 본분을 저버리겠는가. 또는 세상에는 사람의 고하가 있고 직업의 귀천이 있으나 불성에는 차별이 없나니, 이 원리를 알지 못하고 다만 그러한 사람이 내왕한다 하여 함께 배우기를 꺼려한다면, 도리어 그 사람이 제도하기 어려운 사람이니라".

8 기미년(1919) 이후 인심이 극히 날카로운 가운데 대종사에 대한 관헌의 지목이 날로 심하여, 금산사에 계시다가 김제 서에서, 영산에 계시다가 영광 서에서, 여러 날 동안 심문당하신 것을 비롯하여 평생에 수많은 억압과 제재를 받으셨으나 조금도 그들을 싫어하고 미워하시는 바가 없이 늘 흔연히 상대하여주시었으며, 대중에게도 이르시기를 "그들은 그들의 일을 할 따름이요 우리는 우리의 일을 할 따름이라, 우리의 하는 일이 옳은 일이라면 누구인들 끝내 해하고 막지는 못하리라".

9 일경日警 한 사람이 대종사의 명함을 함부로 부르는지라 오창건이 그 무례함에 분개하여 크게 꾸짖어 보내거늘, 대종사 말씀하시기를 "그 사람이 나를 아직 잘 알지 못하여 그러하거늘 크게 탓할 것이 무엇이리오. 사람을 교화하는 사람은 항상 심복으로 저편을 감화시키는 데 힘써야 하나니, 질 자리에 질 줄 알면 반드시 이길 날이 올 것이요, 이기지 아니할 자리에 이기면 반드시 지는 날이 오느니라".

10 한 제자의 사상이 불온하다 하여 일경이 하루 동안 대종사를 심문하다가 "앞으로는 그런 제자가 다시 없도록 하겠다고 서약하라" 하는지라, 대종사 말씀하시기를 "부모가 자녀들을 다 좋게 인도하려 하나 제 성행性行이 각각이라 부모의 마음대로 다 못하는 것이요, 나라에서 만백성을 다 좋게 인도하려 하나 민심이 각각이라 나라에서도 또한 다 그렇게 해 주지를 못하나니, 나의 일도 그와 같아서 모든 사람을 다 좋게 만들고자 정성은 들이지마는 그 많은 사람들을 어찌 일조일석에 다 좋게 만들 수 있겠는가. 그러므로 앞으로도 노력은 계속하려니와 다시는 없게 하겠다고 서약하기는 어렵노라" 하시고, 돌아오시어 대중에게 말씀하시기를 "오랫동안 강약이 대립하고 차별이 혹심하여 억울하게 묻어둔 원한들이 많

은지라, 앞으로 큰 전쟁이 한 번 터질 것이요, 그뒤에는 세상 인지가 차차 밝아져서 개인들이나 나라들이 서로 돕고 우호 상통할지언정 남의 주권을 함부로 침해하는 일은 없으리라".

11 한 사람이 대종사께 여쭙기를 "이러한 세상에도 견성한 도인이 있사오리까". 대종사 말씀하시기를 "이러한 세상일수록 더욱 견성한 도인이 많이 나야 할 것이 아닌가". 그 사람이 다시 말하기를 "선생께서는 참으로 견성성불을 하셨나이까". 대종사 웃으시며 말씀하시기를 "견성성불은 말로 하는 것도 아니요 말만 듣고 아는 것도 아니므로, 그만한 지각을 얻은 사람이라야 그 지경을 알아볼 수 있는 것이며, 도덕의 참다운 가치는 후대의 천하 사람들이 증명할 바이니라".

12 형사 한 사람이 경찰 당국의 지령을 받아, 대종사와 교단을 감시하기 위하여 여러 해를 총부에 머무르는데, 대종사 그 사람을 챙기고 사랑하시기를 사랑하는 제자나 다름없이 하시는지라, 한 제자 여쭙기를 "그렇게까지 하실 것은 없지 않겠나이까". 대종사 말씀하시기를 "그대의 생각과 나의 생각이 다르도다. 그 사람을 감화시켜 제도를 받게 하여 안 될 것이 무엇이리오." 하시고, 그 사람이 있을 때나 없을 때나 매양

한결같이 챙기고 사랑하시더니, 그가 드디어 감복하여 입교하고 그후로 교중 모든 일에 많은 도움을 주니 법명이 황이천黃二天이러라.

13 대종사 영산에 계실 때에, 하루는 그 면의 경관 한 사람이 이웃 마을에 와서 사람을 보내어 대종사의 오시기를 요구하는데 대종사 곧 그에 응하려 하시는지라, 좌우 제자들이 그 경관의 무례함에 분개하여 가심을 만류하거늘, 대종사 말씀하시기를 "내가 가서 그 사람을 보는 것이 무엇이 불가하다는 말인가". 한 제자 사뢰기를 "아무리 도덕의 가치를 몰라주는 세상이기로 그와 같은 일개 말단 경관이 수백 대중을 거느리시는 선생님에게 제 어찌 사의私意로써 감히 오라 가라 하오리까. 만일 그대로 순응하신다면 법위의 존엄을 손상할 뿐 아니라 교중에 적지 않은 치욕이 될까 하나이다". 대종사 말씀하시기를 "그대의 말이 그럴듯하나 이에 대하여는 조금도 염려하지 말라. 내 이미 생각한 바가 있노라" 하시고, 바로 그 곳에 가시어 그를 면회하고 돌아오시사, 제자들에게 말씀하시기를 "내가 가서 그를 만나매 그가 도리어 황공한 태도로 반가이 영접하였으며 더할 수 없이 만족한 표정으로 돌아갔으니, 그가 우리를 압제하려는 마음이 많이 줄어졌으리라. 그

러나 내가 만일 가지 아니하였다면 그가 우리를 압제하려는 마음이 더할 것이요, 그러하면 그 결과가 어찌되겠는가. 지금 저들은 어떠한 트집으로라도 조선 사람의 단체는 다 탄압하려 하지 않는가. 그러므로 이러한 경우에는 이렇게 대응하는 것이 가장 마땅한 길이 되느니라. 대저, 남의 대접을 구하는 법은 어느 방면으로든지 먼저 그만한 대접이 돌아올 실적을 세상에 나타내는 것이니, 그러한다면 그 실적의 정도에 따라 모든 사람이 다 예를 갖추게 되리라. 그러나 불보살의 심경은 위를 얻은 뒤에도 위라는 생각이 마음 가운데 머물러 있지 아니하느니라".

14 당시의 신흥종교들 가운데에는 재財와 색色 두 방면의 사건으로 인하여 관청과 사회의 이목을 집중시킨 일이 적지 아니한지라, 모든 종교에 대한 관변의 간섭과 조사가 잦았으나 언제나 우리에게는 털끝만한 착오도 없음을 보고, 그들이 돌아가 서로 말하기를 "불법연구회佛法研究會의 조직과 계획과 실천은 나라를 맡겨도 능란히 처리하리라" 한다 함을 전하여 들으시고, 대종사 말씀하시기를 "참다운 도덕은 개인·가정으로부터 국가·세계까지 다 잘 살게 하는 큰 법이니, 세계를 맡긴들 못할 것이 무엇이리오".

15 대종사 서울 교당에서 친히 도량의 제초를 하시고 말씀하시기를 "오늘 내가 도량의 제초를 한 데에는 두 가지 뜻이 있었나니, 하나는 교당 책임자들이 매양 도량의 정리에 유의해야 한다는 것을 본보이기 위함이요, 또하나는 우리의 마음을 자주 살피지 아니하면 잡념 일어나는 것이 마치 이 도량을 조금만 불고하면 어느 틈에 잡초가 무성하는 것과 같아서 마음공부와 제초작업이 그 뜻이 서로 통함을 알리어, 제초하는 것으로 마음공부를 대조하게 하고 마음공부 하는 것으로 제초를 하게 하여 도량과 심전을 다 같이 깨끗하게 하라는 것이라, 그대들은 이 두 가지 뜻을 항상 명심하여 나의 본의에 어긋남이 없기를 부탁하노라".

16 대종사 언제나 수용하시는 도구를 반드시 정돈하사 비록 어두운 밤에라도 그 두신 물건을 가히 더듬어 찾게 하시며, 도량을 반드시 정결하게 하사 한 점의 티끌이라도 머무르지 않게 하시며 말씀하시기를 "수용하는 도구가 산란한 것은 그 사람의 마음이 산란한 것을 나타냄이요, 도량이 깨끗하지 못한 것은 그 사람의 마음밭이 거친 것을 나타냄이라, 그러므로 마음이 게으르고 거칠면 모든 일이 다 다스려지지 못하나니 그 어찌 작은 일이라 하여 소홀히 하리오".

17 대종사 잠깐이라도 방안을 떠나실 때에는 문갑에 자물쇠를 채우시는지라, 한 제자 그 연유를 묻자오매 말씀하시기를 "나의 처소에는 공부가 미숙한 남녀노소와 외인들도 많이 출입하나니, 혹 견물생심으로 죄를 지을까 하여 미리 그 죄를 방지하는 일이니라".

18 대종사 조각 종이 한 장과 도막 연필 하나며 소소한 노끈 하나라도 함부로 버리지 아니하시고 아껴 쓰시며, 말씀하시기를 "아무리 흔한 것이라도 아껴 쓸 줄 모르는 사람은 빈천보를 받나니, 물이 세상에 흔한 것이나 까닭 없이 함부로 쓰는 사람은 후생에 물 귀한 곳에 몸을 받아 물 곤란을 보게 되는 과보가 있느니라".

19 대종사 일이 없으실 때에는 앞으로 있을 일의 기틀을 먼저 보시므로 일을 당하여 군색함이 없으시고, 비록 폐물이라도 그 사용할 데를 생각하사 함부로 버리지 아니하시므로 폐물이 도리어 성한 물건같이 이용되는 수가 많으니라.

20 대종사 매양 의식이나 거처에 분수 밖의 사치를 경계하시며 말씀하시기를 "사람이 분수 밖의 의식주를 취하다가 스

스로 패가망신을 하는 수도 있으며, 설사 재산이 넉넉하더라도 사치를 일삼으면 결국은 삿된 마음이 치성하여 수도하는 정신을 방해하나니, 그러므로 공부인들은 의식 거처 등에 항상 담박과 질소를 위주하여야 하느니라".

21 대종사 몇 제자와 함께 총부 정문 밖에 나오시매, 어린이 몇이 놀고 있다가 다 절을 하되 가장 어린 아이 하나가 절을 아니하는지라, 대종사 그 아이를 어루만지시며 "네가 절을 하면 과자를 주리라" 하시니 그 아이가 절을 하거늘, 대종사 웃으신 후 무심히 한참 동안 걸으시다가 문득 말씀하시기를 "그대들은 잠깐 기다리라. 내가 볼일 하나를 잊었노라" 하시고, 다시 조실로 들어가시어 과자를 가져다가 그 아이에게 주신 후 가시니, 대종사께서 비록 사소한 일이라도 항상 신을 지키심이 대개 이러하시니라.

22 대종사 병환중에 계실 때에 한 제자가 "이웃 교도의 가정에 편안히 비기실 의자가 있사오니 가져오겠나이다" 하고 사뢰었더니 대종사 말씀하시기를 "그만두라. 그 주인이 지금 집에 있지 아니하거늘 어찌 나의 편안한 것만 생각하여 가져오리오. 아무리 친한 사이라도 부득이한 경우 외에는 본인의

자원이나 승낙 없는 물건을 함부로 청하여다 사용하지 않는 것이 좋으니라".

   23 대종사 편지를 받으시면 매양 친히 보시고 바로 답장을 보내신 후, 보관할 것은 정하게 보관하시고 그렇지 아니한 것은 모아서 정결한 처소에서 태우시며, 말씀하시기를 "편지는 저 사람의 정성이 든 것이라 함부로 두는 것은 예가 아니니라".

   24 대종사 하루는 한 제자를 크게 꾸짖으시더니 조금 후에 그 제자가 다시 오매 바로 자비하신 성안으로 대하시는지라, 옆에 있던 다른 제자가 그 연유를 묻자오매 대종사 말씀하시기를 "아까는 그가 끄리고 있는 사심邪心을 부수기 위하여 그러하였고, 이제는 그가 돌이킨 정심正心을 북돋기 위하여 이러하노라".

   25 양하운梁夏雲 사모께서는 대종사께서 회상을 창립하시기까지 대종사의 사가 일을 전담하사 갖은 수고를 다 하셨으며, 회상 창립 후에도 논과 밭으로 다니시면서 갖은 고역을 다 하시는지라, 일반 교도가 이를 죄송히 생각하여 거교적으

로 성금을 모아 그 고역을 면하시도록 하자는 의논이 도는지라, 대종사 들으시고 말씀하시기를 "그 말도 예에는 그럴듯하나 중지하라. 이만한 큰 회상을 창립하는데 그 사람도 직접 나서서 창립의 큰 인물은 못 될지언정 도리어 대중의 도움을 받아서야 되겠는가. 자력이 없어서 할 수 없는 처지라면 모르거니와 자신의 힘으로 살 수 있다면 그것이 떳떳하고 행복한 생활이니라".

26 이청춘이 돼지 자웅의 노는 것을 보다가 마음에 깊이 깨친 바 있어 세간 향락을 청산하고 도문에 들어와 수도에 힘쓰던 중, 자기의 소유 토지 전부를 이 회상에 바치려 하는지라, 대종사 말씀하시기를 "그대의 뜻은 심히 아름다우나 사람의 마음이란 처음과 끝이 같지 아니할 수 있으니, 더 신중히 생각하여보라" 하시고 여러 번 거절하시니, 청춘은 한번 결정한 마음에 변동이 없을 뿐 아니라 대종사의 여러 번 거절하심에 더욱 감동하여 받아주시기를 굳이 원하거늘, 대종사 드디어 허락하시며 "덕을 쓸진대 천지같이 상相 없는 대덕을 써서 영원히 그 공덕이 멸하지 않도록 하라".

27 대종사 마령 교당에 가시니 오송암吳松庵이 와서 뵈옵

고 말하되 "저의 여식 종순宗順 종태宗泰가 입교한 후로 출가出嫁를 거절하는 것이 제 뜻에는 맞지 아니하오나, 그들의 뜻을 굽히지 못하여 그대로 두오니, 그 장래 전정을 책임져주소서" 하거늘, 대종사 말씀하시기를 "나의 법은 과거 불교와 달라서 결혼생활을 법으로 금하지는 아니하나, 그와 같이 특별한 서원 아래 순결한 몸과 마음으로 공부 사업 하겠다는 사람들에게 어찌 범연할 수야 있겠는가. 그러나 그들의 장래는 부모나 스승에게보다 그들의 마음에 더 달려 있나니, 최후 책임은 그들에게 맡기고 그대나 나는 정성을 다하여 지도만 하여 보자" 하시니, 송암이 일어나 절하고 두 딸의 전무출신을 흔연히 승낙하니라.

28 대종사 부산에 가시니 임칠보화林七寶華가 와서 뵈옵고 "저의 집에 일차 왕림하여주소서" 하거늘, 대종사 말씀하시기를 "그대는 신심이 지극하나 그대의 부군은 아직 외인이라 가히 양해를 하겠는가" 하시니, 칠보화 사뢰기를 "제가 남편에게 대종사 공양의 뜻을 말하옵고 생각이 어떠냐고 물었삽더니 그가 말하기를 '내 아직 실행이 철저하지 못하여 입교는 아니하였으나 그런 어른이 와주신다면 우리 집안의 영광이 되겠다'고 하더이다". 대종사 그 숙연宿緣을 짐작하시고 흔연

히 그 청에 응하시니라.

29 한 사람이 와서 제자 되기를 원하는지라, 대종사 말씀하시기를 "다음날 한두 번 다시 와보고 함이 어떠하냐" 하시니, 그 사람이 말하기를 "제 뜻이 이미 견고하오니 곧 허락하여주옵소서" 하거늘, 대종사 한참 동안 생각하시다가 그 법명을 일지日之라고 내리시더니 그 사람이 물러나와 대중에게 말하기를 "우리가 무슨 인연으로 이렇게 동문 제자가 되었느냐"고 하며, 자기에게 좋은 환약이 있으니 의심하지 말고 사서 쓰라 하였으나 대중이 사지 아니하매, 일지 노기를 띠며 "동지의 정의情誼가 어찌 이럴 수 있느냐" 하고 해가 지기 전에 가버리니라.

30 한 제자 교중 초가지붕을 이면서 나래만 두르고 새끼는 두르지 아니하는지라, 대종사 말씀하시기를 "밤사이라도 혹 바람이 불면 그 이어놓은 것이 허사가 아닌가" 하시었으나, "이 지방은 바람이 심하지 아니하옵니다" 하며 그대로 두더니, 그날 밤에 때아닌 바람이 일어나 지붕이 다 걷혀버린지라, 그 제자 송구하여 어찌할 바를 알지 못하며 "대종사께서는 신통으로 미리 보시고 가르쳐주신 것을 이 어리석은 것

이 명을 어기어 이리되었나이다” 하거늘, 대종사 말씀하시기를 “이번 일에는 그 든든하고 떳떳한 길을 가르쳐주었건마는 그대가 듣지 아니하더니, 이제는 도리어 나를 신기한 사람으로 돌리니 그 허물이 또한 더 크도다. 그대가 나를 그렇게 생각한다면 그대는 앞으로 나에게 대도정법은 배우지 아니하고 신기한 일만 엿볼 터인즉, 그 앞길이 어찌 위태하지 아니하리오. 그대는 곧 그 생각을 바로잡고 앞으로는 매사를 오직 든든하고 떳떳한 길로만 밟아 행하라”.

   31 이운외李雲外의 병이 위중하매 그의 집안사람이 급히 달려와 대종사께 방책을 문의하는지라, 말씀하시기를 “곧 의사를 청하여 치료하라” 하시고, 얼마 후에 병이 평복되니, 대종사 말씀하시기를 “일전에 운외가 병이 중하매 나에게 먼저 방침을 물은 것은 그 길이 약간 어긋난 일이니라. 나는 원래 도덕을 알아서 그대들의 마음병을 치료해주는 선생이요 육신병의 치료는 각각 거기에 전문하는 의사가 있나니, 이 앞으로는 마음병 치료는 나에게 문의할지라도 육신병 치료는 의사에게 문의하라. 그것이 그 길을 옳게 아는 것이니라”.

   32 대종사, 차자 광령光靈이 병들매 집안사람으로 하여금

힘을 다하여 간호하게 하시더니, 그가 요절하매 말씀하시기를 "오직 인사를 다할 따름이요, 마침내 인력으로 좌우하지 못할 것은 명이라" 하시고, 공사公事나 법설 하심이 조금도 평시와 다르지 아니하시니라.

33 이동안이 열반하매 대종사 한참 동안 묵넘하신 후 눈물을 흘리시는지라 제자들이 "너무 상심하지 마옵소서" 하니, 대종사 말씀하시기를 "마음까지 상하기야 하리오마는 내 이 사람과 갈리면서 눈물을 아니 흘릴 수 없도다. 이 사람은 초창 당시에 나의 뜻을 전적으로 받들어 신앙 줄을 바로잡았으며, 그후 모든 공사를 할 때에도 직위에 조금도 계교가 없었느니라".

34 총부에서 기르던 어린 개가 동리 큰 개에게 물리어 죽을 지경에 이른지라 그 비명소리 심히 처량하거늘, 대종사 들으시고 말씀하시기를 "생명을 아끼어 죽기 싫어하는 것은 사람이나 짐승이나 일반이라" 하시고, 성안에 불쌍히 여기시는 기색을 띠시더니 마침내 절명하매 재비齋費를 내리시며 예감禮監에게 명하사 "떠나는 개의 영혼을 위하여 칠칠 천도재를 지내주라" 하시니라.

35 대종사 비록 사람에게 친절하시나 그 사람이 감히 무난하지는 못하며, 혹 사람의 잘못을 엄책하시나 그 사람이 원망하는 마음을 내지는 아니하며, 비록 그 쓰지 못할 사람인 줄을 아시나 먼저 그를 버리지는 아니하시니라.

36 대종사 제자 가운데 말만 하고 실행이 없음을 경계는 하셨으나 그 말을 버리지 아니하셨고, 재주만 있고 덕 없음을 경계는 하셨으나 그 재주를 버리지 아니하시니라.

37 대종사 대중을 통솔하심에 네 가지의 엄한 경계가 있으시니, 하나는 공물公物을 사유로 내는 것이요, 둘은 출가한 사람으로서 사가에 돌아가 이유 없이 오래 머무르거나 또는 사사私事를 경영하는 것이요, 셋은 자기의 안일을 도모하여 공중사에 협력하지 않는 것이요, 넷은 삼학병진의 대도를 닦지 아니하고 편벽되이 정정定靜만 익히어 신통을 희망하는 것이니라.

38 대종사 대중에게 상벌을 시행하시되 그 근기에 따르시는 다섯 가지 준칙이 있으시니, 첫째는 모든 것을 다 잘하므로 따로이 상벌을 쓰지 아니하시는 근기요, 둘째는 다 잘하는

가운데 혹 잘못이 있으므로 조그마한 흠이라도 없게 하기 위하사 상은 놓고 벌만 내리시는 근기요, 셋째는 잘하는 것도 많고 잘못하는 것도 많으므로 상벌을 겸용하시는 근기요, 넷째는 잘못하는 것이 많은 가운데 혹 잘하는 것이 있으므로 자그마치 잘하는 것이라도 찾아서 그 마음을 살려내기 위하사 벌은 놓고 상만 내리시는 근기요, 다섯째는 모든 것을 다 잘못하므로 상벌을 놓아버리고 당분간 관망하시는 근기니라.

39 대종사 매양 신심 있고 선량한 제자에게는 조그마한 허물에도 꾸중을 더 하시고, 신심 없고 착하지 못한 제자에게는 큰 허물에도 꾸중을 적게 하시며 조그마한 선행에도 칭찬을 많이 하시는지라, 한 제자 그 연유를 묻자오매 대종사 말씀하시기를 "열 가지 잘하는 가운데 한 가지 잘못하는 사람은 그 한 가지까지도 고치게 하여 결함 없는 정금미옥을 만들기 위함이요, 열 가지 잘못하는 가운데 한 가지라도 잘하는 사람은 그 하나일지라도 착한 싹을 키워주기 위함이니라".

40 대종사 사람을 쓰실 때에는 매양 그 신성과 공심과 실행을 물으신 다음 아는 것과 재주를 물으시니라.

41 대종사 간혹 대중으로 더불어 조선 고악古樂을 감상하신바 특히 창극 춘향전·심청전·흥부전 등을 들으실 때에는 매양 그 정절과 효우孝友의 장함을 칭찬하시며, 공도생활에 지조와 인화가 더욱 소중함을 자주 강조하시고, 말씀하시기를 "충·열·효·제忠烈孝悌가 그 형식은 시대를 따라 서로 다르나, 그 정신만은 어느 시대에나 변함없이 활용되어야 하리라".

42 대종사 교중에 일이 생기면 매양 대중과 같이 노력하실 일은 노력하시고, 즐겨하실 일은 즐겨하시고, 근심하실 일은 근심하시고, 슬퍼하실 일은 슬퍼하사, 조금도 인정에 박한 일과 분수에 넘치는 일과 요행한 일 등을 취하지 아니하시니라.

43 대종사 대중 출역이 있을 때에는 매양 현장에 나오시사 친히 모든 역사役事를 지도하시며, 항상 말씀하시기를 "영육靈肉의 육대 강령 가운데 육신의 삼강령을 등한시 않게 하기 위하여 이와 같이 출역을 시키노라" 하시고, 만일 정당한 이유 없이 출역하지 않는 사람이 있거나 나와서도 일에 게으른 사람이 있을 때에는 이를 크게 경책하시니라.

44 각처를 두루 돌아다닌 한 사람이 대종사를 뵈옵고 찬탄

하기를 "강산을 두루 돌아다녔사오나 산 가운데는 금강산이 제일이었고, 사람을 두루 상대하였사오나 대종사 같은 어른은 처음 뵈었나이다". 대종사 말씀하시기를 "그대가 어찌 강산과 인물만 말하는가. 고금천하에 다시없는 큰 도덕이 이 나라에 건설되는 줄을 그대는 모르는가".

45 안도산安島山이 찾아온지라, 대종사 친히 영접하사 민족을 위한 그의 수고를 위로하시니, 도산이 말하기를 "나의 일은 판국이 좁고 솜씨가 또한 충분하지 못하여, 민족에게 큰 이익은 주지 못하고 도리어 나로 인하여 관헌들의 압박을 받는 동지까지 적지 아니하온데, 선생께서는 그 일의 판국이 넓고 운용하시는 방편이 능란하시어, 안으로 동포 대중에게 공헌함은 많으시면서도, 직접으로 큰 구속과 압박은 받지 아니하시니 선생의 역량은 참으로 장하옵니다" 하니라.

46 대종사 말씀하시기를 "내가 재능으로는 남다른 손재주 하나 없고, 아는 것으로는 보통 학식도 충분하지 못하거늘 나 같이 재능 없고 학식 없는 사람을 그대들은 무엇을 보아 믿고 따르는가" 하시나, 능能이 없으신 중에 능하지 아니함이 없으시고, 앎이 없으신 중에 알지 아니함이 없으시어, 중생을 교

화하심에 덕이 건곤乾坤에 승하시고, 사리를 통관하심에 혜광이 일월보다 밝으시니라.

47 김광선이 위연喟然히 찬탄하기를 "종문宗門에 모신 지 이십여 년에 대종사의 한 말씀 한 행동을 모두 우러러 흠모하여 본받아 행하고자 하되 그 만분의 일도 아직 감히 능하지 못하거니와, 그 가운데 가장 흠모하여 배우고자 하나 능하지 못함이 세 가지가 있으니 하나는 순일무사하신 공심이요, 둘은 시종일관하신 성의요, 셋은 청탁병용清濁並容하시는 포용이라. 대저, 대종사의 운심처사運心處事하시는 것을 뵈오면 일언일동이 순연히 공公 하나뿐이시요, 사私라는 대상이 따로 있지 아니하사, 오직 이 회상을 창건하시는 일 외에는 다른 아무 생각도 말씀도 행동도 없으시나니, 이것이 마음 깊이 감탄하여 배우고자 하는 바요, 대종사의 사업하시는 것을 뵈오면 천품이 우월하시기도 하지마는 영광 길룡리에서 우리 구인을 지도하사 간석지를 개척하실 때에 보이시던 성의나 오랜 세월을 지낸 지금에 보이시는 성의가 전보다 오히려 더하실지언정 조금도 감소됨이 없으시나니, 이 또한 마음 깊이 감탄하여 배우고자 하는 바요, 대종사의 대중 거느리시는 것을 뵈오면 미운 짓 하는 사람일수록 더욱 잘 무마하시고 애호하

시며 항상 말씀하시기를 '좋은 사람이야 누가 잘못 보느냐. 미운 사람을 잘 보는 것이 이른바 대자대비의 행이라' 하시니, 이 또한 마음 깊이 감탄하여 배우고자 하는 바라" 하니라.

제13 교단품 敎團品

1 대종사 말씀하시기를 "스승과 제자의 정의情誼가 부자 父子같이 무간하여야 가르치고 배우는 데에 막힘이 없고, 동지 사이의 정의가 형제같이 친밀하여야 충고와 권장을 주저하지 아니하나니, 그러한 뒤에야 윤기倫氣가 바로 통하고 심법心法이 서로 건네어서 공부와 사업하는 데에 일단의 힘을 이루게 되느니라".

2 창립 십이 년 기념식에 대종사 대중에게 말씀하시기를 "그대들이 우리 회상 창립 십이 년 동안의 사업보고와 성적발표를 들었으니 그에 대하여 느낀 바를 각기 말하여보라" 하시니, 여러 제자가 이어 나와 각자의 감상을 발표하는지라, 대

종사 일일이 들으신 후 말씀하시기를 "그대들의 감상담이 대개 적절하기는 하나 아직도 한 가지 요지가 드러나지 아니하였으므로 내 그를 말하여주리라. 지금 이 법당 가운데에는 나와 일찍이 상종되어 여러 해 되는 사람도 있고 또는 늦게 상종되어 몇 해 안 되는 사람도 있어서 자연 선진先進과 후진後進의 별이 있게 되는바, 오늘 이 기념을 맞이하여 선진과 후진 사이에 서로 새로운 감사를 느끼고 새로운 깨침을 가지라는 말이니, 후진들로 말하면 이 회상을 창립하느라고 아직 그다지 큰 애를 쓰지 아니하였건마는, 입교하던 그날부터 미리 건설하여놓은 기관과 제정하여놓은 법으로 편안히 공부하게 되었으니, 이것은 선진들의 단심혈성으로 분투노력하여놓은 덕이라, 만일 선진들이 없었다면 후진들이 그 무엇을 배우며 어디에 의지하겠는가. 그러므로 후진들로서는 선진들에게 늘 감사하고 공경하는 마음이 나서 모든 선진들을 다 업어서라도 받들어주어야 할 것이요, 또는 선진들로 말하면 시창 당초부터 갖은 정성을 다하여 모든 법을 세우고 여러 가지 기관을 벌여놓았다 할지라도, 후진들이 이와 같이 이어 나와서 이 시설을 이용하고 이 교법을 숭상하며 이 기관을 운영하지 아니하였다면, 여러 해 겪어 나온 고생의 가치가 어디서 드러나며, 이 기관 이 교법이 어찌 영원한 세상에 유전하여 세세생생에 끊임없는 공덕이 드러나게 되겠는가. 그러므로 선진들로서는 후진들에게 또한 늘 감사하고 반가운 생각이 나서 모든 후진들을 다 업어서라도 영접하여야 할 것이니, 선진 후진이 다 이와 같은 생각을 영원히 가진다면 우리의 교운도 한없이 융창하려니와 그대들의 공덕도 또한 한없이 유전될 것을 의심하지 아니하노라".

3 대종사 서울에 행가하시니, 여러 제자들이 와 뵈옵고 서로 말하되 "우리 동문同門 형제는 인연이 지중하여 같은 지방 같은 시대에 태어나 한 부처님 문하에서 공부하게 되었으니 어찌 반갑지 아니하리오. 이는 실로 길이 갈리지 아니할 좋은 인연이라" 하거늘, 대종사 들으시고 말씀하시기를 "내가 그대들의 말을 들으니 한편은 반갑고 한편은 염려되노라. 반가운 것은 오늘날 그대들이 나의 앞에서 서로 화하고 즐거함이요, 염려되는 것은 오늘날은 이와 같은 좋은 인연으로 서로 즐기나 이 좋은 가운데서 혹 낮은 인연이 되어질까 함이니라". 한 제자 여쭙기를 "이같이 좋은 가운데서 어찌 낮은 인연이 될수 있사오리까". 대종사 말씀하시기를 "낮은 인연일수록 가까운 데서 생겨나나니 가령 부자 형제 사이나 부부 사이나 친우 사이 같은 가까운 사이에는 그 가까움으로써 혹 예禮를 차

리지 아니하며 조심하는 생각을 두지 아니하여, 서로 생각해 준다는 것이 서로 원망을 주게 되고, 서로 가르쳐준다는 것이 도리어 오해를 가지게 되어, 필경에는 아무 관계 없는 외부 사람만도 못하게 되는 수가 허다하나라". 한 제자 여쭙기를 "그러하오면 어떻게 하여야 가까운 사이에 낮은 일이 생기지 아니하고 영원히 좋은 인연으로 지내겠나이까". 대종사 말씀하시기를 "남의 원 없는 일을 과도히 권하지 말며, 내가 스스로 높은 체하여 남을 이기려고만 하지 말며, 남의 시비를 알아서 나의 시비는 깨칠지언정 그 허물을 말하지 말며, 스승의 사랑을 자기만 받으려 하지 말며, 친해갈수록 더욱 공경하여 모든 일에 예를 잃지 아니하면, 낮은 인연이 생기지 아니하고 길이 이 즐거움이 변하지 아니하리라".

4 대종사 말씀하시기를 "이 세상 모든 사람을 접응하여보면 대개 그 특성이 각각 다르나니, 특성이라 하는 것은 이 세상 허다한 법 가운데 자기가 특별히 이해하는 법이라든지, 오랫동안 견문에 익은 것이라든지, 혹은 자기의 의견으로 세워 놓은 법에 대한 특별한 관념이라든지, 또는 각각 선천적으로 가지고 있는 특별한 습성 등을 이르는 것이라, 사람사람이 각각 자기의 성질만 내세우고 저 사람의 특성을 이해하지 못하

면 다정한 동지 사이에도 촉觸이 되고 충돌이 생기기 쉬우니, 어찌하여 그런고 하면, 사람사람이 그 익히고 아는 바가 달라서, 나의 아는 바를 저 사람이 혹 모르거나 지방의 풍속이 다르거나 신구의 지견이 같지 아니하거나, 또는 무엇으로든지 전생과 차생에 익힌 바 좋아하고 싫어하는 성질이 다르고 보면, 나의 아는 바로써 저 사람의 아는 바를 부인하거나 무시하며, 심하면 미운 마음까지 내게 되나니, 이는 그 특성을 너른 견지에서 서로 이해하지 못하는 까닭이니라. 그러므로 사람이 꼭 허물이 있어서만 남에게 흉을 잡히는 것이 아니니, 외도들이 부처님의 흉을 팔만사천 가지로 보았다 하나 사실은 부처님에게 잘못이 있어서 그러한 것이 아니요, 그 지견과 익힌 바가 같지 아니하므로 부처님의 참된 뜻을 알지 못한 연고니라. 그런즉 그대들도 본래에 익히고 아는 바가 다른 여러 지방 사람이 모인 대중 중에 처하여 먼저 사람마다 특성이 있음을 잘 이해하여야만 동지와 동지 사이에 서로 촉 되지 아니하고 널리 포섭하는 덕이 화하게 되리라".

5 대종사 여러 제자에게 말씀하시기를 "사람이나 물건이나 서로 멀리 나뉘어 있을 때에는 무슨 소리가 없는 것이나, 점점 가까와져서 서로 대질리는 곳에는 반드시 소리가 나나니,

쇠가 대질리면 쇳소리가 나고 돌이 대질리면 돌소리가 나는 것같이, 정당한 사람이 서로 만나면 정당한 소리가 날 것이요 삿된 무리가 머리를 모으면 삿된 소리가 나느니라. 보라! 과거의 모든 성인들은 회상을 펴신 지 여러 천 년이 지났으되 자비에 넘치는 좋은 소리가 지금까지도 맑고 유창하여 일체 중생의 귀를 울리고 있으며, 그와 반면에 어질지 못한 무리들의 어지러운 곡조는 아직도 천만 사람의 마음을 경계하고 있지 아니한가. 그대들도 당초부터 아무 관계 없는 사이라면이어니와, 이왕 서로 만나서 일을 같이 하는지라 하여간 소리는 나고야 말 터이니, 아무쪼록 조심하여 나쁜 소리는 나지 아니하고 좋은 소리만 길이 나게 하라. 만일 좋은 소리가 끊임없이 나온다면, 이것이 그대들의 다행한 일일 뿐 아니라 널리 세계의 경사가 되리라".

6 대종사 말씀하시기를 "사람이 이 세상에 활동할 때에 같은 인격 같은 노력을 가지고도 사업의 크고 작음을 따라 가치가 더하고 덜한 것이며, 사업의 길고 짧음을 따라 역사가 길고 짧나니, 사업의 크고 작음으로 말하면 개인의 가정 사업도 있고 한 민족 한 국가를 위하는 사업도 있고 온 세계를 위하는 사업도 있으며, 사업의 길고 짧음으로 말하면 그 역사를

몇십 년 유전할 사업도 있고 몇백 년 유전할 사업도 있고 몇천 년 유전할 사업도 있고 무궁한 세월에 길이 유전할 사업도 있어서 그 대소와 장단이 각각 사업의 판국을 따라 나타나느니라. 그런즉 이 세상에서 가장 넓은 범위와 오랜 성질을 가진 것은 어떠한 사업인가 하면, 그것은 오직 도덕 사업이라, 도덕 사업은 국경이 없으며 연한이 없으므로 옛날 석가여래께서 천이백 대중으로 더불어 걸식생활을 하실 때라든지, 공자께서 위를 얻지 못하고 철환천하轍環天下하실 때라든지, 예수께서 십이 사도를 데리고 이곳저곳으로 몰려다니실 때에는 그 세력이 참으로 미미하였으나, 오늘에 와서는 그 교법이 온 세계에 전해져서 세월이 지날수록 더욱 빛을 내고 있지 아니한가. 그대들도 이미 도가에 출신하였으니 먼저 이 도덕 사업의 가치를 충분히 알아서 꾸준한 노력을 계속하여 가장 넓고 가장 오랜 큰 사업의 주인공들이 되라".

7 대종사 말씀하시기를 "전무출신은 원래 정신과 육신을 오로지 공중에 바친 터인지라, 개인의 명예와 권리와 이욕은 불고하고 오직 공사에만 전력하는 것이 본분이어늘, 근래에 어떤 사람을 보면 점점 처음 마음을 잊어버리고 딴 트집이 생겨나서 공연한 원망을 품기도 하고 의 아닌 사량심思量心도

일어내어 남을 위한다는 사람이 자기 본위로 생각이 변해지고 있으니, 이 어찌 전무출신의 본분이라 하리오. 그대들의 당초 서원은 영원한 장래에 무루의 복을 짓자는 것이요 중생 가운데서 보살의 행을 닦자는 것이어늘, 복을 짓기로 한 장소에서 도리어 죄를 얻게 되고, 보살의 행을 닦자는 공부에서 도리어 중생심이 길어난다면, 그 죄업이 보통 세상에서 지은 몇 배 이상으로 크게 될 것이니 어찌 두렵지 아니하리오. 그대들은 이 말을 명심하여 항상 자기 마음을 대조해보되, 내가 남을 위하는 전무출신인가 남에게 위함을 바라는 전무출신인가를 잘 살펴서, 남을 위하는 전무출신이면 그대로 꾸준히 진행하려니와, 만일 남에게 위함을 바라는 전무출신이어든 바로 그 정신을 고치든지, 그 정신이 끝내 고쳐지지 못하거든 차라리 사가로 돌아가서 당초에 원하지 아니한 큰 죄업이 앞에 쌓이지 않도록 하라".

8 정양선丁良善 등이 식당 고역에 골몰하여 얼굴이 빠져감을 보시고, 대종사 말씀하시기를 "너희가 일이 고되어 얼굴이 빠짐이로다. 너희들이 이 공부 이 사업을 하기 위하여 혹은 공장 혹은 식당 혹은 산업부 등에서 모든 괴로움을 참아가며 힘에 과한 일을 하는 것은, 비하건대 모든 쇠를 풀무 화로에

집어넣고 달구고 또 달구며 때리고 또 때려서 잡철은 다 떨어 버리고 좋은 쇠를 만들어 세상에 필요한 기구를 제조함과 같 나니, 너희들이 그러한 괴로운 경계 속에서 진리를 탐구하며 삼대력을 얻어나가야 범부의 잡철이 떨어지고 정금精金 같은 불보살을 이룰 것이라. 그러므로 저 풀무 화로가 아니면 능히 좋은 쇠를 이뤄내지 못할 것이요 모든 괴로운 경계의 단련이 아니면 능히 뛰어난 인격을 이루지 못하리니, 너희는 이 뜻을 알아서 항상 안심과 즐거움으로 생활해가라".

9 한 제자 여쭙기를 "많은 생生에 금사망보金絲網報를 받을 죄인은 속인에게보다도 말세 수도인에게 더 많다는 말이 있 사오니 어찌 그러하나이까". 대종사 말씀하시기를 "속인들의 죄악은 대개 그 죄의 영향이 개인이나 가정에만 미치지마는 수도인들의 잘못은 정법을 모르고 남을 그릇 인도하면 여러 사람의 다생을 그르치게 되는 까닭이요, 또는 옷 한 벌 밥 한 그릇이 다 농부의 피와 직녀의 땀으로 된 것인데 그만한 사업 이 없이 무위도식한다면 여러 사람의 고혈을 빨아먹음이 되 는 연고요, 또는 사은의 크신 은혜를 알면서도 그 은혜를 보 답하지 못하므로 가정·사회·국가·세계에 배은이 되는 연고 라, 이 말을 들을 때에 혹 과하게 생각할 사람이 있을지도 모

르나 실에 있어서는 과한 말이 아니니, 그대들은 때때로 반성하여 본래 목적한 바에 어긋남이 없게 하기를 바라노라".

10 대종사 말씀하시기를 "우리는 고혈마膏血魔가 되지 말아야 할지니, 자기의 지위나 권세를 이용하고 간교한 수단을 부리어 자기만 못한 사람들의 피땀으로 모인 재산을 정당한 대가 없이 취하여 먹으며, 또는 친척이나 친우라 하여 정당하지 못한 의뢰심으로 이유 없는 의식을 구하여, 자기만 편히 살기를 도모한다면 이러한 무리를 일러 고혈마라고 하느니라. 그런즉 우리도 우리의 생활을 항시 반성하여보되 매일 여러 사람을 위하여 얼마나한 이익을 주고, 이와 같은 의식생활을 하는가 대조하여 만일 그만한 노력이 있었다면 이는 스스로 안심하려니와, 그만한 노력이 없이 다만 공중을 빙자하여 자기의 의식이나 안일만을 도모한다면 이는 한없는 세상에 큰 빚을 지는 것이며, 따라서 고혈마임을 면하지 못하나니 그대들은 이에 크게 각성할지어다".

11 대종사 서울 교당에서 이완철李完喆에게 짐을 지고 역까지 가자 하시거늘, 완철이 사뢰기를 "제가 지금 교당 수축 관계로 십여 명의 인부를 부리고 있을뿐더러 교무敎務의 위신

상으로도 난처하나이다" 하니, 대종사 그 짐을 오창건에게 지우시고 다녀오신 후 말씀하시기를 "완철은 아까 처사를 어떻게 생각하는가". 완철이 사뢰기를 "크게 잘못한 일은 아닌가 하나이다". 대종사 말씀하시기를 "그대의 이유에도 일리는 있으나 짐 하나 지기를 부끄러이 여겨 스승의 명을 어기고도 그 일을 크게 생각하지 아니한다면 이것이 어찌 전무출신의 본분이라 할 것이며, 또한 그러한 마음을 가지고 어찌 만생을 널리 건지는 큰 일꾼 되기를 기약하리오" 하시고 "그러한 정신을 놓지 못하겠거든 차라리 사가로 돌아가라" 하시며 엄중히 경책하시는지라, 완철이 잘못을 사죄하고 그후로는 위신을 생각하여 허식하는 일이 없는 공부를 계속하니라.

12 한 제자 교중의 채포菜圃를 맡아 가꾸는데 많은 굼벵이를 잡게 된지라 이를 말리어 약방에 파니 적지 않은 돈이 되거늘 당시 감원監院이 그 경과를 대종사께 사뢰고 "이것은 작업중의 가외 수입이옵고 그가 마침 옷이 없사오니 그 돈으로 옷을 한 벌 지어주면 어떠하오리까" 하니, 대종사 말씀하시기를 "그것이 비록 가외 수입이나 공중 일을 하는 중에 수입된 것이니 공중에 들여놓음이 당연한 일이며, 또는 비록 연고 없이 한 것은 아니지마는 수많은 생명을 죽인 돈으로 그 사람의

옷을 지어 입힌다면 그 과보를 또한 어찌하리오" 하시고, 친히 옷 한 벌을 내리시며 말씀하시기를 "그 돈은 여러 사람이 널리 혜택을 입을 유표한 공익사업에 활용하여 그에게 죄가 되지 않게 하라".

13 한 제자 교중의 과원果園을 맡음에 매양 소독과 제충除蟲 등으로 수많은 살생을 하게 되는지라, 마음에 불안하여 그 사유를 대종사께 사뢰니, 대종사 말씀하시기를 "과보는 조금도 두려워 말고 사심 없이 공사에만 전력하라. 그러하면 과보가 네게 돌아오지 아니하리라. 그러나 만일 이 일을 하는 가운데 조금이라도 사리私利를 취함이 있다면 그 과보를 또한 면하지 못할 것이니 각별히 조심하라".

14 한 제자 총부 부근에 살며 교중의 땔나무 등 소소한 물건을 사가로 가져가는지라, 대종사 말씀하시기를 "아무리 교중 살림이 어렵더라도 나무 몇 조각 못 몇 개로 큰 영향이 있을 것은 아니나, 여러 사람의 정성으로 모여진 물건을 정당하지 못하게 사사로이 소유하면 너의 장래에 우연한 재앙이 미쳐 그 몇 배의 손해를 당할 것이므로, 내가 그것을 예방하기 위하여 미리 경계하노라".

15 대종사 물으시기를 "전무출신이 사가私家 일에 끌리지 아니하고 공사에만 전력하게 하기 위하여, 곤궁한 사가는 교단에서 보조하는 제도를 두면 어떠하겠는가". 전음광이 사뢰기를 "앞으로 반드시 그러한 제도가 서야 될 줄 아나이다". 또 물으시기를 "그러한 제도가 아직 서지 못한 때에 전무출신의 사가 형편이 아주 곤란한 처지에 이르러서 이를 돌보지 않을 수 없게 되면 어찌하는 것이 좋겠는가". 서대원이 사뢰기를 "만일 보통 임원이면 적당한 기간을 주어 사가를 돌본 후 돌아오게 하옵고, 중요한 인물이면 회의의 결정을 얻어 임시로라도 교중에서 보조하는 길을 취하게 함이 좋을 듯하나이다". 또 물으시기를 "앞으로 그러한 제도가 시행될 때에 혹 보조를 바라는 사람이 많게 되면 어찌하여야 하겠는가". 유허일이 사뢰기를 "그러한 폐단을 막기 위하여 일반 전무출신의 사가 생활을 지도하고 보살피는 기관이 총부 안에 서야 하겠나이다". 대종사 말씀하시기를 "세 사람의 말이 다 좋으니 앞으로 차차 그러한 제도를 세워서 활용해보되, 교중의 형편이 아직 그렇게 되지 못하는 때에는 기관을 적게 벌여서라도 현직에 있는 전무출신으로서 사가 일에 마음 빼앗기는 일이 없도록 하라".

16 대종사 말씀하시기를 "우리의 전무출신 제도는 가정을

이루고 공부 사업 할 수도 있고, 특별한 서원으로 세상 욕심을 떠나 정남貞男·정녀貞女로 활동할 수도 있으므로, 교단에서는 각자의 발원에 따라 받아들이고 대우하는 법이 있으나, 혹 특별한 발원이 없이 어떠한 환경으로 인하거나 혹은 자기 몸 하나 편안하기 위하여 마음에는 세속생활을 부러워하면서도 몸만 독신생활을 한다면, 이는 자신으로나 교중으로나 세상으로나 적지 않은 손실이 될 뿐 아니라, 후생에는 인물은 좋으나 여러 사람의 놀림을 받는 몸이 되나니, 자신이 없는 일이면 스스로 미리 다시 작정하는 것이 옳을 것이요, 만일 자신하는 바가 있어서 출발하였다면 서원 그대로 굳은 마음과 고결한 지조志操로 이 사바세계를 정화시키고 일체중생의 혜복 길을 열어줄 것이니라".

17 대종사 정남·정녀들을 자주 알뜰히 살펴주시며, 말씀하시기를 "그대들이 한 생 동안만 재색명리를 놓고 세상과 교단을 위하여 고결하고 오롯하게 활동하고 가더라도, 저 세속에서 한 가정을 위하여 몇 생을 살고 간 것에 비길 바가 아니니, 한 생의 공덕으로 많은 세상에 무루의 복락과 명예를 얻을 것이요 결국 성불의 대과大果를 증득하게 될 것이나, 만일 형식만 정남·정녀요 특별한 보람 없이 살고 간다면 이는 또

314

한 허망한 일이라, 참으로 정신 차려 공부하라".

18 대종사 말씀하시기를 "전무출신 서원서를 낼 때에는 오
직 깊이 생각해야 할 것이니, 만일 몸과 마음을 이 공부 이 사
업에 오로지 바치며 성불제중을 하겠다고 허공법계와 대중의
앞에 맹세하고, 중도에 마음이 변하여 개인의 사업이나 향락
에 떨어진다면, 이는 곧 천지를 속임이 되므로 진리가 용서하
지 아니하여 결국 그 앞길이 막힐 것이요, 또는 대중을 지도
하는 처지에 서게 되면 더욱 깊이 생각하는 바가 있어야 하나
니, 혹 대각을 하지 못하고 대각을 하였다 하여, 모든 사람의
전도를 그릇 인도한다면 이는 곧 진리를 속임이 되므로 또한
악도를 면하기 어려우니라".

19 대종사 여러 제자에게 말씀하시기를 "우리들의 일이 마
치 저 기러기떼의 일과 같으니, 시절인연을 따라 인연 있는
동지가 혹은 동에 혹은 서에 교화의 판을 벌이는 것이 저 기
러기들이 철을 따라 떼를 지어 혹은 남에 혹은 북에 깃들일
곳을 벌이는 것과 같도다. 그러나 기러기가 두목 기러기의 인
솔하는 대열에서 벗어나든지 또는 따라가면서도 조심을 하지
못하고 보면 그물에 걸리거나 총알에 맞아 목숨을 상하기 쉬

우니, 수도하고 교화하는 사람들에게 그물과 총알이 되는 것은 곧 재와 색의 경계니라".

20 대종사 말씀하시기를 "용맹이 뛰어난 사자나 범도 극히 미미한 비루가 몸에 퍼지면 필경 살지 못하게 되는 것같이, 큰 뜻을 세우고 공부하는 사람도 극히 미미한 마음 경계 몇 가지가 비루가 되어 그 발원을 막고 평생사를 그르치게 하나니, 그러므로 공부인은 마음 비루가 오르지 않도록 늘 경계하고 살펴야 하느니라. 이제 그 마음 비루 몇 가지를 들어보자면, 첫째는 여러 사람을 가르치는 공석公席에서 지도인이 어떠한 주의를 시키면 유독 자기만 들으라고 하였다 하여 섭섭하게 아는 일이요, 둘째는 공부하러 온 본의를 잊어버리고 공연히 자기 집에서나 받던 대우를 도량에서 구하는 일이요, 셋째는 자기의 앞길을 위하여 충고를 하면 사실이야 어떻든지 보감을 삼지는 아니하고 이 사람 저 사람에게 대질하며 또는 말해준 사람을 원수같이 아는 일이요, 넷째는 지위와 신용이 드러남을 따라서 자존심이 점점 커나는 일이요, 다섯째는 대중 가운데서 항상 자기만 생각하여달라 하고 자기만 편하려고 하는 일이요, 여섯째는 자기의 마음과 말은 조심하지 못하면서 지도인이나 동지들이 통정하여주지 않는다고 원망하는

일이요, 일곱째는 생각해줄수록 더욱 만족히 알지 아니하고 전에 없던 버릇이 생기는 일이라 이 모든 조건이 비록 큰 악은 아니나 능히 공부인의 정진심을 방해하는 비루가 되나니 그대들은 이 점에 크게 주의하라".

21 한 제자 지방 교무로 처음 부임할 때에 대종사 말씀하시기를 "내가 그동안 너를 다른 사람들같이 특별히 자주 챙겨 주지 못하고 그대로 둔 감이 있는데 혹 섭섭한 마음이나 없었느냐. 대개 토질이 나쁘고 잡초가 많은 밭에는 사람의 손이 자주 가야만 곡식을 많이 거둘 수 있으나, 그렇지 아니한 밭에는 큰 수고를 들이지 아니하여도 수확을 얻기가 어렵지 아니한 것같이, 사람도 자주 불러서 타일러야 할 사람도 있고, 몇 번 타이르지 아니하여도 좋을 사람이 있어서 그러한 것이니 행여 섭섭한 마음을 두지 말라".

22 대종사 영산에서 봉래정사에 돌아오사 여러 제자에게 말씀하시기를 "내가 오는 길에 어느 장 구경을 하게 되었는데, 아침에 옹기장수는 옹기 한 짐을 지고 장에 오며, 또 어떤 사람은 지게만 지고 오더니, 그들이 돌아갈 때에는 옹기장수는 다 팔고 지게만 지고 가며, 지게만 지고 온 사람은 옹기를

사서 지고 가는데, 두 사람이 다 만족한 기색이 엿보이더라. 나는 그것을 보고 생각하기를 당초에 옹기장수가 지게만 지고 온 사람을 위하여 온 것이 아니었고, 지게만 지고 온 사람이 옹기장수를 위하여 온 것이 아니어서, 각기 다 자기의 구하는 바만 구하였건마는, 결국에는 두 사람이 다 한가지 기쁨을 얻었으니, 이것이 서로 의지하고 바탕이 되는 이치로다 하였노라. 또 어떤 사람은 가게 주인이 거만하다 하여 화를 내고 그대로 가니, 사람들이 말하기를 저 사람은 물품을 사러 장에 온 것이 아니라 대우 받으러 장에 온 것이라고 비웃었으며, 또 한 사람은 가게 주인이야 어떠하든지 자기가 살 물품만 실수 없이 사는지라 좌우 사람들이 모두 그를 옳게 여기며 실속 있는 사람이라고 칭찬하더라. 나는 이 일을 보고 들을 때에 문득 그대들의 교단생활하는 일과 비교되어서 혼자 웃기도 하고 탄식도 하였노니, 그대들은 이 이야기에서 깊은 각성을 얻어보라".

23 대종사 말씀하시기를 "그대들이 다행히 이 도문을 찾아는 왔건마는 본래에 익히고 아는 바가 다르며, 또는 그 사람이 아니면 그 사람을 모르는지라, 조그마한 경계 하나를 못 이기어 도로 나가는 사람도 혹 있나니, 이러한 사람은 마치

소경이 문고리를 옳게 잡았건마는 문턱에 한 번 걷어차이고는 화를 내어 도로 방황하는 길로 나가는 것과 같느니라. 육안肉眼이 어둔 소경은 자신이 소경인 줄이나 알므로 미리 조심이라도 하지마는, 심안心眼이 어둔 소경은 자신이 소경인 줄도 모르므로 스스로 깊은 구렁에 빠지되 빠지는 줄도 알지 못하나니 어찌 위태롭지 아니하리오".

24 대종사 말씀하시기를 "내가 가게 하나를 벌이고 영업을 개시한 지 여러 해가 되었으되 조금도 이익을 보지 못하였노니, 어찌 그런고 하면 여러 사람들에게 모든 물품을 외상으로 주었더니, 어떤 사람은 그 물품을 가져다가 착실히 팔아서 대금도 가져오고 저도 상당한 이익을 보나, 그러한 사람은 가장 적고, 대개는 물품을 가져간 후에 팔지도 아니하고 그대로 제 집에 두었다가 얼마를 지낸 후에 물품 그대로 가져오거나, 혹은 그 물품을 잃어버리고 값도 주지 아니하는 사람이 허다하므로 자연 손실이 나게 되었노라. 그러나 이 후부터는 물품을 잘 팔아서 자기도 이익을 보고 대금도 잘 가져오는 사람은 치하도 하고 물품도 더욱 잘 대어줄 것이나, 물품으로 도로 가져오는 사람은 크게 책망을 할 것이요, 물품도 잃어버리고 값도 주지 않는 사람은 반드시 법에 알리어 처리하리라" 하시

고, "그대들이 내 말의 뜻을 짐작하겠는가" 하시니, 한 제자 사뢰기를 "가게를 개시하였다는 것은 도덕 회상을 여셨다는 말씀이요, 물품값도 잘 가져오고 저도 상당한 이익을 본다는 것은 대종사께 법문을 들은 후 남에게 선전도 잘하고 자기도 그대로 실행하여 많은 이익을 얻는다는 말씀이요, 물품을 그대로 가져온다는 것은 법문을 들은 후 잊어버리지는 아니하나 실지 효과를 내지 못한다는 말씀이요, 물품도 잃어버리고 값도 주지 않는다는 것은 법문을 들은 후 남에게 선전도 아니하고 자기가 실행도 아니하며 그 법문조차 아주 잊어버린다는 말씀이요, 법에 알리어 처리한다는 것은 좋은 법문을 듣고도 실행도 아니하고 잊어버리고 다니는 사람은 반드시 옳지 못한 일을 많이 행할 것이므로 자연히 많은 죄벌을 받게 되리라는 말씀인가 하나이다". 대종사 말씀하시기를 "너의 말이 옳으니라".

25 대종사 새해를 맞이하여 대중에게 말씀하시기를 "내가 어젯밤 꿈에 한 이인異人을 만났는데, 그가 말하기를 이 회상이 장차 크게 융성할 것은 의심 없으나 다만 세력이 커짐을 따라 혹 다른 사람이나 다른 단체를 업신여기게 될까 걱정인즉 대중에게 미리 경계하라고 부탁하더라. 꿈은 허망한 것이

라 하나 몽사가 하도 역력하고 또는 환세換歲를 당하여 이러한 몽조가 있는 것은 범연한 일이 아니니, 그대들은 누구를 대하거나 공경심을 놓지 말고 아무리 미천한 사람이라도 이 회상의 발전에 도움을 줄 수도 있고 해독을 줄 능력도 있다는 것을 각성하여, 상불경常不輕의 정신으로 모든 경계를 처리하라. 이것이 우리 회상의 앞길에 큰 관계가 있으리라".

26 어느 신문에 우리를 찬양하는 기사가 연재되는지라 대중이 모두 기뻐하거늘, 대종사 말씀하시되 "칭찬하는 이가 있으면 훼방하는 사람도 따라서 생기나니, 앞으로 우리 교세가 더욱 융성해지고 명성이 더욱 드러남을 따라 우리를 시기하는 무리도 생겨날 것인즉, 그대들은 이 점을 미리 각오하여 세간의 칭찬과 비방에 너무 끌리지 말고 오직 살피고 또 챙기어 꾸준히 당연한 일만 행해나가라".

27 대종사 말씀하시기를 "사람이 세상에서 무슨 일을 하기로 하면 각각 그 일의 판국에 따라 그만한 고난과 파란이 다 있나니 고금을 통하여 불보살 성현들이나 위인달사치고 고난 없이 성공한 분이 거의 없었느니라. 과거 석가모니불도 한 나라 태자의 모든 영화를 다 버리시고 성을 넘어 출가하사 육

년 동안 갖은 난행과 고행을 겪으셨으며, 회상을 펴신 후에도 여러 가지 고난이 많으신 가운데 외도들의 박해로 그 제자가 악살까지 당하였으나, 부처님의 대도는 그후 제자들의 계계 승승으로 오늘날 모든 생령의 한량없는 존모를 받게 되었고, 공자께서는 춘추대의를 바로잡기 위하여 천하를 철환하실 때에 상가의 개 같다는 욕까지 들으셨으며, 진채의 난과 모든 박해를 입었으나 그 제자들의 꾸준한 노력으로 필경 인륜강기를 바로잡아 오늘날 세계적 성인으로 존모를 받게 되었고, 예수께서도 갖은 박해와 모함 가운데 복음을 펴시다가 마침내 십자가에 형륙까지 당하였으나 그 경륜은 사도들의 악전고투로 오늘날 가위 전 세계에 그 공덕을 끼치지 아니하는가. 우리도 파란 많은 이 세상에 나와서 큰 목표를 세우고 활동을 하게 되었으니 어찌 시비나 고생이 없으리오. 아직까지는 그다지 큰 비난이나 압박을 받은 일이 없었지마는 사람이 차차 많아지고 일이 점점 커짐에 따라 이중에 잘못하는 사람이 생겨나 회상의 체면에 혹 낮은 영향이 올 수도 있으리라. 그러나 우리의 목적이 진실로 세상을 이익 주는 데에 있고 우리의 교화가 참으로 제생의세에 필요하다면 비록 한두 사람의 잘못이 있고 한두 가지 일에 그르침이 있다 할지라도 그로 인하여 우리 회상 전체가 어긋나지는 아니할 것이며, 설사 어떠한 모함과 박해를 당한다 할지라도 그 진체眞體는 마침내 그대로 드러나리라. 이를 비유하여 말하자면 안개가 산을 가리어 산의 면목이 한때 흐리더라도 안개가 사라지면 산이 도리어 역력히 나타나는 것과 같나니, 그대들은 어떠한 고난과 파란에도 그 마음을 끌리지 말고 각자 각자가 본래의 양심만 잘 지켜서 끝까지 목적 달성에 매진한다면 우리의 대업은 원만히 성취될 줄로 확신하노라".

  28 대종사 말씀하시기를 "모든 사업을 하는 데에 실패되는 원인이 세 가지가 있나니, 그 하나는 수고는 들이지 아니하고 급속히 큰 성공 얻기를 바람이요, 둘은 일의 본말과 선후 차서를 모르고 경솔하게 처사함이요, 셋은 일의 완성을 보기 전에 소소한 실패나 이익에 구애되어 결국 큰 실패를 장만함이니, 모든 사업을 경영하는 사람은 이 세 가지 점을 항상 조심하여야 되느니라".

  29 산업부에서 군郡 당국의 후원을 얻어 양계養鷄를 하는데 하루는 부주의로 닭장의 물난로가 터져 많은 병아리가 죽은지라, 담임 부원이 크게 놀라 바로 당국에 사유를 고하였더니, 담당 주임이 듣고 말하되 "당신들이 앞으로 양계에 큰 성

공을 하려면 이보다 더 큰 실패라도 각오해야 할 것이니, 많은 닭을 기르자면 뜻밖의 재해와 사고로 손해를 보는 수도 많은 동시에 살려내는 방식도 또한 여러 가지가 있는데, 규모가 작은 때에 이러한 실패를 해보지 아니하면 규모가 커진 때에 큰 실패를 면하지 못하게 될 것이라, 그러므로 지금의 작은 손해는 후일의 큰 손해를 막는 산 경험이 될 것인즉 결코 실망하지 말고 잘해보라" 하거늘, 부원이 돌아와 대종사께 아뢰었더니, 말씀하시기를 "그 주임의 말은 법문이로다. 옛말에 한 일을 지내지 아니하면 한 지혜를 얻지 못한다는 말이 있거니와, 이 작은 실패는 미래 성공의 큰 보감이 될 것이니 이것이 어찌 양계에만 한한 일이리오. 우리 교단에서도 공부와 사업을 하여나가는데 잘된 일이 있어도 범연히 지내지 말고 잘못된 일이 있어도 범연히 지내지 말아서, 반드시 그 잘되고 못되는 원인을 살펴야 할 것이며, 또는 다른 종교들의 동정動靜을 잘 보아서 어떻게 하면 세상의 환영을 받으며, 어떻게 하면 세상의 배척을 받는가, 또 어떻게 하면 좋은 역사를 드러내어 천추에 좋은 이름을 전하게 되고, 어떻게 하면 나쁜 이름이 드러나서 오랜 세상에 더러운 역사를 끼치게 되는가를 잘 참조하여, 깨치고 또 깨치며 고치고 또 고쳐서, 언제든지 정당한 길만을 진행해나간다면 개인·가정·사회·국가를 막론하고 대하는 곳마다 이익을 주어서 중인의 환영받는 모범적 종교가 될 것이요, 만일 그러한 반성이 없이 되는대로 진행한다면 결국 모든 허물이 생겨나서 세상의 용납을 얻지 못할 것이니 그 어찌 조심하지 아니하리오".

30 대종사 말씀하시기를 "세상의 모든 사물이 작은 데로부터 커진 것 외에는 다른 도리가 없나니, 그러므로 이소성대以小成大는 천리天理의 원칙이니라. 이 세상에 크게 드러난 모든 종교의 역사를 보더라도 처음 창립할 때에는 그 힘이 심히 미약하였으나 오랜 시일을 지내는 동안에 그 세력이 점차 확장되어 오늘날 큰 종교들이 되었으며 다른 모든 큰 사업들도 또한 작은 힘이 쌓이고 쌓인 결과 그렇게 커진 것에 불과하나니, 우리가 이 회상을 창립 발전시키는 데에도 이소성대의 정신으로 사심 없는 노력을 계속한다면 결국 무위이화無爲而化의 큰 성과를 보게 될 것이요, 또는 공부를 하는 데에도 급속한 마음을 두지 말고 스승의 지도에 복종하여 순서를 밟아 진행하고 보면 마침내 성공의 지경에 이를 것이나, 만일 그렇지 아니하고 어떠한 권도權道로 일시적 교세의 확장을 꾀한다든지 한때의 편벽된 수행으로 짧은 시일에 큰 도력을 얻고자 한다면 이는 한갓 어리석은 욕심이요 역리逆理의 일이라, 아무

리 애를 쓰되 헛되이 세월만 보내게 되리라. 그런즉 그대들은 공부나 사업이나 기타 무슨 일이든지 허영심과 욕속심欲速心에 끌리지 말고 위에 말한 이소성대의 원칙에 따라 바라는 바 목적을 어김없이 성취하기 바라노라".

31 대종사 말씀하시기를 "사람에게 큰일을 맡기려 함에 하늘에서 먼저 시험해보는 이치가 있나니, 보통 사람도 하루 인부만 부리고 일 년 머슴만 두려 하여도 그 자격과 신용을 먼저 보거든 하물며 천하대사를 맡기는 데 있어서리오. 그러므로 큰일을 이루려는 사람은 먼저 마땅히 이 시험에 잘 통과하도록 조심하여야 하느니라".

32 대종사 말씀하시기를 "큰 회상을 일어내는 데에는 재주와 지식과 물질이 풍부한 사람을 만나는 것도 물론 필요하나 그것만으로는 오직 울타리가 될 뿐이요, 설혹 둔하고 무식한 사람이라도 혈심血心 가진 참사람을 만나는 것이 더욱 중요하나니, 그가 참으로 알뜰한 주인이 될 것이며 모든 일에 대성을 보느니라".

33 대종사 예회에서 대중에게 말씀하시기를 "오늘은 이 회

상의 창조자와 파괴자에 대하여 그 내용을 구분하여주리니 잘 들으라. 이 회상의 창조자는 곧 정신·육신·물질의 세 방면으로 이 회상을 위하여 직접 노력도 하고 회사도 하는 동시에 예회도 잘 보고 정기 공부에도 성의가 있으며 집에서 경전 연습도 부지런히 하여 우리의 교리와 제도를 철저히 알아가지고 자기의 실생활에 이 법을 잘 활용하여 어느 모로든지 다른 사람의 모범이 되어 은연중 이 회상의 발전에 공헌하는 사람이며, 파괴자는 곧 정신·육신·물질의 세 방면으로 이 회상에 직접 해독을 끼치는 동시에 예회에도 성의가 없고 정기 공부에도 취미를 얻지 못하여 종전의 악습을 하나도 고치지 못하고 계문을 함부로 범하며 당하는 대로 자행자지하여 자기에게나 남에게나 이익 될 일은 하지 못하고 해독 될 일만 행하여 이 회상의 명예를 손상하며 발전에 지장을 주는 사람이라, 그대들은 모름지기 이 점을 잘 알아서 혹시라도 이 회상의 파괴자는 되지 말고 훌륭하고 영원한 창조자의 공덕을 쌓기에 꾸준히 노력하라".

34 대종사 말씀하시기를 "이 회상을 창립하는 데에 길이 많으나 요령으로 열한 조목을 들었나니 이에 의하여 앞으로 모든 창립 공로를 전형銓衡하리라. 첫째는 정신과 육신을 전

무출신함이요, 둘째는 물질을 많이 혜시함이요, 셋째는 입교한 후 시종이 여일함이요, 넷째는 경전 주해와 법설 기록을 많이 함이요, 다섯째는 규약과 계문을 잘 지킴이요, 여섯째는 무슨 방면으로든지 동지의 마음을 즐겁게 하여 공부와 사업에 전진이 있게 함이요, 일곱째는 무슨 방면으로든지 이 회상을 창립하기로만 위주함이요, 여덟째는 공익심을 주장함이요, 아홉째는 응용에 무념함이요, 열째는 악한 일로 유명한 사람이 입교한 후로 개과하여 모든 사람의 모범이 되며 자연히 여러 사람을 경계하고 권면함이요, 열한째는 무슨 방면으로든지 세상에 이름 있는 사람이 입교하여 자연히 모든 사람에게 권면이 되며 이 회상의 위치가 드러나게 함이니라".

35 황정신행黃淨信行이 여쭙기를 "과거 부처님께서는 무념보시無念布施를 하라 하시고 예수께서는 오른손으로 주는 것을 왼손도 모르게 하라 하셨사온데, 대종사께서는 사업 등급의 법을 두시어 모든 교도의 성적을 다 기록하게 하시니, 혹 사업하는 사람들의 계교심을 일으키는 원인도 되지 아니하오리까". 대종사 말씀하시기를 "사업을 하는 당인들에 있어서는 마땅히 무념으로 하여야만 무루의 복이 쌓이려니와 공덕을 존숭하고 표창할 처지에서는 또한 분명하여야 하지 않겠

는가".

36 대종사 말씀하시기를 "그대들은 다 공도의 주인이 되라. 사가의 살림이나 사업은 크거나 작거나 자기의 자녀에게 전해주는 것이 재래의 전통적 관습으로 되어왔으나, 공중의 살림과 사업은 오직 공변된 정신으로 공변된 활동을 하는 공변된 사람에게 전해지는 것이니, 그대들이 이 이치를 깨달아 크게 공변된 사람이 되고 보면 우리의 모든 시설과 모든 법도와 모든 명예가 다 그대들의 소유요 그대들의 주관할 바라 이회상은 오직 도덕 높고 공심 많은 사람들이 주관할 세계의 공물公物이니 그대들은 다 이 공도의 주인이 되기에 함께 힘쓰라".

37 대종사 일반 교무에게 훈시하시기를 "그대들은 이 혼란한 시기를 당하여 항상 사은의 크고 중하심을 참마음으로 감사하는 동시에 일반 교도에게도 그 인식을 더욱 깊게 하여, 언제나 감사하는 생각을 가지고 그 정신이 온건착실한 데로 나아가게 할 것이며, 또는 근래 이 나라의 종교단체들이 왕왕 그 신자로부터 많은 재물을 거둬들이고 집안 살림을 등한시하게 하여 일반 사회에 좋지 못한 영향을 미치게 하며, 수많

은 비난 가운데 그 존속도 못하게 된 일이 간혹 있었나니, 우리는 일반 교도로 하여금 각자 직업에 근실하게 하여 어떠한 사람이든지 우리 공부를 함으로부터 그 생활이 전보다 향상은 될지언정 못하지는 않도록 지도권면할 것이며, 또는 세태가 점점 달라져서 남녀 사이의 엄격하던 장벽이 무너진 지 오래된 바에 이제 다시 장벽을 쌓을 것은 없으나 아무쪼록 그 교제에 신중을 다하여 교단의 위신에 조금이라도 손상됨이 없게 하라. 이 세 가지 조건을 주의하고 못하는 데에 우리의 흥망이 좌우되리니 이 말을 범연히 듣지 말기 바라노라".

38 대종사 일반 교무에게 훈시하시기를 "교화선상에 나선 사람은 물질 주고받는 데에 청렴하며, 공금 회계를 분명하고 신속하게 할 것이요, 뿌리 없는 유언流言에 끌리지 말며, 시국에 대한 말을 함부로 하지 말며, 다른 종교나 그 숭배처를 훼방하지 말 것이요, 교도의 허물을 잘 덮어주며, 아만심을 없이하여 모든 교도와 두루 융화하되 예에 맞지 않는 과공過恭도 없게 하며, 남녀 사이에는 더욱 조심할 것이요, 다른 이의 공은 잘 드러내어주고 자기의 공은 과장하지 말며, 교도의 신앙을 자기 개인에게 집중시키지 말며, 그 사업심이 지방에 국한되지 않게 할 것이요, 또는 교무는 지방에 있어서 종법사의

대리라는 것을 명심하여, 그 자격에 오손됨이 없이 사명을 다해주기 부탁하노라".

39 대종사 연도年度 말에는 조갑종趙甲鍾 등을 부르시어 당년도 결산과 신년 예산을 정확히 하여 오라 하시고 세밀히 친감하시며 말씀하시기를 "한 가정이나 단체나 국가가 수입과 지출이 맞지 못하면 그 가정 그 단체 그 국가는 흥왕하지 못하나니, 과거 도가에서는 재물을 논하면 도인이 아니라 하였지마는 새 세상의 도가에서는 영육을 쌍전해야 하겠으므로 우리 회상에서는 총·지부를 막론하고 회계 문서를 정비시켜 수입과 지출을 대조하게 함으로써 영과 육 두 방면에 결함됨이 없게 하였으며, 교단 조직에 공부와 사업의 등위를 같이 정하였느니라".

40 대종사 교무들에게 말씀하시기를 "중생을 위하여 말을 하고 글을 쓸 때에 공연히 그들의 환심만을 얻기 위하여, 실생활에 부합되지 않는 공론空論이나, 사실에 넘치는 과장이나, 공교하고 신기하고 어려운 말이나, 수행상 한편에 치우치는 말 등을 하지 말라. 그러한 말은 세상에 이익도 없고 도인을 만들지도 못하느니라".

41 대종사 말씀하시기를 "대중을 인도하는 사람은 항상 대중의 정신이 어느 곳으로 흐르는가를 자세히 살펴서, 만일 조금이라도 좋지 못한 풍기가 생기거든 그 바로잡을 방책을 연구하되, 말로써 할 일은 말로써 하고 몸으로써 할 일은 몸으로써 하여 어떻게 하든지 그 전환에 노력할 것이니, 가령 일반의 경향이 노동을 싫어하는 기미가 있거든 몸으로써 노동하여 일반의 경향을 돌리고, 아상이나 명리욕이 과한 사람에게는 몸으로써 굴기하심屈己下心을 나타내어 명리욕 가진 사람이 스스로 부끄러운 마음을 내도록 하여 모든 일을 그와 같이 앞서 실행해서 그 폐단을 미연未然에 방지하고 기연旣然에 교정하는 것이 이른바 보살의 지도법이며 중생을 교화하는 방편이니라".

42 대종사 말씀하시기를 "어느 시대를 물론하고 새로운 회상을 세우기로 하면 근본적으로 그 교리와 제도가 과거보다 우월하여야 할 것은 말할 것도 없으나 그 교리와 제도를 널리 활용할 동지들을 만나지 못하면 또한 성공하기가 어려우니라. 그러므로 과거 부처님 회상에서도 천이백 대중 가운데 십대 제자가 있어서 각각 자기의 능한 대로 대중의 표준이 되는 동시에 부처님이 무슨 말씀을 내리시면 그분들이 먼저 반

가이 받들어 솔선 실행하며 여러 사람에게도 장려하여 각 방면으로 모범적 행동을 하였으므로 대중은 항상 십대 제자의 정신에 의하여 차차 교화의 힘을 입어서 마침내 영산 대회상을 이루게 되었나니, 이제 십대 제자의 교화한 예를 들어 말하자면, 가령 대중 가운데 어떤 사람이 잘못하는 일이 있는데 직접 잘못을 꾸짖으면 도리어 역효과를 내게 될 경우에는 십대 제자 중 이·삼인이 조용히 의논하고 그중 한 사람이 일부러 그 잘못을 하면 곁에서 보던 한 사람은 그 사람을 불러놓고 엄중히 훈계를 하고 그 사람은 순순히 그 과실을 자백하여 감사한 태도로 개과를 맹세한 후 그 과실을 고침으로써 참으로 잘못하던 사람이 은연중 참회할 생각이 나며 무언중 그 과실을 고치게 하였나니, 이와 같은 일들이 곧 십대 제자의 행사였으며 교화하는 방편이었느니라. 그뿐 아니라 어느 경우에는 대중을 인도하기 위하여 아는 것도 모르는 체하고 잘한 일도 잘못한 체하며, 또는 탐심이 없으면서도 있는 듯이 하다가 서서히 탐심 없는 곳으로 전환도 하며, 애욕이 없으면서도 있는 듯이 하다가 애욕을 끊는 자리로 전환하기도 하여, 음적 양적으로 부모가 자녀를 기르듯 암탉이 달걀을 어르듯 모든 자비행을 베풀었으므로 부처님의 제도 사업에도 많은 수고를 덜었으며 모든 대중도 쉽게 정법의 교화를 받게 되었나니, 그 자비심이 얼마나 장하며 그 공덕이 얼마나 광대한가. 그런즉 그대들도 대중생활을 하여갈 때에 항상 이 십대 제자의 행하던 일을 모범하여 이 회상을 창립하는 데에 선도자가 되고 중추 인물이 되기를 부탁하노라".

제14 전망품展望品

1 대종사 말씀하시기를 "세상이 말세가 되고 험난한 때를 당하면 반드시 한 세상을 주장할 만한 법을 가진 구세성자救世聖者가 출현하여 능히 천지기운을 돌려 그 세상을 바로잡고 그 인심을 골라놓느니라".

2 대종사 대각하신 후 많은 가사歌詞와 한시漢詩를 읊어내시사 그것을 수록하시어 '법의대전法義大全'이라 이름하시니, 그 뜻이 심히 신비하여 보통 지견으로는 가히 이해하기 어려우나, 그 대강은 곧 도덕의 정맥正脈이 끊어졌다가 다시 난다는 것과 세계의 대세가 역수逆數가 지나면 순수順數가 온다는 것과 장차 회상 건설의 계획 등을 말씀하신 것이었는데,

그후 친히 그것을 불사르사 세상에 다시 전하지 못하게 하셨으나 "개자태극 조판으로 원천이 강림어선절후계지심야 蓋自太極肇判元天降臨於先絶後繼之心也"라고 한 서문 첫 절과 다음의 한시 열한 구가 구송口誦으로 전해지니라.

만학천봉답래후萬壑千峰踏來後
무속무적주인봉無俗無跡主人逢

야초점장우로은野草漸長雨露恩
천지회운정심대天地回運正心待

시사일광창천중矢射日光蒼天中
기혈오운강신요其穴五雲降身繞

승운선자경처심乘雲仙子景處尋
만화방창제일호萬和方暢第一好

만리장강세의요萬里長江世意繞
도원산수음양조道源山水陰陽調

336

호남공중하처운湖南空中何處云
천하강산제일루天下江山第一樓

천지방척척수량天地方尺尺數量
인명의복활조전人名衣服活造傳

천지만물포태성天地萬物胞胎成
일월일점자오조日月一點子午調

방풍공중천지명放風空中天地鳴
괘월동방만국명掛月東方萬國明

풍우상설과거후風雨霜雪過去後
일시화발만세춘一時花發萬歲春

연도심수천봉월研道心秀千峰月
수덕신여만곡주修德身如萬斛舟

3 한 제자 한문 지식만을 중히 여기는지라, 대종사 말씀하
시기를 "도덕은 원래 문자 여하에 매인 것이 아니니 그대는

이제 그 생각을 놓으라. 앞으로는 모든 경전을 일반 대중이 두루 알 수 있는 쉬운 말로 편찬하여야 할 것이며, 우리말로 편찬된 경전을 세계 사람들이 서로 번역하고 배우는 날이 멀지 아니할 것이니, 그대는 어려운 한문만 숭상하지 말라".

4 대종사 익산에 총부를 처음 건설하실 제 몇 간의 초가에서 많지 못한 제자들에게 물으시기를 "지금 우리 회상이 무엇과 같은가 비유하여보라". 권대호權大鎬 사뢰기를 "못자리판과 같나이다". 다시 물으시기를 "어찌하여 그러한고". 대호 사뢰기를 "우리 회상이 지금은 이러한 작은 집에서 몇십 명만이 법을 받들고 즐기오나 이것이 근본이 되어 장차 온 세계에 이 법이 편만할 것이기 때문이옵니다". 대종사 말씀하시기를 "네 말이 옳다. 저 넓은 들의 농사도 좁은 못자리의 모 농사로 비롯한 것같이 지금의 우리가 장차 세계적 큰 회상의 조상으로 드러나리라. 이 말을 듣고 웃을 사람도 있을 것이나, 앞으로 제일대만 지내도 이 법을 갈망하고 요구하는 사람이 많아질 것이며, 몇십 년 후에는 국내에서 이 법을 요구하게 되고, 몇백 년 후에는 전 세계에서 이 법을 요구하게 될 것이니, 이렇게 될 때에는 나를 보지 못한 것을 한하는 사람이 수가 없을 뿐 아니라, 지금 그대들 백 명 안에 든 사람은 물론이요 제

일대 창립 한도 안에 참례한 사람들까지도 한없이 부러워하고 숭배함을 받으리라”.

5 대종사 금강산을 유람하고 돌아오시어 “금강이 현세계金剛現世界 하니 조선이 갱조선朝鮮更朝鮮이라”는 글귀를 대중에게 일러주시며 말씀하시기를 “금강산은 천하의 명산이라 멀지 않은 장래에 세계의 공원으로 지정되어 각국이 서로 찬란하게 장식할 날이 있을 것이며, 그런 뒤에는 세계 사람들이 서로 다투어 그 산의 주인을 찾을 것이니, 주인될 사람이 미리 준비해놓은 것이 없으면 무엇으로 오는 손님을 대접하리오”.

6 대종사 개교開敎 기념일을 당하여 대중에게 말씀하시기를 “우리에게 큰 보물 하나가 있으니 그것은 곧 금강산이라 이 나라는 반드시 금강산으로 인하여 세계에 드러날 것이요, 금강산은 반드시 그 주인으로 인하여 더욱 빛나서, 이 나라와 금강산과 그 주인은 서로 떠날 수 없는 인연으로 다 같이 세계의 빛이 되리라. 그런즉, 그대들은 우리의 현상을 비관하지 말고 세계가 금강산의 참주인을 찾을 때에 우리 여기 있다 할 자격을 갖추기에 공을 쌓으라. 금강산의 주인은 금강산 같

은 인품을 조성해야 할 것이니 닦아서 밝히면 그 광명을 얻으리라. 금강산같이 되기로 하면 금강산같이 순실하여 순연한 본래면목을 잃지 말며, 금강산같이 정중하여 각자의 본분사本分事에 전일하며 금강산같이 견고하여 신성과 의지를 변하지 말라. 그러하면 산은 체體가 되고 사람은 용用이 될지라, 체는 정하고 용은 동하나니 산은 그대로 있으되 능히 그 체가 되려니와 사람은 잘 활용하여야 그 용이 될 것이니, 그대들은 어서어서 부처님의 무상대도를 연마하여 세계의 모든 산 가운데 금강산이 드러나듯 모든 사람 가운데 환영받는 사람이 되며, 모든 교회 가운데 모범적 교회가 되게 하라. 그러하면 강산과 사람이 아울러 찬란한 광채를 발휘하리라".

7 대종사 전주에 가시니 문정규·박호장朴戶張 등이 와서 뵈옵는지라, 말씀하시기를 "내가 오는 길에 우스운 일을 많이 보았노니, 아침에 어느 곳을 지나는데 날이 이미 밝아서 만물이 다 기동하여 사방이 시끄러우나 어떤 사람은 날이 밝은 줄을 모르고 깊이 잠자고 있으며, 어떤 사람은 찬바람과 얼음 속에 씨를 뿌리고 있으며, 어떤 사람은 여름옷을 그대로 입고 추위에 못 견디어 떨고 섰더라" 하시니, 정규가 말씀 뜻을 짐작하고 여쭙기를 "어느 때가 되어야 백주에 잠자는 사람이

잠을 깨어 세상에 나오며, 얼음 속에 씨를 뿌리는 사람과 겨울에 여름옷 입은 사람이 때를 알아 사업을 하겠나이까". 대종사 말씀하시기를 "그 사람이 지금은 날이 밝은 줄을 모르고 깊이 자고 있으나 밖에서 만물이 기동하는 소리가 오래가면 반드시 그 잠을 깰 것이요, 잠을 깨어 문을 열어보면 바로 날 밝은 줄을 알 것이요, 알면 일어나서 사업을 잡을 것이며, 저 얼음 속에 씨를 뿌리는 사람과 겨울에 여름옷을 입은 사람들은 때를 모르고 사업을 하니 반드시 실패할 것이요, 사업에 실패하여 무수한 고통과 곤란을 겪은 후에는 철 아는 사람의 사업하는 것을 보고 제 마음에 깨침이 생겨나서 차차 철 아는 사람이 되리라".

8 김기천이 여쭙기를 "근래에 여러 사람이 각기 파당을 지어 서로 옳다 하며 사방에서 제 스스로 선생이라 일컬으나 그 내용을 보면 무엇으로 가히 선생이라 할 가치가 없사오니, 그들을 참선생이라 할 수 있사오리까". 대종사 말씀하시기를 "참선생이니라". 기천이 여쭙기를 "어찌하여 참선생이라 하시나이까". 대종사 말씀하시기를 "그대가 그 사람들로 인하여 사람의 허虛와 실實을 알았다 하니 그것만 하여도 참선생이 아닌가". 기천이 다시 여쭙기를 "그것은 그러하오나 그들

도 어느 때가 되오면 자신이 바로 참선생의 자격을 갖추게 되오리까". 대종사 말씀하시기를 "허를 지내면 실이 돌아오고 거짓을 깨치면 참이 나타나나니, 허실과 진위眞僞를 단련하고 또 단련하며 지내고 또 지내보면 그중에서 자연히 거짓선생이 참선생으로 전환될 수 있느니라".

9 대종사 말씀하시기를 "근래의 인심을 보면 공부 없이 도통을 꿈꾸는 무리와, 노력 없이 성공을 바라는 무리와, 준비 없이 때만 기다리는 무리와, 사술邪術로 대도를 조롱하는 무리와, 모략으로 정의를 비방하는 무리들이 세상에 가득하여 각기 제가 무슨 큰 능력이나 있는 듯이 야단을 치고 다니나니, 이것이 이른바 낮도깨비니라. 그러나 시대가 더욱 밝아짐을 따라 이러한 무리는 발붙일 곳을 얻지 못하고 오직 인도정의의 요긴한 법만이 세상에 서게 될 것이니, 이러한 세상을 일러 대명천지大明天地라 하느니라".

10 대종사 서울에 가시사 하루는 남산공원에 소요하시더니, 청년 몇 사람이 대종사의 위의威儀 비범하심을 뵈옵고, 와서 인사하며 각각 명함을 올리는지라 대종사 또한 명함을 주시었더니, 청년들이 그 당시 사회에 큰 물의를 일으키고 있던

모 신흥종교에 대한 신문의 비평을 소개하면서 말하기를 "이 교敎가 좋지 못한 행동이 많으므로 우리 청년단체가 그 비행을 성토하며 현지에 내려가서 그 존재를 박멸하려 하나이다". 대종사 말씀하시기를 "그 불미한 행동이란 과연 무엇인가". 한 청년이 사뢰기를 "그들이 미신의 말로써 인심을 유혹하여 불쌍한 농민들의 재산을 빼앗으니, 이것을 길게 두면 세상에 나쁜 영향이 크게 미칠 것이옵기로 그것을 박멸하려 하는 것이옵니다". 대종사 말씀하시기를 "그대들의 뜻은 짐작이 되나 무슨 일이든지 제 생각에 한번 하고 싶어서 죽기로써 하는 때에는 다른 사람이 아무리 말려도 되지 않을 것이니, 무슨 능력으로 그 교의 하고 싶은 일을 막을 수 있으리오". 청년이 여쭙기를 "그러면 그 교가 박멸되지 아니하고 영구히 존속될 것이라는 말씀이옵니까". 대종사 말씀하시기를 "나의 말은 다른 사람의 굳이 하고 싶은 일을 억지로 막지는 못한다는 말이요, 그 교에 대한 존속 여부를 말한 것은 아니나, 사람마다 이로움은 좋아하고 해로움은 싫어하는데, 서로 관계하는 사이에 항상 이로움이 돌아오면 길이 친근할 것이요, 해로움이 돌아오면 길이 친근하지 못할 것이라, 정도正道라 하는 것은 처음에는 해로운 것 같으나 필경에는 이로움이 되고, 사도邪道라 하는 것은 처음에는 이로운 것 같으나 필경에는 해독이 돌아오므로, 그 교가 정도이면 아무리 그대들이 박멸하려 하여도 되지 않을 것이요, 사도라면 박멸하지 아니하여도 자연히 서지 못하게 되리라".

11 그 청년이 다시 여쭙기를 "그러하오면 선생님께서는 어떠한 방법이라야 이 세상이 길이 잘 교화되리라고 생각하시나이까". 대종사 말씀하시기를 "특별한 방법이 따로 있는 것은 아니나 오직 한 가지 예를 들어 말하리라. 가령 큰 들 가운데 농사를 짓는 사람이 농사 방법도 잘 알고 일도 또한 부지런히 하여 그 수확이 다른 사람보다 훨씬 우월하다면, 온 들 안 사람들이 그것을 보고 자연히 본받아갈 것이나, 만일 자기 농사에는 실적이 없으면서 다른 사람에게 말로만 권한다면 그 사람들이 따르지 않을 것은 물론이니, 그러므로 나는 늘 말하되 내가 먼저 행하는 것이 곧 남을 교화함이 된다 하노라". 청년이 사뢰기를 "선생님께서는 그러한 통달하신 법으로 세상을 교화하시거니와, 그 교는 좋지 못한 행동으로 백성을 도탄塗炭 가운데 넣사오니 세상에 없어야 할 존재가 아니오니까". 대종사 말씀하시기를 "그 교도 세계 사업을 하고 있으며 그대들도 곧 세계 사업을 하고 있느니라". 청년이 또 여쭙기를 "어찌하여 그 교가 세계 사업을 한다 하시나이까". 대

종사 말씀하시기를 "그 교는 비하건대 사냥의 몰이꾼과 같으니 몰이꾼들의 몰이가 아니면 포수들이 어찌 그 구하는 바를 얻으리오. 지금은 묵은 세상을 새 세상으로 건설해야 할 시기인바 세상 사람들이 그 형편을 깨닫지 못하고 발원 없이 깊이 잠들었는데, 그러한 각색 교회가 사방에서 일어나 모든 사람의 잠을 깨우며 마음을 일으키니, 그제야 모든 인재들이 세상에 나서서 실다운 일도 지내보고 헛된 일도 지내보며, 남을 둘러도 보고 남에게 둘리기도 하여 세상 모든 일의 허실과 시비를 알게 되매 결국 정당한 교회와 정당한 사람을 만나 정당한 사업을 이룰 것이니, 이는 곧 그러한 각색 교회가 몰이를 해준 공덕이라. 그들이 어찌 세계 사업자가 아니라 하리오". 청년이 또 여쭙기를 "그것은 그러하오나 저희들은 또한 어찌하여 세계 사업자가 된다 하시나이까". 대종사 말씀하시기를 "그대들은 모든 교회의 행동을 보아, 잘하는 것이 있으면 세상에 드러내고 잘못하는 것이 있으면 또한 비평을 주장하므로, 누구를 물론하고 비난을 당할 때에는 분한 마음이 있을 것이요, 분한 마음이 있을 때에는 새로 정신을 차려 비난을 면하려고 노력할 것이니, 그대들은 곧 세계 사업자인 모든 교회에 힘을 도와주고 반성을 재촉하는 사업자라, 만일 그대들이 없으면 모든 교회가 그 전진력을 얻지 못할 것이므로 그대들의 공덕도 또한 크다 하노라". 청년들이 감복하여 절하고 사뢰기를 "선생님의 말씀은 두루 통달하여 하나도 막힘이 없나이다".

12 한 사람이 여쭙기를 "선생님의 교법이 시대에 적절할 뿐 아니라 정당한 법인 줄은 믿으오나 창립한 시일이 아직 천단하여 근거가 깊지 못하오니 선생님 후대에는 어떻게 되올지 의문이 되나이다". 대종사 말씀하시기를 "그대가 이 법을 이미 정법으로 알았다 하니 그렇다면 나의 후대에 이 법의 확장 여하를 근심할 것이 없느니라. 보라! 세상에 도둑질하는 법은 나쁜 법이라, 그 법을 나라에서 없애려 하고 사회에서 배척하건마는 그 종자가 없어지지 아니하고 남아 있어서 우리들을 괴롭게 하는 것은, 그같이 나쁜 법도 필요를 느끼는 무리가 일부에 있기 때문이거든, 하물며 모든 인간이 다 필요로 하는 인도정의의 정당한 법이리오. 다시 한 예를 더 들자면, 세상 사람들이 모든 물질과 기술을 사용하여 생활을 할 때에 그 발명가를 위하여 사용하는 것이 아니요 각각 자기의 편리를 생각하여 사용하므로 자기의 편리만 있으면 아무리 사용하지 말라 하여도 자연 사용하게 되는 것같이 모든 교법도 또한 여러 사람이 믿고 사용한 결과에 이익이 있다면 아무

리 믿지 말라 하여도 자연 믿을 것이며, 믿는 사람이 많을 때에는 이 법이 또한 널리 확장될 것이 아닌가".

13 한 사람이 여쭙기를 "동양이나 서양에 기성 교회도 상당한 수가 있어서 여러 천 년 동안 서로 문호를 달리하여 시비가 분분한 가운데, 근래에는 또한 여러 가지 신흥 교회가 사방에 일어나서 서로 자가自家의 주장을 내세우고 다른 의견을 배척하여 더욱 시비가 분분하오니 종교계의 장래가 어떻게 되오리까". 대종사 말씀하시기를 "어떤 사람이 서울에서 가정을 이루어 자녀를 두고 살다가 세계 여러 나라를 두루 유람할 제, 그중 몇몇 나라에서는 각각 여러 해를 지내는 동안 그 나라 여자와 동거하여 자녀를 낳아놓고 돌아왔다 하자. 그후 그 사람의 자녀들이 각각 그 나라에서 자라난 다음 각기 제 아버지를 찾아 한자리에 모였다면, 얼굴도 서로 다르고 말도 서로 다르며 습관과 행동도 각각 다른 그 사람들이 얼른 서로 친하고 화해질 수 있겠는가. 그러나 여러 해를 지내는 동안 그들도 차차 철이 들고 이해심이 생겨나서 말과 풍습이 서로 익어지고 그 형제 되는 내역을 자상히 알고 보면 반드시 골육지친骨肉之親을 서로 깨달아 화합하게 될 것이니, 모든 교회의 서로 달라진 내역과, 그 근원은 원래 하나인 내역도 또

한 이와 같으므로, 인지가 훨씬 개명되고 도덕의 빛이 고루 비치는 날에는 모든 교회가 한집안을 이루어 서로 융통하고 화합하게 되느니라".

14 조송광이 처음 와 뵈오니, 대종사 말씀하시기를 "그대가 보통 사람보다 다른 점이 있어 보이니 어떠한 믿음이 있는가". 송광이 사뢰기를 "여러 십 년 동안 하나님을 신앙하온 예수교 장로이옵니다". 대종사 말씀하시기를 "그대가 여러 해 동안 하나님을 믿었다 하니 하나님이 어디 계시던가". 송광이 사뢰기를 "하나님은 전지전능하시고 무소부재하사 계시지 아니하는 곳이 없다 하나이다". 대종사 말씀하시기를 "그러면 그대가 늘 하나님을 뵈옵고 말씀도 듣고 가르침도 받았는가". 송광이 사뢰기를 "아직까지는 뵈온 일도 없사옵고 말하여본 적도 없나이다". 대종사 말씀하시기를 "그러면 그대가 아직 예수의 심통心通 제자는 못 되지 아니하였는가". 송광이 여쭙기를 "어떻게 하오면 하나님을 뵈올 수도 있고 가르침을 받을 수도 있겠나이까". 대종사 말씀하시기를 "그대가 공부를 잘하여 예수의 심통 제자만 되면 그리할 수 있느니라". 송광이 다시 여쭙기를 "성경에 예수께서 말세에 다시 오시되 도둑같이 왔다 가리라 하였고 그때에는 여러 가지 증거도 나타날 것이

라 하였사오니 참으로 오시는 날이 있사오리까". 대종사 말씀하시기를 "성현은 거짓이 없나니 그대가 공부를 잘하여 심령心靈이 열리고 보면 예수의 다녀가는 것도 또한 알리라". 송광이 사뢰기를 "제가 오랫동안 저를 직접 지도하여주실 큰 스승님을 기다렸삽더니, 오늘 대종사를 뵈오니 마음이 흡연洽然하여 곧 제자가 되고 싶나이다. 그러하오나 한편으로는 변절 같사와 양심에 자극이 되나이다". 대종사 말씀하시기를 "예수교에서도 예수의 심통 제자만 되면 나의 하는 일을 알게 될 것이요, 내게서도 나의 심통 제자만 되면 예수의 한 일을 알게 되리라. 그러므로, 모르는 사람은 저 교 이 교의 간격을 두어 마음에 변절한 것같이 생각하고 교회 사이에 서로 적대시하는 일도 있지마는, 참으로 아는 사람은 때와 곳을 따라서 이름만 다를 뿐이요 다 한집안으로 알게 되나니, 그대의 가고 오는 것은 오직 그대 자신이 알아서 하라". 송광이 일어나 절하고 제자 되기를 다시 발원하거늘, 대종사 허락하시며 말씀하시기를 "나의 제자 된 후라도 하나님을 신봉하는 마음이 더 두터워져야 나의 참된 제자니라".

15 대종사 말씀하시기를 "내가 어느 날 불경을 보니 이러한 이야기가 있더라. 한 제자가 부처님께 여쭙기를 '저희들은

부처님을 뵈옵고 법설을 들으면 존경심과 환희심이 한없이 나옵는데, 어떤 사람은 도리어 흉을 보고 비방도 하며 사람들의 출입까지 방해하기도 하오니, 부처님께서는 항상 자비심으로 가르쳐주시거늘 그 중생은 무슨 일로 그러하는지 그 이유를 알고 싶나이다' 하매 부처님께서 대답하시기를 '저 해가 동녘 하늘에 오름에 제일 높은 수미산須彌山 상봉에 먼저 비치고, 그다음에 고원高原에 비치고, 그러한 후에야 일체 대지 평야에까지 비치나니, 태양이 차별심이 있어서 높은 산은 먼저 비치고 평야는 나중에 비치는 것이 아니라, 태양은 다만 무심히 비치건마는 땅의 고하를 따라 그와 같이 선후의 차별이 있게 되느니라. 여래의 설법도 그와 같아서 무량한 지혜의 광명은 차별 없이 나투건마는 각자의 근기에 따라서 그 법을 먼저 알기도 하고 뒤에 알기도 하나니 한자리에서 같은 법문을 들을지라도 보살菩薩들이 먼저 알아듣고, 그다음에 연각緣覺, 성문聲聞, 결정선근자決定善根者가 알아듣고, 그다음에야 무연無緣중생까지라도 점진적으로 그 혜광을 받게 되느니라. 그런데 미한 중생들이 부처의 혜광을 받아 살면서도 불법을 비방하는 것은 마치 소경이 해의 혜택을 입어 살면서도 해를 보지 못하므로 해의 혜택이 없다 하는 것과 같느니라. 그런즉 너는 너의 할 일이나 잘 할 것이요, 결코 그러한 어리석은 중생들을 미워하지 말며, 또는 낙심하거나 퇴굴심을 내지도 말라. 그 어찌 인지의 차등이 없으리오' 하셨다 하였더라. 그대들은 이 말씀을 범연히 듣지 말고 각자의 전정에 보감을 삼아서 계속 정진할 것이요, 결단코 남의 잘못하는 것과 몰라주는 것에 너무 관심하지 말라. 이 세상의 변천도 주야 변천되는 것과 다름이 없어서 어둡던 세상이 밝아질 때에는 모든 중생이 고루 불은佛恩을 깨닫고 불은에 보답하기 위하여 서로 노력하게 되느니라".

16 최도화崔道華 여쭙기를 "이 세상에 미륵불의 출세와 용화회상龍華會上의 건설을 목마르게 기다리는 사람이 많사오니 미륵불은 어떠한 부처님이시며 용화회상은 어떠한 회상이오니까". 대종사 말씀하시기를 "미륵불이라 함은 법신불의 진리가 크게 드러나는 것이요, 용화회상이라 함은 크게 밝은 세상이 되는 것이니, 곧 처처불상處處佛像 사사불공事事佛供의 대의가 널리 행하여지는 것이니라". 장적조 여쭙기를 "그러하오면 어느 때나 그러한 세계가 돌아오겠나이까". 대종사 말씀하시기를 "지금 차차 되어지고 있느니라". 정세월鄭世月이 여쭙기를 "그중에도 첫 주인이 있지 않겠나이까". 대종사 말씀하시기를 "하나하나 먼저 깨치는 사람이 주인이 되느니라".

17 박사시화朴四時華 여쭙기를 "지금 어떤 종파들에서는 이미 미륵불이 출세하여 용화회상을 건설한다 하와 서로 주장이 분분하오니 어느 회상이 참용화회상이 되오리까". 대종사 말씀하시기를 "말만 가지고 되는 것이 아니니, 비록 말은 아니할지라도 오직 그 회상에서 미륵불의 참뜻을 먼저 깨닫고 미륵불이 하는 일만 하고 있으면 자연 용화회상이 될 것이요 미륵불을 친견할 수도 있으리라".

18 서대원이 여쭙기를 "미륵불 시대가 완전히 돌아와서 용화회상이 전반적으로 건설된 시대의 형상은 어떠하오리까". 대종사 말씀하시기를 "그 시대에는 인지가 훨씬 밝아져서 모든 것에 상극이 없어지고 허실虛實과 진위眞僞를 분간하여 저 불상에게 수복壽福을 빌고 원하던 일은 차차 없어지고, 천지 만물 허공법계를 망라하여 경우와 처지를 따라 모든 공을 심어, 부귀도 빌고 수명도 빌며, 서로서로 생불生佛이 되어 서로 제도하며, 서로서로 부처의 권능 가진 줄을 알고 집집마다 부처가 살게 되며, 회상을 따로 어느 곳이라고 지정할 것이 없이 이리 가나 저리 가나 가는 곳마다 회상 아님이 없을 것이라, 그 광대함을 어찌 말과 글로 다 하리오. 이 회상이 건설된 세상에는 불법이 천하에 편만하여 승속僧俗의 차별이 없어지

고 법률과 도덕이 서로 구애되지 아니하며 공부와 생활이 서로 구애되지 아니하고 만생이 고루 그 덕화를 입게 되리라".

19 대종사 말씀하시기를 "근래 어떤 사람들은 이 세상은 말세가 되어 영영 파멸밖에는 길이 없다고 하나 나는 그렇지 않다고 하노니, 성인의 자취가 끊어진 지 오래고 정의 도덕이 희미하여졌으니 말세인 것만은 사실이나, 이 세상이 이대로 파멸되지는 아니하리라. 돌아오는 세상이야말로 참으로 크게 문명한 도덕세계일 것이니, 그러므로 지금은 묵은 세상의 끝이요 새 세상의 처음이 되어, 시대의 앞길을 추측하기가 퍽 어려우나 오는 세상의 문명을 추측하는 사람이야 어찌 든든하지 아니하며 즐겁지 아니하리오".

20 대종사 또 말씀하시기를 "오는 세상의 모든 인심은 이러하리라. 지금은 대개 남의 것을 못 빼앗아서 한이요, 남을 못 이겨서 걱정이요, 남에게 해를 못 입혀서 근심이지마는, 오는 세상에는 남에게 주지 못하여 한이요, 남에게 지지 못하여 걱정이요, 남을 위해주지 못하여 근심이 되리라. 또 지금은 대개 개인의 이익을 못 채워서 한이요, 뛰어난 권리와 입신양명을 못하여서 걱정이지마는, 오는 세상에는 공중사

公衆事를 못하여서 한이요, 입신양명할 기회와 권리가 돌아와서 수양할 여가를 얻지 못할까 걱정일 것이며, 또 지금은 대개 사람이 죄짓기를 좋아하며, 죄 다스리는 감옥이 있고, 개인·가정·사회·국가가 국한을 정하여 울과 담을 쌓아서 서로 방어에 전력하지마는, 오는 세상에는 죄짓기를 싫어할 것이며, 개인·가정·사회·국가가 국한을 터서 서로 융통하리라. 또 지금은 물질문명이 세계를 지배하고 있지마는, 오는 세상에는 위 없는 도덕이 굉장히 발전되어 인류의 정신을 문명시키고 물질문명을 지배할 것이며 물질문명은 도덕 발전의 도움이 될 것이니, 멀지 않은 장래에, 산에는 도둑이 없고 길에서는 흘린 것을 줍지 않는 참문명세계를 보게 되리라".

21 대종사 또 말씀하시기를 "지금 세상의 정도는 어두운 밤이 지나가고, 바야흐로 동방에 밝은 해가 솟으려 하는 때이니, 서양이 먼저 문명함은 동방에 해가 오를 때에 그 광명이 서쪽 하늘에 먼저 비침과 같은 것이며, 태양이 중천에 이르면 그 광명이 시방세계에 고루 비치게 되나니 그때야말로 큰 도덕세계요 참문명세계니라".

22 대종사 말씀하시기를 "과거 세상은 어리고 어두운 세상

354

이라, 강하고 지식 있는 사람이 약하고 어리석은 사람들을 무리하게 착취하여 먹고 살기도 하였으나, 돌아오는 세상은 슬겁고 밝은 세상이라, 비록 어떠한 계급에 있을지라도 공정한 법으로 하지 아니하고 공연히 남의 것을 취하여 먹지 못하리니, 그러므로 악하고 거짓된 사람의 생활은 점점 곤궁하여지고, 바르고 참된 사람의 생활은 자연 풍부하여지게 되리라".

23 대종사 말씀하시기를 "조선은 개명開明이 되면서부터 생활제도가 많이 개량되었고, 완고하던 지견도 많이 열리었으나, 아직도 미비한 점은 앞으로 더욱 발전을 보게 되려니와, 정신적 방면으로는 장차 세계 여러 나라 가운데 제일가는 지도국이 될 것이니, 지금 이 나라는 점진적으로 어변성룡魚變成龍이 되어가고 있느니라".

24 대종사 이어서 말씀하시기를 "돌아오는 세상 사람들은 높은 산 좋은 봉우리에 여러 가지 나무와 화초를 심고, 혹은 연못을 파서 양어도 하며, 사이사이에 기암괴석이나 고목 등을 늘어놓아 훌륭한 공원을 만들고, 그 밑에 굴을 파서 집을 지은 후, 낮에는 태양광선을 들여대고 밤이면 전등을 켜며, 그 밖에도 무엇이나 군색한 것이 없이 화려한 생활을 하다가,

밖에 나와서 집 위를 쳐다보면 울창한 나무숲이요 올라가보면 기화요초가 만발한 가운데 각종의 새와 벌레들이 노래하고 춤추는 모양을 보게 될 것이니, 이 나라에도 저 금강산이나 지리산 같은 명산과 구수산九岫山 같은 데에는 큰 세력이 있어야 거기에 주택을 짓고 살게 될 것이며, 혹은 조산造山이라도 하여서 주택을 지을 것이요, 건축을 하는 데에도 지금과 같이 인공적 조각을 좋아하지 아니하고 천연석을 실어다가 집을 짓는 등 일반이 다 자연의 아름다움을 사랑하며 취取하게 되리라".

25 대종사 또 말씀하시기를 "재산이 넉넉한 종교단체에서는 큰 산 위에 비행장을 설비하고 공원을 만들며, 화려하고 웅장한 영정각影幀閣을 지어서 공도자들의 영정과 역사를 봉안하면 사방에서 관람인이 많이 와서 어떠한 귀인이라도 예배하고 보게 될 것이며, 유명한 법사들은 각처의 경치 좋은 수도원에서 수양하고 있다가, 때를 따라 세간 교당으로 설법을 나가면 대중의 환영하는 만세소리가 산악을 진동할 것이요, 모든 사람들이 법사 일행을 호위하고 들어가 공양을 올리고 법설을 청하면 법사는 세간 생활에 필요한 인도상 요법이나 인과보응에 대한 법이나 혹은 현묘한 성리 등을 설하여줄

것이며, 설법을 마치면 대중은 그 답례로 많은 폐백을 바칠 것이요, 법사는 그것을 그 교당에 내주고 또다른 교당으로 가서 그와 같은 우대를 받게 되리라".

26 대종사 또 말씀하시기를 "면면촌촌에 학교가 있을 것은 물론이요, 동리 동리에 교당과 공회당을 세워놓고 모든 사람들이 정례로 법회를 보게 될 것이며, 관혼상제 등 모든 의식이나 법사의 수시 법회나 무슨 회의가 있으면 거기에 모여 모든 일을 편리하게 진행할 것이며, 지금의 모든 종교는 그 신자들에게 충분한 훈련을 시키지 못하는 관계로 일반적으로 종교인이라 하여 특별한 신용을 받지 못하지마는 그때에는 모든 종교의 교화사업이 충분히 발달되므로 각 교회의 신자들이 각각 상당한 훈련을 받아 자연히 훈련 없는 보통 사람과는 판이한 인격을 가지게 될 것이요, 따라서 관공청이나 사회 방면에서 인재를 선발하는 데에도 반드시 종교 신자를 많이 찾게 되리라".

27 대종사 또 말씀하시기를 "지금도 큰 도시에는 직업 소개하는 곳이 있거니와 돌아오는 세상에는 상당한 직업소개소가 도처에 생겨나서 직업 구하는 사람들에게 많은 편리를 주

게 될 것이요, 또는 혼인소개소가 있어서 구혼하는 사람들이 이 기관을 많이 이용하게 될 것이며, 또는 탁아소도 곳곳에 생겨나서 어린아이를 가진 부녀들이 안심하고 직장에 나갈 수 있을 것이요, 의탁할 데 없는 노인들은 국가나 단체나 자선 사업가들이 양로원을 짓고 시봉을 하게 되므로 별 걱정 없이 편안한 생활을 하게 될 것이며, 지금은 궁벽한 촌에서 생활을 하기로 하면 여러 가지로 불편이 많으나 앞으로는 어떠한 궁촌에도 각종 시설이 생겨나서 무한한 편리를 줄 것이요, 또는 간이식당 같은 것도 생겨나서 각자의 가정에서 일일이 밥을 짓지 아니하여도 각자의 생활 정도에 따라 편의한 식사를 하게 될 것이며, 또는 재봉소나 세탁소도 많이 생겨서, 복잡한 생활을 하는 사람들도 의복을 지어 입거나 세탁을 하는데에 곤란이 없게 되리라".

28 대종사 말씀하시기를 "과거에는, 자기의 재산은 다소를 막론하고 자기가 낳은 자손에게만 전해주는 것으로 법례法例를 삼았고, 만일 낳은 자손이 없다면 양자라도 하여서 반드시 개인에게 그 재산을 상속하게 하였으며, 따라서 그 자손들은 자기 부모의 유산은 반드시 자기가 차지할 것으로 알았으나 돌아오는 세상에는 자기 자손에게는 적당한 교육이나 시켜주

고 치산의 기본금이나 약간 대어줄 것이요, 남은 재산은 일반 사회를 위하여 교화·교육·자선 등 사업에 쓰는 사람이 많을 것이며, 지금 사람들은 대개 남을 해롭게 하는 것으로써 자기의 이익을 삼지마는 돌아오는 세상 사람들은 남을 이익 주는 것으로써 자기의 이익을 삼을 것이니, 인지가 발달됨에 따라 남을 해한즉 나에게 그만한 해가 돌아오고 남을 이롭게 한즉 나에게 그만한 이익이 돌아오는 것을 실지로 경험하게 되는 까닭이니라".

29 대종사 설법하실 때에는 위덕威德이 삼천대천세계를 진압하고 일체 육도사생이 한자리에 즐기는 감명을 주시는지라, 이럴 때에는 박사시화·문정규·김남천 등이 백발을 휘날리며 춤을 추고, 전삼삼田參參·최도화·노덕송옥 등은 일어나 무수히 예배를 올려 장내의 공기를 진작하며, 무상의 법흥을 돋아주니, 마치 시방세계가 다 우쭐거리는 것 같거늘, 대종사 성안聖顔에 미소를 띠시며 말씀하시기를 "큰 회상이 열리려 하면 음부陰府에서 불보살들이 미리 회의를 열고 각각 책임을 가지고 나오는 법이니, 저 사람들은 춤추고 절하는 책임을 가지고 나온 보살들이 아닌가. 지금은 우리 몇몇 사람만이 이렇게 즐기나 장차에는 시방삼계 육도사생이 고루 함께 즐기

게 되리라".

30 한 제자 여쭙기를 "우리 회상이 대운大運을 받아 건설된 회상인 것은 짐작되오나 교운敎運이 몇만 년이나 뻗어나가올지 알고 싶나이다". 대종사 말씀하시기를 "이 회상은 지나간 회상들과 달라서 자주 있는 회상이 아니요, 원시반본原始反本하는 시대를 따라서 나는 회상이라 그 운이 한량없느니라".

제15 부촉품 附囑品

1 대종사 여러 제자에게 말씀하시기를 "내가 그대들을 대할 때에 더할 수 없는 인정이 건네는 것은 수많은 사람 가운데 오직 그대들이 남 먼저 특별한 인연을 찾고 특별한 원을 발하여 이 법을 구하러 온 것이요, 같이 지내는 가운데 혹 섭섭한 마음이 나는 것은 그대들 가운데 수도에는 정성이 적어지고 다른 사심을 일어내며 나의 지도에 잘 순응하지 않는 사람이 생기는 것이라, 만일 그와 같이 본의를 잊어버리며 나의 뜻을 몰라주다가 내가 모든 인연을 뿌리치고 먼 수양길을 떠나버리면 그 어찌하려는가. 그때에는 아무리 나를 만나고자 하나 그리 쉽지 못하리라. 그런즉 그대들은 다시 정신을 차리어 나로 하여금 그러한 생각이 나지 않도록 하라. 해탈한 사

람의 심경은 범상한 생각으로 측량하지 못할 바가 있나니, 무슨 일이나 그 일을 지어갈 때에는 천만년이라도 그곳을 옮기지 못할 것 같으나 한번 마음을 놓기로 하면 일시에 허공과 같이 흔적이 없느니라".

2 원기 이십육년(1941) 일월에 대종사 계송偈頌을 내리시고 말씀하시기를 "옛 도인들은 대개 임종 당시에 바쁘게 전법 게송을 전하였으나 나는 미리 그대들에게 이를 전하여주며, 또는 몇 사람에게만 비밀히 전하였으나 나는 이와 같이 여러 사람에게 고루 전하여주노라. 그러나 법을 오롯이 받고 못 받는 것은 그대들 각자의 공부에 있나니 각기 정진하여 후일에 유감이 없게 하라".

3 대종사 열반을 일 년 앞두시고 그동안 진행되어오던 정전正典의 편찬을 자주 재촉하시며 감정鑑定의 붓을 들으시매 시간이 밤중에 미치는 때가 잦으시더니, 드디어 성편되매 바로 인쇄에 부치게 하시고 제자들에게 말씀하시기를 "때가 급하여 이제 만전을 다하지는 못하였으나, 나의 일생 포부와 경륜이 그 대요는 이 한 권에 거의 표현되어 있나니, 삼가 받아 가져서 말로 배우고 몸으로 실행하고 마음으로 증득하여, 이

법이 후세 만대에 길이 전하게 하라. 앞으로 세계 사람들이 이 법을 알아보고 크게 감격하고 봉대할 사람이 수가 없으리라".

4 대종사 열반을 몇 달 앞두시고 자주 대중과 개인에게 부촉하시기를 "내가 이제는 깊은 곳으로 수양을 가려 하노니, 만일 내가 없더라도 퇴굴심이 나지 않겠는가 스스로 반성하여 마음을 추어잡으라. 지금은 정히 심판기라 믿음이 엷은 사람은 시들 것이요, 믿음이 굳은 사람은 좋은 결실을 보리라. 나의 법은 신성 있고 공심 있는 사람이면 누구나 다 받아가도록 전하였나니, 법을 받지 못하였다고 후일에 한탄하지 말고, 하루속히 이 정법을 마음대로 가져다가 그대들의 피가 되고 살이 되게 하라".

5 대종사 하루는 송규에게 말씀하시기를 "그대는 나를 만난 후로 오늘에 이르기까지 모든 일을 오직 내가 시키는 대로 할 따름이요 따로 그대의 의견을 세우는 일이 없었으니, 이는 다 나를 신봉함이 지극한 연고인 줄로 알거니와, 내가 만일 졸지에 오래 그대들을 떠나게 되면 그때에는 어찌하려는 가. 앞으로는 모든 일에 의견을 세워도 보며 자력으로 대중을

거느려도 보라" 하시고 또 말씀하시기를 "요사이에는 관변의 지목이 차차 심하여가니 내가 여기에 오래 머무르기 어렵겠노라. 앞으로 크게 괴롭히는 무리가 더러 있어서 그대들이 그 목을 넘기기가 힘들 것이나 큰일은 없으리니 안심하라".

6 대종사 말씀하시기를 "그대들이 나를 따라 처음 발심한 그대로 꾸준히 전진하여간다면 성공 못할 사람이 없으리라. 그러나 하근下根에서 중근中根 되는 때에나, 본래 중근으로 그 고개를 넘지 못한 경우에 모든 병증病症이 발동하여 대개 상근上根에 오르지 못하고 말게 되나니, 그대들은 이 무서운 중근의 고개를 잘 넘어서도록 각별한 힘을 써야 하리라. 중근의 병은, 첫째는 공부에 권태증이 생기는 것이니, 이 증세는 일체가 괴롭기만 하고 지리한 생각이 나서 어떤 때에는 그 생각과 말이 세속 사람보다 오히려 못할 때가 있는 것이요, 둘째는 확실히 깨치지는 못했으나 순전히 모르지도 아니하여 때때로 말을 하거나 글을 쓰면 여러 사람이 감탄하여 환영하므로 제 위에는 사람이 없는 것같이 생각되어 제가 저를 믿고 제 허물을 용서하며 윗스승을 함부로 비판하며 법과 진리에 호의狐疑를 가져서 자기 뜻에 고집하는 것이니, 이 증세는 자칫하면 그동안의 적공이 허사로 돌아가 결국 영겁대사를 크

게 그르치기 쉬우므로, 과거 불조들도 이 호의불신증을 가장 두렵게 경계하셨느니라. 그런데 지금 그대들 중에 이 병에 걸린 사람이 적지 않으니 제 스스로 반성하여 그 자리를 벗어나면 좋으려니와, 만일 그러지 못한다면 이는 장차 제 자신을 그르치는 동시에 교단에도 큰 화근이 될 것이니, 크게 분발하여 이 지경을 넘는 공부에 전력을 다할지어다. 이 중근을 쉽게 벗어나는 방법은 법 있는 스승에게 마음을 가림 없이 바치는 동시에 옛 서원을 자주 반조하고 중근의 말로가 위태함을 자주 반성하는 것이니, 그대들이 이 지경만 벗어나고 보면 불지佛地에 달음질하는 것이 비행기 탄 격은 되리라".

7 원기 이십팔년(1943) 계미癸未 일월에 대종사 새로 정한 교리도教理圖를 발표하시며 말씀하시기를 "내 교법의 진수가 모두 여기에 들어 있건마는 나의 참뜻을 아는 사람이 몇이나 될꼬. 지금 대중 가운데 이 뜻을 온전히 받아갈 사람이 그리 많지 못한 듯하니 그 원인은, 첫째는 그 정신이 재와 색으로 흐르고, 둘째는 명예와 허식으로 흘러서 일심 집중이 못 되는 연고라, 그대들이 그럴진대 차라리 이것을 놓고 저것을 구하든지, 저것을 놓고 이것을 구하든지 하여, 좌우간 큰 결정을 세워서 외길로 나아가야 성공이 있으리라".

8 대종사 선원 대중에게 물으시기를 "너른 세상을 통하여 과거로부터 현재까지 어떠한 분이 어떠한 공부로 제일 큰 재주를 얻어 고해중생의 구제선이 되었으며 또한 그대들은 어떠한 재주를 얻기 위하여 이곳에 와서 공부를 하게 되었는가" 하시니, 몇몇 제자의 답변이 있은 후 송도성이 사뢰기를 "이 세상에 제일 큰 재주를 얻어 모든 중생의 구제선이 되어주신 분은 삼세의 모든 부처님이시요, 저희들이 지극히 하고 싶은 공부도 또한 그 부처님의 재주를 얻기 위한 공부로서 현세는 물론이요 미래 수천만 겁이 될지라도 다른 사도와 소소한 공부에 마음을 흔들리지 아니하고, 부처님의 지행을 얻어 노병사를 해결하고 고해중생을 제도하는 데에 노력하겠나이다". 대종사 말씀하시기를 "그런데 근래 공부인 가운데에는 이 법문에 찾아와서도 외학外學을 더 숭상하는 사람이 있으며, 외지外知를 구하기 위하여 도리어 도문을 등지는 사람도 간혹 있나니 어찌 한탄스럽지 아니하리오. 그런즉 그대들은 각기 그 본원을 더욱 굳게 하기 위하여 이 공부에 끝까지 정진할 서약들을 다시 하라". 이에 선원 대중이 명을 받들어 서약을 써 올리고 정진을 계속하니라.

9 대종사 말씀하시기를 "내가 이 회상을 연 지 이십팔 년에

법을 너무 해석적으로만 설하여준 관계로 상근기는 염려 없으나, 중·하 근기는 쉽게 알고 구미호가 되어 참도를 얻기 어렵게 된 듯하니 이것이 실로 걱정되는 바라, 이후부터는 일반적으로 해석에만 치우치지 말고 삼학을 병진하는 데에 노력하도록 하여야 하리라".

10 대종사 말씀하시기를 "내가 다생겁래로 많은 회상을 열어왔으나 이 회상이 가장 판이 크므로 창립 당초의 구인을 비롯하여 이 회상과 생명을 같이할 만한 혈심인물이 앞으로도 수를 헤아릴 수 없이 많이 나리라".

11 대종사 말씀하시기를 "내가 오랫동안 그대들을 가르쳐 왔으나 마음에 유감되는 바 셋이 있으니, 그 하나는 입으로는 현묘한 진리를 말하나 그 행실과 증득한 것이 진경에 이른 사람이 귀함이요, 둘은 육안으로는 보나 심안心眼으로 보는 사람이 귀함이며, 셋은 화신불은 보았으나 법신불을 확실히 본 사람이 귀함이니라".

12 대종사 말씀하시기를 "도가에 세 가지 어려운 일이 있으니, 하나는 일원의 절대 자리를 알기가 어렵고, 둘은 일원

의 진리를 실행에 부합시켜서 동과 정이 한결같은 수행을 하기가 어렵고, 셋은 일원의 진리를 일반 대중에게 간명하게 깨우쳐 알려주기가 어려우니라. 그러나 수도인이 마음을 굳게 세우고 한번 이루어보기로 정성을 다하면 아무리 어려운 일이라도 쉬운 일이 되어질 것이요, 아무리 쉬운 일이라도 안 하려는 사람과 하다가 중단하는 사람에게는 다 어려운 일이 되느니라".

13 대종사 말씀하시기를 "천지에 우로雨露의 덕을 어리석은 사람은 알지 못하고 세상에 성인의 덕을 범부들은 알지 못하나니, 그러므로 날이 가문 뒤에야 비의 고마움을 사람들이 다 같이 알게 되고, 성인이 떠난 뒤에야 그 법의 은덕을 세상이 고루 깨닫게 되느니라".

14 계미(1943) 오월 십육일 예회에 대종사 대중에게 설법하시기를 "내가 방금 이 대각전으로 오는데, 여러 아이들이 길가 숲에서 놀다가 나를 보더니 한 아이가 군호를 하매 일제히 일어서서 경례를 하는 것이 퍽 질서가 있어 보이더라. 이것이 곧 그 아이들이 차차 철이 생겨나는 증거라, 사람이 아주 어린 때에는 가장 가까운 부모형제의 내역과 촌수도 잘 모

르고 그에 대한 도리는 더욱 모르고 지내다가 차차 철이 나면서 그 내역과 촌수와 도리를 알게 되는 것같이 공부인들이 미한 때에는 불보살 되고 범부중생 되는 내역이나, 자기와 천지만물의 관계나, 각자 자신 거래의 길도 모르고 지내다가 차차 공부가 익어가면서 그 모든 내역과 관계와 도리를 알게 되나니, 그러므로 우리가 도를 알아가는 것이 마치 철없는 아이가 차차 어른 되어가는 것과 같다 하리라. 이와 같이 아이가 커서 어른이 되고 범부가 깨쳐 부처가 되며, 제자가 배워 스승이 되는 것이니, 그대들도 어서어서 참다운 실력을 얻어 그대들 후진의 스승이 되며, 제생의세의 큰 사업에 각기 큰 선도자들이 되라. 음부경陰符經에 이르기를 '생生은 사死의 근본이요, 사는 생의 근본이라' 하였나니, 생사라 하는 것은 마치 사시가 순환하는 것과도 같고 주야가 반복되는 것과도 같아서, 이것이 곧 우주만물을 운행하는 법칙이요 천지를 순환하게 하는 진리라, 불보살들은 그 거래에 매하지 아니하고 자유하시며, 범부중생은 그 거래에 매하고 부자유한 것이 다를 뿐이요, 육신의 생사는 불보살이나 범부중생이 다 같은 것이니, 그대들은 또한 사람만 믿지 말고 그 법을 믿으며, 각자 자신이 생사거래에 매하지 아니하고 그에 자유할 실력을 얻기에 노력하라. 우리가 이와 같이 예회를 보는 것은 마치 장꾼이

장을 보러 온 것과도 같으니, 이왕 장을 보러 왔으면 내 물건을 팔기도 하고 남의 물건을 소용대로 사기도 하여 생활에 도움을 얻어야 장에 온 보람이 있으리라. 그런즉 각자의 지견에 따라 유익될 말은 대중에게 알려도 주고 의심 나는 점은 제출하여 배워도 가며 남의 말을 들어다가 보감도 삼아서 공왕공래空往空來가 없도록 각별히 주의하라. 생사가 일이 크고 무상은 신속하니 가히 범연하지 못할 바이니라".

15 대종사 말씀하시기를 "우리의 사업목표는 교화·교육·자선의 세 가지니 앞으로 이를 늘 병진하여야 우리의 사업에 결함이 없으리라".

16 대종사 말씀하시기를 "나의 교법 가운데 일원을 종지로 한 교리의 대강령인 삼학팔조와 사은 등은 어느 시대 어느 국가를 막론하고 다시 변경할 수 없으나, 그 밖의 세목이나 제도는 그 시대와 그 국가에 적당하도록 혹 변경할 수도 있느니라".

17 대종사 말씀하시기를 "과거에는 도가나 정부나 민간에서 각각 차별 세우는 법을 주로 하여 여러 사람을 다스려왔지

마는 돌아오는 세상에는 어떠한 처지에서나 그 쓰는 법이 편벽되면 일반 대중을 고루 화하게 하지 못할 것이니, 그러므로 우리 회상에서는 재가 출가와 남녀노소를 물론하고 대각한 도인이 나면 다 여래위로 받들 것이요, 생일이나 열반 기념일이나 기타 모든 행사에도 어느 개인을 본위로 할 것이 아니라, 이 회상을 창립한 사람이면 다 같이 한날에 즐거할 일은 즐거하고 슬퍼할 일은 슬퍼하게 하여야 하리라".

　18 대종사 말씀하시기를 "그대들이 나의 법을 붓으로 쓰고 입으로 말하여 후세에 전하는 것도 중한 일이나, 몸으로 실행하고 마음으로 증득하여 만고 후세에 이 법통이 길이 끊기지 않게 하는 것은 더욱 중한 일이니, 그러하면 그 공덕을 무엇으로 가히 헤아리지 못하리라".

　19 대종사 말씀하시기를 "스승이 법을 새로 내는 일이나, 제자들이 그 법을 받아서 후래 대중에게 전하는 일이나, 또 후래 대중이 그 법을 반가이 받들어 실행하는 일이 삼위일체 三位一體 되는 일이라, 그 공덕도 또한 다름이 없느니라".

대종경 大宗經 해제

김경일 교무

원불교가 열린 지 100년, 판화가 이철수 선생의 원력顯力으로 대종경 이야기가 판화라는 색다른 옷을 입고 세상에 소개되니 참으로 그 뜻이 깊다. 이와 더불어 대종경을 별도 인쇄하여 함께 소개하게 되니 기대와 함께 개교 100년의 뜻이 더욱 새롭다.

'대종경'은 원불교 사상의 근간이 되는 경전이자 가장 널리 읽히는 경전이다. 원불교 정전正典이 소태산[1]의 깨달음과

---

1) 전남 영광에서 태어나 20여 년의 구도 끝에 스스로 우주와 인생의 큰 진리를 깨친 소태산 대종사는 금강경, 불교대전, 음부경, 동경대전 등 여러 경전을 두루 열람하고는 석가모니불에게 그 연원을 두고 새 문명운동을 시작

신앙 수행의 교리체계를 담고 있다면 대종경은 그것이 실제 일상의 생활을 당하여 어떻게 응용되고 활용되는지에 대한 다양한 사례와 부가적인 설명을 담고 있다는 점에서 쉽고 친근하다. 우리나라 대부분의 종교가 외래 종교여서 경전 또한 번역물이 일반적이지만 대종경은 원래부터 우리 주변의 일상을 어떻게 보고 이해하는지 쉬운 우리말로 기록했다는 점도 우리를 편안하게 이끌어준다.

대종경은 소태산 생전부터 그 일부가 필사본으로 유통되다가 열반 10년 후 원불교 교단의 의지를 모아 정식 발간되었다. 소태산의 삶과 말씀이 그러하였듯 대종경의 편찬 역시 누구나 쉽게 배울 수 있도록 쉬운 말과 글로 소박하고 간명하게 되어 있다. 총 15품 547장으로 소태산이 법회나 일상생활에서 설한 말씀을 당대의 제자들이 기록해둔 것을 바탕으로 간행한 언행록이라는 점에서 소태산의 실제적·사실적인 면모를 보여주는 경전이며, 실제로 그 교훈을 받드는 것과 같은

하였다. '물질이 개벽되니 정신을 개벽하자'는 개교표어와 함께 '동정일여 영육쌍전' '무시선 무처선' '불법시생활 생활시불법' 등의 교리표어를 내걸고 시대화·생활화·대중화한 종교를 표방하였으며 스스로 깨친 진리를 '일원상'이라 표현하고 삼학팔조·사은사요를 교리의 근간으로 하였다.

의의가 있다.

대종경 15품의 내용은 대체로 다음과 같다.

서품序品은 주로 소태산의 깨달음과 관련한 초기 법문, 불교와의 관계[2], 초기 교단의 저축조합운동과 갯벌을 막아 농토를 일구던 방언 공사, 법계인증을 받은 9인 선진의 법인기도 등 회상 창립기 초기 교단사에 대한 내용들이 주로 담겨 있다.

교의품敎義品은 교리 전반을 담아내고 있는데 일원상 진리를 비롯하여 신앙과 수행의 교법, 유불선 삼교와의 관계, 종교와 정치 등에 관한 내용들로 구성되어 있다.

수행품修行品은 삼학 수행, 동정일여의 무시선, 내정정과 외정정 공부, 일상에서 수행하는 법, 수승화강 등 좌선의 원리와 방법, 기질 수양과 심성 수양하는 법, 수행상의 주의할 점에

---

2) 소태산은 깨달음을 얻은 후 '나의 깨달은 바를 옛 성인들이 먼저 알았다'고 말하고 일원一圓의 진리로 이 모두를 통합 수용하였다. 특히 불교의 석가모니불을 성중성聖中聖이라고 찬양하고 불법佛法을 주체로 한 새로운 문명운동의 필요를 역설하였다. 유불선儒佛仙을 계승하되 불교를 주체로 하면서 그 문명의 틀을 근본적으로 재구성하고자 하는 혁명적 발상이 놀랍다.

관하여 법문 또는 제자들과의 문답 형태로 구성되어 있다.

인도품人道品은 도道와 덕德의 의의, 마음 쓰는 법, 수신하는 법, 가정을 다스리는 법, 자녀 교육법 등 사람으로서의 도리와 처세에 관한 내용이 담겨 있다.

인과품因果品은 인과보응의 원리, 삼세의 윤회와 업의 과보 등이 설해져 있다.

변의품辨疑品은 천지자연의 변화와 인간의 식識, 또는 현묘한 진리의 가르침과 교리 전반의 의문에 관하여 제자들과 문답한 내용으로 구성되어 있다.

성리품性理品은 성품의 원리, 견성의 필요와 견성 후 양성과 솔성하는 법, 선문답과 격외설, 과거칠불과 석가모니불의 게송, 소태산 자신의 게송 등이 수록되어 있다.

불지품佛地品은 깨달음의 세계와 부처님의 심법, 지혜와 대자대비 등에 관한 말씀들이 주로 수록되어 있다.

천도품薦度品은 생사의 원리, 사자死者의 영혼 천도에 대한 방법과 실제에 관한 법설이 주를 이루고 있다.

신성품信誠品은 믿음과 정성, 불법승 삼보 신앙, 신심의 공덕 등 신앙인의 기본 자세에 관한 법설이 대체를 이루고 있다.

요훈품要訓品은 평소 제자들이 받들었던 교훈이 될 만한 짤막한 법문들로 주로 구성되어 있다.

실시품實示品은 소태산이 평소 일상생활에서 보여주었던 운심처사運心處事와 덕량德量, 위덕威德 등에 관한 실제 사례와 법문으로 구성되어 있다.

교단품敎團品에서는 교단의 미래와 전망, 교단의 화합, 회상 창립의 길과 공덕 등에 관하여 말씀하고 있다.

전망품展望品은 우주의 변화와 인지人智의 열림, 선후천 교역과 후천개벽後天開闢, 새로운 문명세상의 도래, 국운國運의 미래, 회상의 미래와 전망에 관한 법문들로 주로 구성되어 있다.

부촉품附囑品은 대종경의 마지막 품으로 열반을 앞두고 이루어진 최후 법설, 제자들에 대한 당부, 교법의 의의와 공덕 등을 담고 있다.

새로운 문명세상을 열고자 하는 발원과 열정으로 생애를 일관한 소태산. 일제 식민지 치하의 옹색한 처지에도 불구하고 오직 '물질이 개벽되니 정신을 개벽하자'는 개교표어를 앞세우고 문명의 근원적 전환을 주창했던 그의 가르침은 사람의 일상을 크게 벗어나지 않았지만 그 뜻은 심오하여 범상치 않았다. 문명의 전환기를 당하여 묵은 세상이 지나가고 새로운 문명세상이 열릴 것을 전망하면서 후천개벽으로 이름되는 열린 세상, 열린 문명의 도래를 전망하고 그 세상의 주인이 될 것을 역설했다. 일찍이 경험하지 못했던 물질문명의 눈부신 발전이 이뤄지고 있지만 삶에 대한 회의와 불안은 더욱 깊어진 이때에 대종경을 매개로 새로운 문명세상에 대한 가슴 설레는 담론들이 있었으면 좋겠다. 진지하면서도 유쾌하고, 근원적이면서도 지금 이 자리 우리의 일상으로부터 가능한 아름다운 꿈들을 꿀 수 있으면 좋겠다.

대종경
ⓒ 원불교 교화훈련부 2015

초판인쇄 2015년 10월 1일
초판발행 2015년 10월 13일

펴낸이 강병선
책임편집 정은진 | 편집 김내리 이성근 황예인 | 독자모니터 김경범
디자인 윤종윤 유현아 | 마케팅 정민호 나해진 이동엽 김철민
홍보 김희숙 김상만 한수진 이천희
제작 강신은 김동욱 임현식 | 제작처 영신사

펴낸곳 (주)문학동네
출판등록 1993년 10월 22일 제406-2003-000045호
주소 10881 경기도 파주시 회동길 210
전자우편 editor@munhak.com | 대표전화 031) 955-8888 | 팩스 031) 955-8855
문의전화 031) 955-3576(마케팅) 031) 955-8864(편집)
문학동네카페 http://cafe.naver.com/mhdn | 트위터 @munhakdongne

ISBN 978-89-546-3796-1 03290

www.munhak.com